社会理論研究 第19号

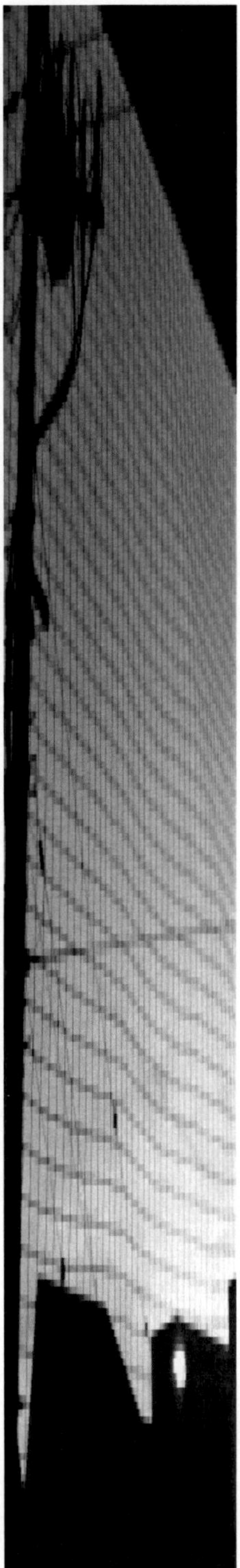

社会理論学会

●巻頭言
特集「脱原発を考える」によせて　伊藤述史　5

●記念講演
廣松哲学の理路――科学論から権力論へ――　米村健司　6

●特集●脱原発を考える
原発を撥ね返す感性と理路　半田正樹　14
未曾有の福島　渡辺初雄　27
グロテスクな廃炉ビジネス――福島原発の現状と闇　田中史郎　43
新・民主主義――共生の原理とともに　川元祥一　55
震災・原発災害下の社会の課題――福島原発事故避難の教訓とチェルノブイリ法の避難の権利に学ぶ総合的な社会的避難制度　佐藤公俊　72

●論文
中国経済の台頭とアジア経済圏――パックス・アメリカーナの変容と中国経済の成長　土肥　誠　95

●批評
茹で上がったカエル　西田吾平　109
障がい児療育から見る社会分業の有機的連帯について　池田勝雄　125

●書評

『グローバル資本主義と新興経済』
土肥誠、佐藤公俊、NGUYEN Hai, DOAN Tien Due「第9章 ベトナムの経済発展と情報技術政策――ベトナムにおけるIT化の意味――」
「ベトナムの経済発展と情報技術政策」を評す　菅原陽心　138

相川翼『自閉症の哲学』
カント的理性批判の心理化と精神分析の哲学化
――相川翼『自閉症の哲学』を読む――　清家竜介　142

石河康国『向坂逸郎評伝』
負の側面も描き切った向坂逸郎伝　岡田一郎　148

●定例研究会報告・総会研究報告

負の体系、その解放　川元祥一　150
カントの魂論　高橋一行　151
福島からの避難とチェルノブイリ法の避難の権利に学ぶ避難計画
――原発事故、避難の教訓、チェルノブイリ法と統合的な避難計画　佐藤公俊　153
未曾有の福島　渡辺初雄　154

●インフォメーション

『社会理論学会理事会名簿　二〇一八年度』156／社会理論学会会則　156／『社会理論研究』編集規定　157／『社会理論研究』投稿規定　158
／『社会理論研究『執筆要綱』158／『社会理論研究』投稿原稿審査規定　159／活動報告　二〇一七年度　159
社会理論学会インヴィテーション　161／入会申込書　162／編集後記　163

特集「脱原発を考える」によせて

『社会理論研究』は二〇一二年に刊行した第一三号で、特集「原発事故と地域社会――脱原発を求めて――」を組みました。この第一九号の特集「脱原発を考える」は、原発問題についての二回目の特集となります。第一三号の特集から六年が経過しましたが、この間、保守政権は脱原発の方向とはまさに逆行する政策を推し進めてきました。

二〇一八年七月三日に安倍内閣は、エネルギー政策の目標を定める「第五次エネルギー基本計画」を閣議決定しました。そこでは、原発を「重要なベースロード電源」と位置づけ、二〇三〇年度に原発比率を二〇%から二二%にまで達成するとしています。さらに、核燃料サイクルと原発輸出は推進していくとも明記されています。しかし少なくとも原発比率の達成や核燃料サイクルの推進が、脱原発へと高まる世論の動きの中で、技術的にも不可能であることはこれまでにも多くが指摘されてきました。加えて、ヨーロッパや中国では風力や太陽光などの再生エネルギーを大幅に増やしており、この点でも日本は世界に遅れをとっています。六月二七日には大手電力会社九社の株主総会が開かれましたが、株主からの脱原発を求める提案はすべて否決されています。けれども一方で、原発が地域経済の活性化に繋がるということも、「神話」であることが明らかにされつつあります。高度経済成長の時代の再来は、もはや望めません。私たちは、まったく新しい形の社会のあり方を模索し続けなければなりません。

東京電力福島第一原発事故以降、原発はすでに九基が再稼働しています。歴史に刻まれる空前の原発事故の忘却をあたかも促すかのようなこうした政権の原発政策の中で、このたびの特集は、さまざまな角度から脱原発の方向性と問題点を究明する試みとなっています。読者諸氏の大方の御意見を期したいと思います。

『社会理論研究』編集委員長　伊藤述史

●記念講演

廣松哲学の理路
―科学論から権力論へ―

Kenji YONEMURA 米村健司

はじめに

社会理論学会から研究奨励賞を頂くこととなり、研究を進めていく中での知的誠実さの重要性を再認しております。受賞の理由は、私の廣松哲学についての三冊の著作とのことでした。今回の受賞記念講演は、奨励賞の受賞のお話を頂いてから書き上げた廣松哲学を主題とした論考の一部を要約したものをお話しさせて頂きます。廣松渉氏は、「権力」とは「『社会的権力』の次元に目を向けるのが順路である」と述べつつ、「権力」を「むき出しのゲヴァルトとは異なって、『可能』的な『潜在的能力』」であり、「本来的に『物』的な存在ではない」と把えていました[1]。また、小林昌人氏は、廣松氏が「相対性理論と量子力学に代表される現代物理学」のうちに、「実体主義から関係主義へ」という世界観的転換を看取していた」と論じています。小林氏は、「廣松哲学は体系性を旨としている」ことであり、「体系は一定の時代と相即的なもの」である、と指摘しています。廣松氏が「物《もの》的世界像から事《こと》的世界観へ」を提唱するのは、「パラダイム次元で世界観の体系的な転換が始まっているとの歴史認識がある」からである、とも論じています[2]。そこで今回の受賞講演は、廣松哲学における「科学論から権力論へ」という視座からお話しさせて頂きます。

一-一

廣松渉は、一定の「理論体系」のもとで「経験的事実」を適切に説明できたとしても、そのことは「絶対的な真理性の証拠」にはならないが、或る「論理体系」が円滑に日常的諸事実や自然現象を説明し得ることによって、それが真理性の証拠となる、と論じています。したがって、少なくとも「原理的な場面」あるいは「理論の根幹」が絶対に正しいからこそ、円滑性を維持できるのだと人びとに受容されることになります。原理的な理論とは諸個人の行動様式や生活様式の思惟範型となりつつ、「歴史意識」として継承された「伝統」ともなります。理論が思惟範型となれば、「人間」における「役柄」などの遂行の範型となり、状況変化の不確実性や文化的動揺を集約することになります。それは事実と合致する記述ではなくとも、叙述には表現手段となる歴史的・文化的パラダイムとなります。一方で、科学論におけるパラダイム論を提起したトーマス・クーンは、①「普通の科学者が報告する自然の様相」、②「彼らの問題選択を決定するもの」、③「科学的観測には、大変な時間や装置や資金がかかるものだが、科学者がそのような仕事に取りかかる動機となるもの」、などは「何か」という「問い」を設定しつ、それらの三つの論点は「必ずしも永久に明確に分けて取り出せるもの」ではない、と論じています。自然科学とは多面的かつ多層的な特質を有しており、「時・間」と「人・間」の変容によって一面かつ単層的な理論体系が確立したといえます。廣松は、適切に問題を縮減し得る「説明体系」だからこそ、「理論的な権威」を維持し得ている、と指摘しています。また、廣松は、近代科学のそうした縮減が「永遠の真理」とすれば、それはドグマチズムとなり、「近代科学の前提的立場を墨守する集団」にとって、多くの場合には、その「前提と理論」から「解答」を作り出すことによって、「科学教条主義」は維持される、とも述べています。

科学論を多面的かつ多層的な特質を有するもの「として見る」とすれば、科学論で提起された理論体系を政治領域に活用できないということはありません。シェルドン・S・ウォーリンは、政治学にとって「科学革命が有意味である理由」は一つの同じ用語が繰り返されていることにあるのではなく、「一つの理論を他の理論のために放棄する場合に用いられる規準」について、「科学上の経験」が明示することである、と述べています。つまり、廣松が論じているように、旧い体系が放棄され、新しい体系にとって代置されるときの「ゲシュタルト・チェンジ」は「歴史的経過を分析し「事実必然性」に言及し得たとしても、それは「論理必然性」ではないのです。「説明体系」とは「あたかも完璧な公理的体系」ではなく、むしろ曖昧さあるいは「幅」を有しているからこそ、新しい経験事実に直面しても、それを繰り込んで説明することが可能となります。したがって、「学問体系」が一たん形成され、或る一定期間のあいだ維持されるのは、「柔構造」だからです。

廣松が指摘しているように、時代的世界観とも相即する体系的知の構えがゲシュタルト・チェンジするのは、同一地平内での部分的な理論修正の場合とは異なり、内在的論理の破綻あるいは実証によって、つまり既成の「〝公理系〟からすぐ理解し得るような論理の連鎖」では進行しません。そうした「確信」とは解釈や価値選択に対する「慣れ」となりつつ、当事主体は次第に「熟知性」を獲得していくことになります。歴史的・社会的な「網の目」に規定されている人間存在は、日常における諸実践を無意図的に遂行しています。いわば、「網の目」が一定の公理体系となり、その規定によって諸個人は実践の「是非」に関する論証を熟知性と身体化しているともいえます。

一-二

「慣れ」は、廣松が論じているように、「射映的変易を貫通して一箇同一の対象が持続的に現前しているもの」と覚識するなかで、「対象的個体性＝個体的対象性」を「再認」することになります。つまり、「射映的な変貌・異貌」にもかかわらず、一箇同一の対象として覚識されることの「問題構制」の考察が重要となります。「日常的な〝分類〟の進行」と安定性は「パターン化された認識の分節」とそれと同様に「言語使用の共同主観性に基礎づけられている」といえます。一方で、「言語使用のありかた」が「対象認識の分節化の相在」を逆規定することにもなります。「パターン化」とは、日常生活での言語使用の或る一種の「匿名化」でもあり、「パターン化された認識」が民族性を「一定の種的同一規定性」として誤認させ、誤認を通じた「共同主観的一致」が「民族性＝種的同一規定性」に依拠する国民国家に正統性を与えることになります。

ルートヴィヒ・ウィトゲンシュタインのいう「熟知性」とは「実践的知識／論理的知識」という二つの側面を不即不離の形で有しています。つまり、「熟知性」とは集約された諸事物はそれ自身としては「観察」され得ないとしても、全体的文脈に沿って「感知」され「察知」されることによって、行為選択を可能とします。「パターン化された認識」から社会習慣や道徳のような「一定の固定化をとげた社会形象」が「外的拘束力」を有することになり、これらの「社会形象」は「人びとの行為（思考を含めて）の様式がステレオタイプ化されたもの」であって、「人間的活動の対他的対自的な在り方が膠着sichfestsetzenし物象化したもの」と理解する必要があります。つまり、「熟知性」とは一定の価値体系に依拠した「行動様式の物象化」の帰結ともいえます。

「人びとの行為（思考を含めて）の様式」の「ステレオタイプ化」によって、支配的権力は自らの言語ゲームの「規則」を作り出すのと同時に、それを「規範」にまで高めることになります。そうした「規範」とは直接的な暴力を通じて諸個人を統制するのではなく、「イデオロギー性」を潜在化させたまま日常生活の微分化された状態を維持する傾動となります。だからこそ、言語ゲームにおける「規則に従う」ことが、一定程度の客観的な実践と誤認されることにもなります。「自由」な「自律」した諸個人が自ら「私的利益」を追求し、自己責任によって各個人が「規範的規則性」を内面化することが支配層にとっては最も望ましいのです。そのとき前提となる自己同一性の維持によって、「単なるそれ以上の或るもの」として事態が被媒介的な形成態であることが忘却されることになります。ここに「正常／異常」という境界線が自存視される理由があります。一般的な「社会常識」が自明視する「正常／異常」の「区別」は、現状の政治的・経済的構造のなかで不利益を受けている人びとを「合理的」に排除し、さらにその排除を隠蔽しようとするといえます。日本社会で進行する他者否定の実例であった相模原で起こされた犯罪は、その典型例であったといえます。

こうした視点から「他者論」を「語る」ことが「観念論」へと傾斜する他者に関する言説を再考させることにつながると考えます。物象化的錯認と言わざるを得ない通念が支配秩序の維持と日常生活を成立させているからこそ、多様な「生のありかた」を「事的世界観」から把え返すことが必要不可欠なのです。つまり、物象化的錯認が産出する「正常」という社会的形象は「規範性」を帯びることで、多様性を縮減する二項対立的な思考を人びとが共有することにもなります。社会的形象が内包する「善／悪」や「正／邪」などの「区別」を「自然」と受容することが、「区別」を「差別」へと転化することになります。だからこそ、日常的場面に定位しつつ、問題論的構制を見定めていくことが必要となります。

一‐三

廣松は、「真の公理的体系ではないからこそ柔構造的な可塑性をもってある時点までは〝一応の説明〟が可能となり、次第に「実質上二つの公理的体系の併存的競合ということ」が起ってくる、と論じています。また、ここでは定理的な次元での見解の対立としか認知されておらず、各個人が内属している公理体系を自覚的に把握し得ていないために、後の時代から第三者的に見れば「二つの公理系の対立」であったとしても、当該主体にはそうした自覚をもつことができない、とも廣松は述べています。一方で、クーンのパラダイム論についてウォーリンは、既存のパラダイムの背後には強力な強制装置があり、また競合する他のパラダイムが破壊し代替案をことごとく抑制して、はじめて新しいパラダイムが確立されるという厳しい状況がある、と指摘しています。いかなる「パラダイムの選択にもかかならず恣意的要素がつきまとう」のであって、「通常の研究が最終的には危機をひき起こすこととなる変則性」に直面することも多い、とウォーリンは論じています。つまり、パラダイムを実体概念ではなく、「函数概念」から再考することが重要となります。

廣松によれば、「〝専一的な内自的固有性〟なるもの」は「対〝他〟的反照の〝函数〟」であり、「自己完結的に自存するもの」ではなく、現相が「〝函数〟的基底」であったとしても、その「〝値〟が一義的に確定する」ならば、「〝函数値〟」が「専一的固有性」だと認めることできます。しかし、それはあくまで「〝函数〟の値」なのであり、「自存的な〝数値〟」ではありません。つまり、これは「単なる〝数値〟以上の〝函数値〟」なのです。「〝函数〟とそれの〝特定値〟」という区別を導入することによって、再認的同定や較認的同定の可能性の条件を明示しつつ、再認や較認という事実の存立機制をも説明し得る、とも廣松は述べています。

他方で、廣松によれば、対象的自然世界に関する伝統的思念において、「自存的な客体」や「実体的な自己同一的な個体」とみなされてきた「個体的分節体」は、「自存的に自己同一性をもつ実体」ではなく、それは「関係的諸規定の結節的分節態」を「ゲシュタルト的に『図』化して措定した或るもの」を「物象化的実体化」したものです。したがって、実体概念ではない函数概念から準拠枠を把え返すとすれば、函数的「権力」概念とは、Aという特定の因子の静態状態に「単なる〝数値〟以上の〝函数値〟」が代入されることによって、B、C、Dへと変容する動的函数的関係態として記述することができます。そうした函数態的な視角は、政治的状況が硬直化するなかでの暴力行使を抑制させ、「権力」とは他者否定を常態化する「もの」でないといえます。また、廣松が論じているように、「意味的所識なる客体」が自存し、「主体がその自存的な意味なるものを観取するのではない」のです。レアールに存在するのは、「能知が一群の射映的所与を同じ〈或るもの〉として覚識する態勢」、つまり「他の部類との区別的反照における同一性の覚識（この同一性は部類内的な非示差的相違性の覚識を伴いうる）」の「関係態」なのであるといえます。すなわち、「人‐間」における「伝統／文化」は「対象的分節体の自己同一性」を基にして、対象的世界の編制構造を了解してきたとすれば、再検討すべきは固定化されている「既成観念」の拘束力であるといえます。

二‐一

廣松は「ゲシュタルト的同一性」の存立実態への定位を介して、「対象物」の実体的自存化が物象化的錯視であることを追究しつつ、「対象的自己同一性なるもの」の真実態を把え返しています。なぜなら、「同一性」の実体化は「主体」を同時に自存化することになり、物象化された「同一性」の前提によって、「主体」が言語活動によって「差異と反復」のあいだに「在る」ことが隠蔽されるからです。また、「ステレオタイプ化」した自他間を截断する認識論が自明視され、諸個人の多様な「差異」が見落とされることになります。こうした「差異」から歴史内存在としての人間は、一人ひとりが「誰にも代置され得ない存在」であることを「察知」していく必要があります。とすれば、こと的な「倫理観」とは、「主体」を固定的な実体という「もの」でなく、危うい均衡の上に立つ「こと」だと私たちに再認させることにもなります。だからこそ、廣松は、真実相を具象的に究明するには、「当の共時的・構造的成体」をその「通時的・動態的形成相」に即して把握する必要がある、と論じたといえます。

視角を変えれば、廣松とウィナー・ハイゼンベルクが一致するのは、自然の客体視によって超越神による包括的な目的論的段階が解消され、自然の客体視とともに、「科学者としての人間」が「観察＝客観視」する在り方を「問う」ことの必要性である、と考えていました。ハイゼンベルクは、「自然科学の複雑化した実験」は「自然そのもの」ではなく、「認識に向けられる観察者の機能によって変化され変形された自然」のなかで行なわれている、と論じています。また、「近代科学が歩いていく途上におけるかような方向転換」が「人類」にとって幸福か不幸を判断し得る「能力を何人ももってはいない」ともハイゼンベルクは述べています。他方で、廣松は、「近代哲学的世界観」は、総じて「〝近代人〟の日常的・自然的な世界像という与件」についての、しかもそれを「frame of reference〔準拠枠〕とする」さまざまな「〝説明〟体系という性格」を有している、と論じています。とすれば、ハイゼンベルクのいう近代科学が作り出す「方向転換」とは、「世界観」の変容とも表現し得ます。なぜなら、廣松が指摘しているように、「歴史における諸個人の有意的行動」は「〝舞台的環境・道具的条件〟」によって「方位」づけられ、さらには「〝規範的拘束〟によってその方位が限定される結果」として、「〝合成力〟の〝方位〟と〝展相〟」をも帯びているからです。

ウォーリンが論じているように、政治的危機は「理論家の極度の旺盛な想像力の所産」ではなく、「実際の常態」にほかなりません。また、クーンのパラダイム論を修正することで、政治社会それ自体を、機能的に作動している「一つのパラダイムと考える」ことができます。つまり、廣松のいう「説明体系」を通じて「現実として見る」ことが前提となっていることが重要となります。なぜなら、科学理論が方法論として確立した後には、パラダイムが事物の性質を特に明確に規定し、これを起点として各自然科学が独自の境界線を引き、実証主義に依拠した「学知」を共有する各構成員は規範的「公理系」を前提とすることになるからです。

二‐二

廣松が指摘するように、「ゲシュタルト的分節の基底」は「地」Grund と「図」Figur との分節に存し、「意識にとって『地』は無化《ネアンティゼ》される」ために、「図」だけが対象的に意識され、「図」の「ゲシュタルト的同一性」が意識を介して、諸々の「見え姿」の「〝存在根拠〟として思念されるところの『対象』の自存的同一性」が意識されることになります。一方で、地と図の分節は『地』および『図』の内在的な性質によって一義的に規定されるものではなく、あくまでも全体的布置関係の構造によって規定される」ものです。「熟知性」による根拠から特定の「説明体系」が「地」となり、「図」という評価基準を設定することにつながります。

廣松によれば、「客観性の意識は意味の間主観的同一性の覚識に支えられている」のだが、「主観‐客観」二元図式を既定的前提とすることによって、「当の同一性の覚識には客体的同一者が相関している」と思念し、「客体的に同一なものとしての意味」が要請されます。そのような過程から「公理系」によって正当化され、「図＝理論」の輪郭が描写されることになります。混沌から秩序形成の方向と展相を指示する「図＝理論」から、「政治的に組織化された社会」は「明確な制度的取り決め」が成立すると同時に、「政治権力の位置づけ」と「行使」に関する「共通の理解」を諸個人が受容するようになるといえます。つまり、政治社会において一定の準拠枠に沿って人びとが出来事を認識し、行為選択の諸規則の「慣行と信条」の体系が成立していることからも、政治理論はクーンの科学論と相似形となっているといえます。「熟知性」が一定のゲシュタルト的分節体を編成する存在被拘束性だとすれば、「地」と「図」の「反転」から再考することができるといえます。いわゆる地と図との「反転」や分節相の錯分子的編制構造は、「歴史的・社会的な文化的諸条件」によっても被媒介的に規制され、しかも、ゲシュタルト的分節体は「『示差』的な差異・区別の体系」である点で、言語的音韻体系と類比的です。だとすれば、「熟知性」の存在被拘束性が起点となって形成される権力的な支配構造あるいは文化体系は、「『示差』的な差異・区別の体系」から把え返えす必要があります。

他方で、二つの「公理系」の相互了解には、①「自分の系に関する対自的認識と対他的認識との相違がそれぞれの観測者において反省的に了解されていること」、②この共軛的な相互了解のうえに立って「相違の相で現われる与件の意味的に同一な或るものとして把えること」、③「このような事態が存立していること」、などが必要となります。そうした諸条件を「範式化」すれば、「与件が或るしかじかの相で（一定の意味的所知性において）観測者たる或る系の認識者に対してある」ことが「対自‐対他の共軛的な構造」において存立する、と廣松は述べています。

廣松は、「量子力学における不確定性原理」あるいは「動態的平衡系」を扱うとき「揺動《ゆらぎ》」を完全に消去することはできず、「同一の初期状態」から一定の範囲内において「非一義的な帰結状態」が現生する、と指摘しています。これに対応する「可能態‐現実態」とは、まさに「弁証法的な運動論・変化論の構制」に対応することになります。だからこそ、廣松は、伝統的な「実体‐属性」という存在観ではなく、真実態においては「関係規定」を「内自化し即自化したもの」であって、それ自身で存続するものではない、と述べたといえます。

二‐三

廣松は、「あのような形」としての一つの「見え姿」以外は「可能態」（デュミナス）ないし「芰在態」（ポテンティア）としての「見え姿」にとどまるが、それらは複数の観点が「現にみられること」において「現実態」（エネルゲイア）に転化する、と指摘しています。一つの「見え姿」であるかぎり、「可能的・替態的な（未在的な既存的な）見え姿」の無限集合ないしアルゴリズムなのです。ハイゼンベルクは、「われわれが日常経験する対象を観測するとき」は、その「観測を媒介する物理的方法はただ二次的な役目」を果たしているにすぎないが、「物質のもっとも微小な構成要素」にあっては、「各観測経過は大きな攪乱」を引き起こし、「人々はもはや構成要素」について「観測経過を切り離して云々すること」はできない、と論じています。

廣松によれば、「場の状態」を前提とする量子論にあっては、一種の「質料的空間＝空間的質料」となっており、「素粒子の〝質料〟」は進行するにつれて代置する、つまり、「場」とは「〝形相〟と〝結合〟した態勢になるかぎりで『可能態から現実態へと転成する』のである」といえます。また、こうした「場」とは「量子化されている現勢態＝現実態の〝個所〟以外では『可能態』という様相で〝存在〟する」と廣松は論じています。したがって、廣松は、「場の状態」を量子化した「素粒子」から「関係の第一次性」という存在観のもとに、「実体的な自己同一性をもたない『関係の結節態』を『運動・変化の当体』として措定する構制」を把え返すことになります。一方で、既成のパラダイムは「幅」をもちつつ、「変化」を「幅」に集約しつづけるとしても、パラダイムの変更に導く変則性が一度生じれば、その影響はパラダイムを支える既存知識の核心にまで及ぶことになります。

ハイゼンベルクによれば、「量子理論で数学的に公式化している自然法則」は「もはや粒子自体」を取り扱っているのではなく、「素粒子に関するわれわれの知識」を取り扱っており、「素粒子と任意の他の物理系」、たとえば「計測装置との相互作用によって粒子の挙動」が解明されねばなりません。また、廣松によれば、「観測的未来時相に属する対象」は、まだ「可能態における存在」たるにすぎないとしても、人びとは「それが宛かも現実態で既在するかのように思い做している」といえます。「狭義の現実態」は『現在的』（これは必ずしも瞬間的の謂いではない）にしか存在しない」にもかかわらず、「世界が未来的にも既在的であるもの」との了解が「物的世界像」にとって構成要件となっている点に留意を要する必要があります。既存の政治社会とは一定のパラダイムへの準拠によって「現実態」となり、支配秩序を形成しているといえます。とすれば、既存の準拠枠は「現実態」を一つのアスペクトとして画定しており、アスペクトの部分的あるいは断片的な客観性の集積によって、「科学」は一定の方法へと縮減された「学知」となっています。しかし、「観測的未来時相に属する対象」は「可能態における存在」であるからこそ、未だ無い「時」において「可能態」を「現実態」へと変様させることになります。

三-一

科学的認識が依拠する実証性と明証性が自己完結した「説明体系」として確立するわけではなく、「として見る」という積極的な「行為」が科学理論を規定することになります。廣松が論じているように、物象化論が「システム内在的な当事意識や体制内的視座の〝学知〟的意識」にとって「〝客観的〟」に現前する一方で、諸個人にとって「〝普遍的に妥当〟している〝事態〟や〝命題〟を物象化的錯認である」として把え返すことができれば、「物象化された相をそのまま真実相である」と思念している体制内的意識は「虚偽意識（ein falsches Bewußtsein）」となります。ここには「真理性—虚偽性」という「価値」評価が介在しています。つまり、「見る＝観察」とは模写説からは適切に説明することはできません。したがって、「見る＝観察」とは物象化の過程を経ており、「見る＝観察」とは諸事実を理論的な準拠枠へと集約する「行為」といえます。

　一つの「観方」とは世界を分節化する理論体系であると同時に、強制力による「真理性—虚偽性」の「区別」でもあります。物象化された「観方」は諸個人の言語を規制しつつ、枠づけられた思考様式を常態化させます。したがって、廣松が指摘しているように、マルクスの「物象化の体系的叙述＝体系的批判」にあっては、「真理性—虚偽性」とその「基準」の問題も自覚的に体系にビルト・インされているといえます。つまり、それは「体制外在的な批判であった」としても、決して「超越的批判」ではなく、理論体系の埒を超え出た実践の場での確証という構制に見合う形で、マルクスは理論体系の内部に真偽問題をビルト・インしているのです。他方で、「体制内的」説明体系とは、自然科学における論証手続の方向性を規定しつつ、「観察」や「仮説」を設定する物象化された「論理的パラダイム」といえます。こうしたパラダイムが論証と実証の範型となり、その内部における規範性によって、「自存的な〝もの〟と〝もの〟との一関係」を作り上げることになります。なぜなら、マルクス・エンゲルスが論じたように、「生産諸力・諸資本・環境の一総和、これは、なるほど一面では新しい世代によって変容させられるが、他面では当の世代に対してそれ固有の生活諸条件を指定し、この世代に一定の発展、特殊な一性格を付与する」からです。いいかえれば、「価値自由」に依拠した「知識」であったとしても、パラダイムは一定の模範となる「人間観」を前提としていることになります。

　廣松は、「論証の起点となる端初《アルケー》」は「論理的には無根拠なもの」という意味において、「論理的には独断的に措定されるもの」なのであるが、「第一原理＝端初の定立」は「論理必然的な導出」ではなく、「論理的には飛躍の所産」である、と指摘しています。また、廣松は、「同種・他種の他者との〝分類〟的比較」をぬきにして「（或る個体だけを単独に注視しつつ）そのような過程」が進捗することは、実際にはありえない、とも述べています。つまり、廣松が論じているように、「類同化と種別化という対他的な比較の過程」を場としたとき、はじめて『抽象』が進捗する」ことになります。

三-二

「日本民族」という概念は「日本」・「朝鮮・台湾・中国」を中心とした「アジア」・「西洋」という三項の時々の権力布置によって規定されます。たとえば、「日本」と「西洋」という二項対照的な権力関係において、「西洋」は「日本」という自己概念のつねに上位に位置づけられ、優越的他者たる「西洋」が「日本民族（＝国民）」の自己像を限定し規定することになったといえます。他方で、「朝鮮・台湾・中国」を中心とした「アジア」と「日本」の関係において、「日本」は「西洋」の位置に立つかのように表象されました。「日本」という自己像から対照的他者として「朝鮮・台湾・中国」を同定し、異者としての「民族・国民」集団を差別的に範疇化したといえます。つまり、「日本民族」という概念規定は流動的なものであり、「歴史―地政学」的表象と「政治的／経済的／文化的」権力関係によって、その規定範囲を変容させてきたといえます。「日本民族」という概念は不動・不変の設定範囲を持つものではなく、可変的なものなのです。概念構制とは、その内包を帰納的に抽出・確定しようとしても、「抽出・確定されるべき内包的規定性が帰納的選別基準として既知なもの」となっており、「概念」とは「対象群内において見出される具象的な規定性の内のある物」を抽出的に残し、「別のある物を捨棄する思考操作の過程で構制されるもの」ではないのです。

こうした「同種・他種の他者との〝分類〟的比較」の重要性を欠落させたとき、科学理論が産出する「世界像」は錯認された歴史的に固定化された「もの」となります。いわば、知覚的次元に浸透した「熟知性」は「世界」を分節化しつつ、「意味」を与える「理論的認識」となり、論理必然的な体制内意識となります。この「体制内在的な視座」あるいは「体制に照応的なパラダイムの内部」では「真偽の判定」や「善悪や正邪の判定」は、一意的に確定する筈であるという「暗黙の前提」ともなります。廣松によれば、マルクスが「物象化の叙述・批判の対象」とする「社会的・歴史的現象の領野」においては、「階級的対立性が現存すること」によって、「体制内当事者たち自身の知見に二律背反が現出する」ことになります。すなわち、イデオロギーの形成要素を考えれば、判断的認識の次元における「権力」も「函数概念」から記述しなければなりません。だからこそ、「対称的規定態をゲシュタルト的」に較認・同定しつつ、「函数態的にイデアリジーレンする過程」を把え返す必要があるといえます。

三-三

「複雑性の縮減」の失敗となる状況とは、既存の実体化された支配体制内において、「二律背反」を顕在化させているといえます。廣松が論じたように、「二律背反」とは、「共通のパラダイム的諸前提」に立脚しながらも、「真偽（善悪・正邪）」が一義的に決定できず、「SハPナリという肯定命題」と「SハPナラズという否定命題」の両方が真理性を主張する「論理的事態」であるといえます。また、「システム内在的な当事者たち自身のあいだで二律背反的対立」が現出した場面では、もはや「体制内的〝真理〟基準（善悪や正邪の基準）」をそのまま「追認して判定すること」はできません。ここで必要な視座とは、廣松が「歴史・内・存在の Grundverfassung」に徹し、「存在者としての歴史、歴史化された自然、に定位する」ことを通じて、「歴史をはじめて歴史として解明する」と論じていることです。また、廣松によれば、「アンチノミーを解消する」には、理論的には「共通の前提としているパラダイム」を止揚する一方で、「新しいパラダイムを確立すること」が要件となります。しかし、「新しいパラダイム」は「体制内的にはまだ『社会的妥当性・客観性』（〝真理性〟）」を確証していないことからも、さしあたり「〝思念〟として遇される」ほかなかった「当のもの」といえます。この「〝思念〟」が「〝真理〟」として提示されるには、「社会的妥当性」を実践的に獲得しなければなりません。そうした実践過程において「目下はまだ自己が体制外在的である所以の、現在のそれとは別の社会体制を実現することにおいてのみ〝内在的〟真理となる」と廣松は指摘しています。

いいかえれば、実体概念に依拠した「整序システム」を内包した政治体制と権力観は、「時-間」の推移とともに強度を増す「二律背反」と対峙せざるを得なくなります。廣松は「分類的整序システム」を次のように区別しています。つまり、（1）「類的分類」（これに化学元素の分類体系や数の分類体系などをも含む）＝生物の分類体系、（2）「区別的分類」（これに生物有機体の器官腑分体系や化学的化合物の成分分析体系などをも含む）＝組織の編成体系、（3）「系統的分類」（これに進化論的系譜分類体系や親族組織の血統体系などを含む）＝系統の分化体系、などとなっています。廣松は、この三分類を伝統的な実体主義的概念観から考えられる構制ではなく、函数態的な概念観の視点から構制しています。つまり、伝統的な実体概念と大きく異なる函数概念「ここではf（k, x）とする」は、それと大きく異なったものとなります。廣松は「f（k, x）はg（e, y）という（イ）別の類との、（ロ）別の全体との、（ハ）別の祖親との、反照的区別化規定であり、またf（k, x）はkの契機において、（イ）同類他種との、（ロ）同一の全一体との、（ハ）同一の先祖との、反照的同一化規定である」と述べています。

廣松の提示する函数態とは可塑性を内包しており、そうした函数概念から「権力」概念を記述することが必要となります。だとすれば、概念（民族としての概念／人種としての概念／国民としての概念）は、自己完結的に存在する実体に対応するのではなく、分類的秩序システム（「西洋」・「日本」・「朝鮮・台湾・中国」を中心とするアジア）のなかで画定されたものといえます。そのために、概念（日本民族などという概念）とは分類体系の変容によって、対他的な示差的区別性が維持され得ないとき、その規定性を喪失することになります。つまり、対他的な示差的区別性が必要になれば、人為的にその構成対象を「創出」してきたといえます。だからこそ、函数概念的な権力観によって「体系的叙述＝体系的批判としての物象化論の論理体系」は、「歴史的・舞台的条件として、当事主体たちが体制そのものを止揚する運動」へと向かい、「実践論・革命論へと開く」と廣松は論じたといえます。

おわりに

「自然科学の複雑化した実験」は「自然そのもの」ではなく、「認識に向けられる観察者の機能によって変化され変形された自然」のなかで行なわれています。地と図との「反転」や分節相の錯分子的編制構造は「歴史的・社会的な文化的諸条件」によって被媒介的に規制されており、ゲシュタルト的分節体は「示差」的な差異・区別の体系といえます。他方で、「社会的」に妥当する「客観的」な基準に照らしたのでは対立を解消できないからこそ、「アンチノミー」が生じることになります。アンチノミーを解消するには、理論的に共通の前提としているパラダイムを破棄し、新しいパラダイムを確立することが要件となります。そのために「関係の第一次性」という存在観のもとに、「実体的な自己同一性をもたない『関係の結節態』を『運動・変化の当体』として措定する構制」を捉え返しつつ「分類的整序システム」を立脚点として函数概念から「権力」を記述することが不可欠なことになります。

（1）廣松渉「唯物史観と国家論」『廣松渉著作集』第十一巻、岩波書店、一九九七年、五二七頁。

（2）小林昌人「解説　現代を照射する二〇世紀の遺産――廣松理論を講演で読む」廣松渉著／小林昌人編『廣松渉　マルクスと哲学を語る――単行本未収録講演集』河合文化研究所、二〇一〇年、二七八、二八〇頁。

（早稲田大学教員）

原発を撥ね返す感性と理路

HANDA Masaki 半田正樹

（1）はじめに

二〇一一年「三・一一・東日本大震災」から八年を迎えようとしている。東京電力福島第一原子力発電所災害以前に五四基あった国内の原子力発電所（以下、原発）のうち、二〇一八年一〇月一日現在、すでに二二基の廃炉が決まり、現時点で稼働しているのは九基（うち停止中二基）となった(1)。

周知のように、日本の原発は「電気事業法」により一定の間隔で定期検査を受けることになっており(2)、震災で停止しなかった原発も順次、定期検査のために運転を停止した。定期検査後も、地元住民の不安だけでなく国民の一般的感情にたいする「忖度」「遠慮」が働き、各原発は運転再開ができないまま、二〇一二年五月五日に国内の全原発が停止した。しかし、その後、時間の経過とともに「忖度」は急速に消え去り、むしろ「開き直り」や「驕傲」が前景化し、現在ではすでに九基が再稼働の状態にある。

しかるに、国内の五四基が立地する地点・地域は一七を数えるが、原発の建設を断念させた地域が五三にのぼっていること(3)はあまり知られていない（図表‐1）。したがって、原発の立地を「受け入れた」地点の三倍以上の地域で原発を「撥ね返した」事実を過不足なく評価し、見極めることに社会的・歴史的意味があるのではないかと思われる。

小論では、原発を断固として拒否し、その侵入を撥ね返したいくつかの事例を取り上げながら、その撥ね返した主体とその主張、および主張の表現方法などから見えてくるものを読み解いてみたい。そして「撥ね返す」ことが現実に直面する課題が何かを明らかにしたいと思う。それはおのずとFUKUSHIMA後にもなお依然として原発の「安全神話」のみならず「経済神話」を信じてやまず、したがって原発再稼働をねらう小社会の人々に対する反証ないし申し立てとしての意義をもつことにもなるだろう。

一　原発建設の「意志」――呼び込む側と持ち込む側

つとに指摘されてきたことではあるが、図表‐1からも見て取れるように、原発が現に立地している地点も、原発の侵入を撥ね返した地域も、いずれも海に面した日本列島のいわば縁（ふち）に位置している。首都東京からはもちろん、各地方における人口密度の濃い主要都市からも隔たった地域空間という共通項をもつ。

このことは、原発そのものが、現代経済社会の結節点（ノード）から遠く離れてのみ「立地の意志」を表すことが可能な、それほど危険なもの・厄介なものであることを示唆している。その〈危険きわまりない厄介物〉の原発を〝持ち込もう〟とする者は、真っ先に危険物でもなおそれを受け容れるだろうと「主観的・独断的に」見做した〈相手〉を標的にする。

それでは、標的にした〈相手〉とは誰だろうか。それは、以下のような地域で仕事をし、暮らしを営み、生きてきた人びとである。

例えば、和歌山県西牟婁郡日置川町（現白浜町）があげられる。同町は、

図表-1　原発の建設を断念させた地域

①北海道稚内市
②北海道浜益村（現 石狩市）
③北海道北檜山町（現 せたな町）
④北海道大成町（現 せたな町）
⑤北海道松前町
⑥青森県市浦村（現 五所川原市）
⑦青森県東通村蒲野沢・野牛
⑧青森県上北郡
⑨岩手県久慈市侍浜町本波
⑩岩手県田野畑村
⑪岩手県田老町（現 宮古市）
⑫秋田県能代市浅内
⑬秋田県由利本荘市岩城亀田亀田町鶴岡
⑭福島県浪江町・小高町（現 南相馬市）
⑮新潟県巻町（現 新潟市）
⑯石川県珠洲市
⑰福井県川西町（現 福井市）三里浜
⑱福井県小浜市
⑲三重県紀勢町（現 大紀町）・南島町（現 南伊勢町）芦浜
⑳三重県紀伊長島町（現 紀北町）城ノ浜
㉑三重県海山町（現 紀北町）大白浜
㉒三重県熊野市井内浦
㉓京都府舞鶴市
㉔京都府宮津市
㉕京都府久美浜町（現 京丹後市）
㉖兵庫県香住町（現 香美町）
㉗兵庫県浜坂町（現 新温泉町）
㉘兵庫県御津町（現 たつの市）
㉙和歌山県那智勝浦町太地
㉚和歌山県古座町（現 串本町）
㉛和歌山県日置川町（現 白浜町）
㉜和歌山県日高町阿尾
㉝和歌山県日高町小浦
㉞鳥取県青谷町（現 鳥取市）
㉟島根県江津市黒松町
㊱島根県益田市高津町
㊲岡山県日生町（現 備前市）鹿久居島
㊳山口県田万川町（現 萩市）
㊴山口県萩市
㊵山口県豊北町（現 下関市）
㊶徳島県阿南市
㊷徳島県日和佐町（現 美波町）
㊸徳島県海南町（現 海陽町）
㊹愛媛県津島町（現 宇和島市）
㊺高知県窪川町（現 四万十町）
㊻高知県佐賀町（現 黒潮町）
㊼福岡県志摩町（現 糸島市）
㊽福岡県志摩町小金丸（現 糸島市）
㊾熊本県天草市
㊿大分県蒲江町（現　佐伯市）
(51)宮崎県佐土原町（現 宮崎市）
(52)宮崎県串間市
(53)鹿児島県内之浦町（現 肝付町）

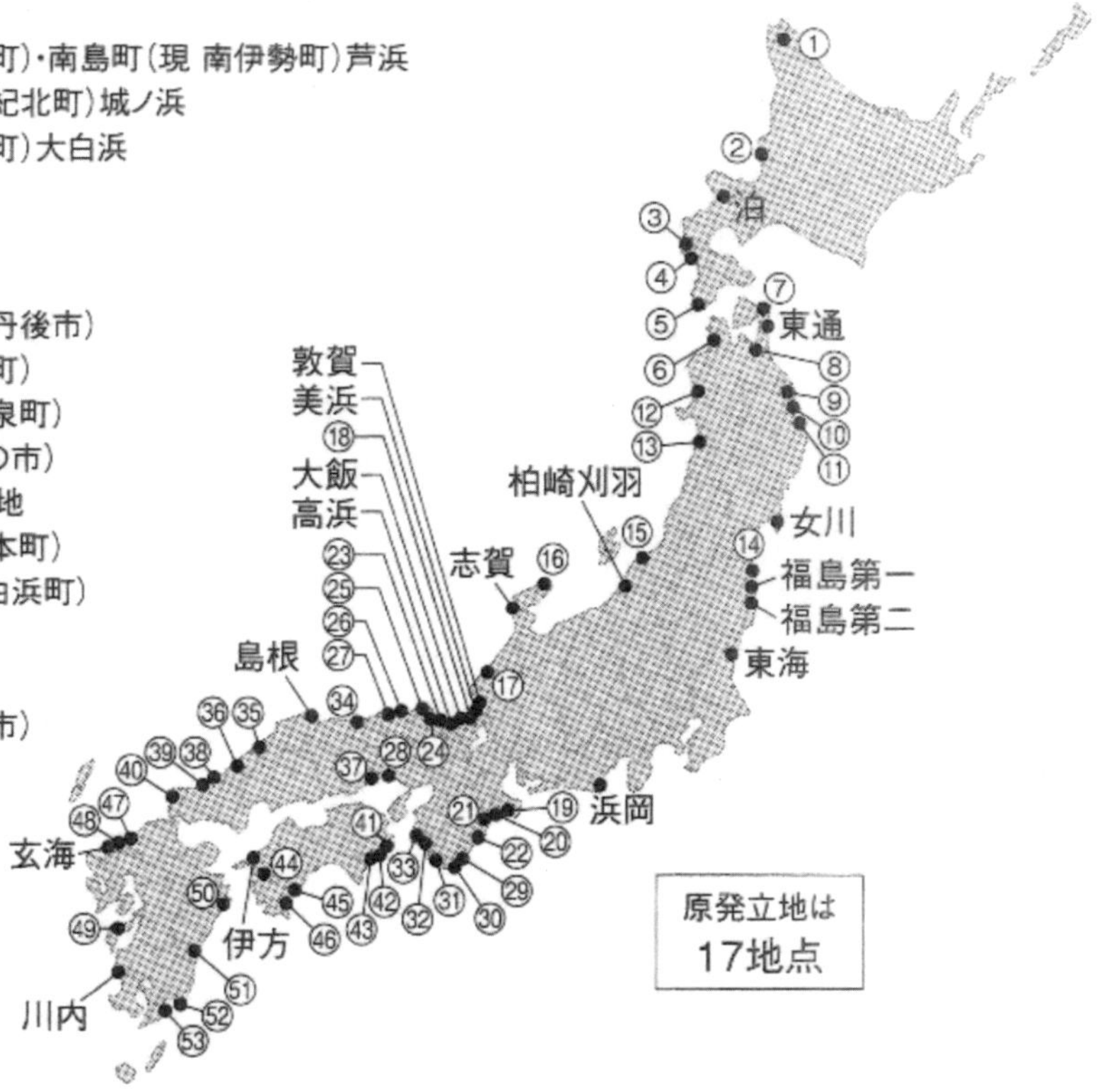

出所：小出裕章[2014]『原発ゼロ』幻冬舎ルネッサンス新書，p. 203

一九七〇年代に国内の産業構造の変化にともなって製材業を軸とする地場産業が衰退し、過疎化、人口減が急テンポで進んだことから町財政のひっ迫が深刻化する状況におちいった。一九七〇年の人口六八〇〇人が、五五〇〇人（一九九〇年）、四四〇〇人（二〇〇六年）と減少し、一般会計の決算額は、一九七〇年代後半は平均して前年度比二一・三％の伸びを示していたのに対し、八〇年代に入ると急速に悪化し、一九八一年度から八五年度までの歳入は平均して前年度比マイナス九・一％となり、財政規模が大きく縮小した。町税収入の落ち込みをカヴァーしたのは地方交付税であった。合併直前の旧日置川町の自主財源の度合いを示す財政力指数は〇・一八にとどまっていた(4)。

同様に、山口県熊毛郡上関町も、具体的地域例の一つである。同町は、日本の経済成長がまがりなりにもまだ継続していた時期に主産業だった海運業・造船・鉄工業が急速に衰え、その後も地域の特性に基づく漁業・農業をかろうじて維持していたものの、いずれも小規模零細での経営を余儀なくされ、過疎化・高齢化が進み、地域維持力がきわめて弱体化した。同町は、一九七〇年に八三〇〇人だった人口が単調に減り続け、二〇一八年六月には二八〇〇人にまで落ち込んでいる。二〇一七年の町財政は、歳入合計約三三億円（決算額）のうち、町税収入はわずか六・〇％に過ぎず、税収全体の五三％を占める地方交付税への依存がきわめて明瞭である。財政力指数（二〇一六年度）は、〇・一二に過ぎない(5)。

ところで、これら二つの町、和歌山県の旧日置川町と山口県の上関町には、いまも原発は立地していない。ただ両町の原発問題が、前者は町議会、後者は町長が、原発誘致を画策することによって、いいかえれば立地の標的となった地域みずからが原発を「呼び込む」形をとることによってスタートしたことはおさえておく必要がある。しかも、いったん表面に浮上した原発立地については、旧日置川町では、それに反対する住民が声を上げる一方で、日置川町商工会や建設業組合、さらには少なくない町民が原発推進を強く主張してきた。上関町でも上関町商工会と商工業者が中心となって旧来の各地域の有力者をまとめる形で原発誘致に積極的に動いたことが知られている(6)。

地域みずからが、〈危険きわまりない厄介物〉を、むしろ〈救世主〉として〝信じる〟ないし〝信じる風を装って〟〈呼び込む〉ことになった背景には、上記のような、町の産業の衰退、過疎化、人口の減少、財政の極度の逼迫などが横たわっていた。もちろん、そのようないわば〝弱み〟につけこみ、立地の標的とされた地域みずからが積極的に原発を「呼び込む」意志を示すように仕掛け、それを促すありとあらゆる策を弄する「持ち込む側」の強固な意志があったことはいうまでもない。

原発建設は、いわゆる国策(7)として実行されてきたが、「持ち込む側」の最も強固な意志をもつ国（政府）については、後に取り上げるとして、ここではまず電力会社の「持ち込む」意志のあり方をみておこう。

全国の原発立地の事例から、電力会社の典型的な動きとして抽出できるのは、概ね以下のような行動パターンである。

すなわち、最初は〝ひそかに〟原発建設を画策し、それを公表するタイミングを慎重に見計らう。一方では、立地候補地の住民を囲い込むべく様々な仕掛けを講じる。まずは立地「予定」先の地元住民ばかりではなく、広く県（道）内を対象として既設原発の視察招待旅行などを企画し、原発に近接した原発PR館や電力資料館などと名づけた施設に案内しながら、原発の「合理性」と「安全性」の面での意識浸透を徹底してはかる。

「合理性」は、まず「電源としての合理性」ということで、他電源と比較したコスト的優位性、温室効果ガスである二酸化炭素（CO_2）の放出がないなどをその基本的内容とする(8)。

また「合理性」では、産業構造の変化にともなう漁業・農業の第一次産業の衰退に対し、最先端の技術を搭載した原発立地によって若者が定着し、未来ある郷土を実現できる等の「合理的」提言が加わる。

「安全性」については、日本の原発は〝世界最高の技術水準でつくられている〟という惹句で訴求する。すなわち安全を確保するための装置が何重にも施されており（多重防護）、仮に誤った操作や装置に異常があったとしても原子炉の運転は自動的に停止し、「絶対」に安全であるということが何よりも強調される。地震対策も、考えうる最大の地震を前提に設計されており、さらに最大級の津波を想定した上で、重要施設の安全性を確保していることなどを主張する[9]。

　こうしていわば外堀を埋めながら、立地対象地の自治体に「原発立地の適地性を判断するための調査実施」の意向を伝える。調査内容は、現地測量、地質、海域、海中生物、気象など多岐にわたるが、「自然環境保全には最大限の努力を払う」などの弁解が言い添えられる。しかも、例えば環境影響調査では、絶滅危惧種の海生生物や調査海域であらたに発見された貝類学にとってきわめて貴重な貝などを記載しないという作為の例もある[10]。

　そして電力会社が最も力を入れるのが、〈寄付金〉や〈協力金〉という名の金に飽かした懐柔策である。当該自治体は、寄付金を児童医療費の無料化やケーブル・テレビ加入費の全額補助などに充当しつつも、不要不急の建物・施設の建設に投じるような例が目立つ。また電力会社は、原発を受け入れるならば、地元と周辺自治体に年間多額の税収と交付金が見込まれることを吹聴し、公金をも恃みとせざるを得ない[11]泣き所をもつ自治体や住民の金銭欲の導火線に次々と点火していくのである。

　電力会社の金に糸目をつけない戦術は、漁業協同組合（以下、漁協）の抱き込みに露骨に発揮される。周知のように、すべて臨海型である原発の計画は、建設予定地の土地を守り（土地所有権を持ち続け）、漁業権を売り渡さず、立地自治体の議会および県（道）議会で反対の決議をあげることで「撥ね返す」ことができる[12]。それゆえに電力会社にとっては、何をおいても漁協のもつ漁業権を奪取する（＝買収する）ことが至上命題の一つとなる。ある電力会社は、複数の漁協を前提に免許された共同漁業権を、この共同漁業権をもつ一部の漁協が反対しているにも関わらず、強引に補償契約を締結したり、多額の漁業補償金を支払ったりしたという[13]。もちろん補償契約を是とする漁協にも問題はあるが、漁業権奪取という実績をいちはやく積み上げたいという電力会社の無理無法は火を見るよりも明らかである。

　こうした電力会社の膨大な出費をともなう強引な手法は、電気の安定供給という〈錦の御旗〉のもとに継続されてきた「地域独占」やとりわけ「総括原価方式」にその裏づけをもっていた[14]。市場原理いいかえれば経済的合理性という準拠枠から〝自由〟である電力会社が、いわば経済的合理性の存立を固める〈貨幣物神〉（＝人びとの飽くなき金銭欲）を自在に操りながら所期の目的を達成すべく放縦をきわめてきた構図といってよい。

　しかるに、原発建設をよりスムーズに運ぶべく、「迷惑料」としての交付金を賦与するために電源三法[15]が一九七四年に施行された。一九七〇年代に入り[16]、反原発の運動が全国的に広がり活性化する状況のなかで、国（政府）も、〈危険きわまりない厄介物〉を押し込むにあたり、〈金銭＝見返り〉を用意して立地予定地の懐柔を本格的に講じはじめたのである。「持ち込む側」のなかで最も強固な意志をもつ国（政府）が、いよいよ本腰を入れて国策としての原発建設に取り組みはじめたのであった。

　そこで国（政府）と原発との関わりについてふれておこう。

　周知のように、一九五三年一二月の国連総会で当時の米大統領アイゼンハワーが行なった演説「平和のための原子力（Atoms for Peace）」が「原子力の平和利用」の端緒を開き、実質的には原子力発電として具体化した[17]。

　もちろん、「平和利用」というのは、上に見てきたように原発を「持ち込む意志」を貫こうとする側の強暴さ・無理無法を見ただけでも文字通りレトリックに過ぎないことは明らかである。すでに多くの論者が的確に指摘しているように、むしろ「平和利用」は「軍事利用」の表の顔であって、原発は核兵器製造の潜在力を担保する点にその本質があると見るべきである。ウラン濃縮、原子炉（高速増殖炉）、使用済み核燃料の再処理という核兵器製造に必須の技術は、原発技術がそっくりそれをカヴァーしているからである[18]。機微核技術（sensitive nuclear technology）といわれる所以である。

　さらに電力会社が市場原理＝経済的合理性の準拠枠にとらわれないところにその最大の特徴をもってきたが、それは同じように費用対効果に束縛されることのない「軍事」と通底している点にも注目したい。

　しかも、実は原発そのものの製造企業が、日本では三菱、東芝、日立という巨大産業株式会社であることも看過できない。現代日本資本主義における資本蓄積メカニズムと原発との関わりについては別稿を期したいが、〈危険きわまりない厄介物〉を利潤動機とし、FUKUSHIMA 後には政府と一体となって原発輸出にドライブをかける社会的・経済的意味を闡明する必要があろう。

ともあれ、原発を「持ち込む側」である国（政府）と電力会社が、経済的合理性を悪用・濫用しつつ、その強靭・強暴な意志を剥き出しにしてきたことを裏打ちするのは何なのかは明確であろう。

二　原発を撥ね返す「意志」

先に述べたように、原発の計画に対しては、立地予定地の所有権を持ち、漁業権を守り（売り渡さず）、立地自治体の議会で反対の決議をあげることで撥ね返すことができる。

しかるに、立地予定の土地は、そのほとんどが海岸線に沿った人里離れたところにあり、地目としては山林原野などである。その地権者は比較的少数である例が多いとみられ、土地の買収は比較的容易であると推測できる。見方を変えれば、立地予定地の一画の、たとえ狭小な土地であっても、多数の持ち主所有に分散することができれば、原発計画を「撥ね返す意志」を実現する有効な手段となり得る。例えば、中国電力による鳥取県青谷・気高原発立地計画に対して、地元住民がまず土地共有を実行しつつ、予定された原発の炉心付近の土地について多数の共有者の結集を実現し、原発計画を「撥ね返す」ことにつながったのはその実例である[19]。いわゆる一坪運動は、福島・浪江小高原発、新潟・巻原発などでも原発を「撥ね返す」有効な手段として機能した。とくに一九六〇年代後半の東北電力の福島・浪江小高原発計画に対する舛倉隆の「絶対に原発に土地は売らない」運動はよく知られている[20]。

ともあれ、原発計画を「撥ね返す」意志を示す主体の中心は、当然のことながら立地自治体の地元住民であり、自治体の議会による反対議決といっても、その背後に議決を支持する地元住民がいなければならないし、自治体の首長も足並みを揃えてはじめて強力な「撥ね返す」意志となろう。

それでは、国内の産業構造の変化にともない地元産業・地場産業の衰退が進み、人口流出、過疎化の進行、地元財政が極度に逼迫するといった現実のなかで、しかもこうした弱みにつけ込んだ電力会社による大々的な攻勢（札束攻勢）のなかで、それを超えてなお「撥ね返す」意志を地元住民が持ち続けることができた根底には何がある（あった）のだろうか。

原発の建設計画を「撥ね返した」いくつかの事例から浮かび上がってくるのは、例えば地元住民の「自分たちの生命だけではなく、子や孫の生命を守り、これまでそのおかげで生きてきた海を、自然を保全する」必然に対する直感である[21]。それはもちろん〝原発の安全性〟に対する大いなる懐疑と表裏一体となって表出される直感にほかならない。

各原発立地予定地の地元住民の安全性に対する疑念は——原発立地と直接かかわらない一般市民の疑心をはるかに超えて——一九七九年三月の米スリーマイル島原発過酷災害で大きく膨らみ、一九八六年四月の旧ソ連チェルノブイリ原発過酷災害によって確信に変わった。

そして反原発に向けた地元住民の力は、「命に対してもっとも敏感な女性」[22]たちの牽引によって増幅・増強されることにもなった。仕事などを通したしがらみにとらわれがちな男性とは異なり、いわば存在非拘束性をもつ女性たちの運動へのアンガージュは、原発を「撥ね返す」純粋な意志の表出となる。

純粋の「意志」は、攻勢のなかでも最も剥き出しの姿をとる札束攻勢に対しても「どうせ一時のもの」と毅然とこれを拒否し、「自分たちの生活環境を守って自立して生きていくことを選択」[23]するというような形をとって表れた。

それは、例えば中国電力の上関原発建設に向けた攻撃がひとまず去った際に、運動の中核をなしていた祝島の人々が「島で生き、島に住み、島で一生を送りたい」[24]とあらためて自覚した、いいかえれば島で生き続けること自体が闘いにほかならないととらえかえしたことと重なる。まさに生活日常を脅かす異物・厄介物の侵犯を撥ね返す直感的な行動が、異物を持ち込む相手との闘いの中で磨き上げられ、洗練され、いわば対自化された推理力・判断知となったのである。

こうした地元住民がもつ意識は、いわゆる住民投票という原発計画を「撥ね返す」手段の活用にもつながった。もちろん、例えば一九七二年に北陸電力志賀原発の建設計画をめぐる住民投票が実施されながらも県・町の圧力で開票されずに破棄された例があり、また同じ年に東京電力の柏崎刈羽原発計画をめぐって新潟県柏崎市荒浜地区で実施された住民投票が七六％の反対票に結実したにもかかわらず、その民意が無視されたケースもある㉕。

これに対し、三重県芦浜原発建設をめぐり中部電力と県と町（南島町）の駆け引きが続くなかで、通常法的強制力のない町民投票が、いわば〝偶然〟法的拘束力を持つに至り、これが計画阻止に対して大きな意味をもった事例が存在した。南島町の町民が、一九九五年から一九九六年にかけて県民有権者一四一万人のうち八一万人の反対署名を集めることに成功し、芦浜原発の白紙撤回へとつなげたことは注目されてよいだろう㉖。さらに同時期の一九九五年、新潟県巻町が住民投票を実施し、八八％という高い投票率のもと、原発反対派が全有権者の五四％を占め、この結果を巻町町長が尊重することによって原発計画を最終的に「撥ね返した」こともあった㉗。

他方、原発の計画を退けるきわめて重要なカギとなる〈漁業権〉の管理団体である漁協の「撥ね返す」意志の根底にあるのは何であろうか。もちろん電力会社の攻勢の常套手段として、漁業不振にあえぐ状況を利用して漁協の一部役員を篭絡し、その買収された役員の策動により、漁業補償金の分配を既成事実化するといった事例もあった㉘。また当初は原発反対の立場に立つものが過半を占めながらも、経済的苦境やその他の現実のなかで漁協総会のたびに原発推進派の勢力が伸長していくような例も珍しくはなかったといわれる㉙。

しかし、最終的に原発の立地を断念させた事例では、漁協の剛毅な振る舞いがきわめて大きい意味をもったことが明瞭である。漁協による原発を「撥ね返す」意志の根底には、漁師としての感性の働きがあった。原発立地の予定周辺の海は漁師たちにとってはかけがえのない漁場であり、漁師たちの意識のなかには生を営む者の糧となる魚の宝庫として定着している。

すなわち、かけがえのない漁場、魚の宝庫として生きている海を原発で殺してはならない、汚してはならないとの直感が漁師たちを貫いた。それは原発から排出される大量の温〈廃〉水の漁場に与える影響に対する直感であり、海中への放射性廃棄物の放出が漁業に及ぼす壊滅的打撃への危機感である㉚。こうした危惧の念・危機感は、例えば、上関原発をめぐる祝島漁協婦人部の逸話からもうかがい知ることができる。それは中国電力による懐柔策として実行された伊方原発（愛媛県）の視察旅行において、原発の真ん前にある海を見るや「海の色が違う」ことを感じ取り、ついで原発構内の異常極める清浄さと立ち入り禁止区域の夥しさに疑念を抱いたというパラドクシカルな一件である㉛。

いわば生業と生活日常の中で研ぎ澄まされた感性は、人為的で不自然な異物をけっして見逃さないし、容易に受け容れることはしないというべきである。

例えば、日本の反原発闘争として最長の三七年間を闘い抜いて、二〇世紀の最終年に、ついに中部電力の芦浜原発計画を断念に追い込んだのが三重県南島町の人々であった。同町の漁民たちは「安全なものなら都会へもっていけ」と人為的で不自然な異物をいちはやく喝破したという㉜。

そうした感受する力は、闘いの相手の出方に反応しつつ、しだいに練り上げられ、創意に富む闘い態様とも連関していく。南島町の闘いは、陸上デモと集会という標準的なスタイルに加えて、四〇〇隻の漁船による日本初の会場パレード（海上デモ）の形をとるにいたった。しかも、中部電力が、用地は買収したものの、南島町の反対で計画が膠着した状況に直面した際に、その打開策としてとろうとしたのが、そもそも日本に原発の導入を謀った人物の中曽根康弘を団長とする国会議員団の芦浜視察であった。これに対し、多くの地元漁民が結集し、議員団を乗せた海上保安庁の巡視船を、七〇〇隻の漁船で取り囲み、実力をもって阻止した。一九六六年のことであった。この実力行動では、漁民三〇人が逮捕され、二五人が有罪となったが、この必死の抵抗が南島漁民の強固な「撥ね返す」意志を広く知らしめ、「持ち込む」意志にとどめを刺す力になったといわれる㉝。〝有罪〟とは〝罪人〟が生まれたことを意味し、伝統的な漁村共同体にとっては甚だ不名誉なことにほかならなかったが、むしろその不名誉を共同体として引き受けつつ、その不名誉の淵源を剔抉することを通して力に変えたのであった。

前述したように、原発建設計画は、何よりも国策として仕組まれて始まり、その意を受けた電力会社が軸となりつつ、立地自治体の首長（＝基礎自治体および県・道の首長）や議員、さらに地元漁協、地元住民などをも巻き込む形をとりながら、合法・非合法の区別なく、また露骨と巧妙さを混ぜ合わせたあらゆる手法を駆使しながら強引に推進される[34]。国策であるがゆえに、その大義名分がしたり顔で独り歩きをし、それを受容しない者は〝人非人〟として扱われるというのが例外なくどの原発計画にも共通している事象である。とりわけ国策の顔をした〝札束〟に対しても拝跪しようとしない〝頑迷者〟には容赦ない仕打ちが降り注がれてきた。

　しかし、生活の場を、仕事の場を、そして地域社会を奪われることを直感する者は、人間としての尊厳を懸けて相対するのは当然であり、ここに〈危険きわまりない厄介物〉を「撥ね返す」意志を表白し、それを具体化する必然があるというべきであろう。

　その意味において、芦浜原発を計画断念に追い込んだ三重県南島町の漁協の一つ古和浦漁協の「反対決議」[35]は、そのような「撥ね返す」意志を即自的かつ直截に闡明したものとして、しかも同時に原発を「撥ね返す」論理を宣明したものとして銘記されるべきである。

　ちなみに、古和浦漁協の「原発反対決議理由書」（一九六四年二月二三日）というのは、五項目から構成されていた。①原発は未だ実験段階ともいわれ、未解明な点も多い。万一を考えて辺地を選んだと思われる。②放射能による海の汚染、大量の冷却水による水産資源への影響が考えられる。③放射能による人体への影響も考えられる。また魚に蓄積されるようである。④廃棄物の処理は完全ではなく、問題は多い。⑤全国的にも有名な熊野灘漁場を犠牲にしてまで建設させる必要はない。

　古和浦漁協の「反対決議」が、原発の本質は何かを的確に見抜き、その視座がそのまま「撥ね返す」きわめて明晰な論理となっていたことは明白であろう。

三　原発のない町を創る意志――まとめ

　原発は、それを「持ち込む」意志を持つ側は、雇用機会を創出し、地域経済を活性化するとともに交付金・固定資産税などを通して町（村）財政が改善され、総じて疲弊・衰退した町（村）を再生する切り札と吹聴する[36]。

　しかるに、原発を「撥ね返す」意志を持つ側は、〈危険きわまりない厄介物〉を「撥ね返す」ことに成功したとしても、あるいは「撥ね返す」運動を展開するのと並行して、町（村）の地場産業の衰退、過疎化の進行、町（村）財政の逼迫といった現実に逢着することになる。これまで原発の建設を「撥ね返した」いずれの町（村）も、決して地域経済として自立した運営が可能な状況にはないのである。それは財源の余裕の度合いを示す財政力指数（二〇一六年度）に客観的に見てとれる[37]。財政力指数だけでなく、その値が高いほど財政の硬直化が進んでいることを示す「経常収支比率」もほとんどの自治体で九〇％を超えており、さらに将来、財政を圧迫する可能性の高さを示唆する「将来負担率」もいくつかの例外はあるものの概ね大きい値となっている（図表-2a）[38]。

　こうした現実をふまえれば、原発を「撥ね返す」意志は、その建設を断念させるだけでは不十分であり、社会的・経済的に釣り合いのとれた、自立した町（村）を創りだすこととつながった時に首尾一貫したものとなり、同時に「持ち込む」意志を名実ともに制することになるととらえるべきであろう。

　例えば、和歌山県日置川原発反対運動において、一九八八年七月の日置川町長選で反原発派の町長が当選したが、新町長は、従来の原発を柱とした「長期総合計画基本構想」に対して、新たな構想を対置した。新町長は、原発抜きの長期総合計画を進めるとともに、原発建設を前提として国から交付されてきた補助金（＝電源開発立地調査補助金）の返上を表明した。

　しかも「活力ある山村、林業づくりや波型漁礁の投入といった漁業振興などを重点に予算を編成し、中小企業の誘致や梅加工など地域に見合った活性化」をはかった[39]。同町長は、その後二期目の町長選にあたり「日置川町から原発の火種を完全に消し去るため、長期総合計の見直し」を公約に掲げ再選を果たしもした。だが、「原発に代わる財源」の課題は現在なお解決するまでには至っていない[40]。

　また北陸電力、関西電力、中部電力の三電力の共同建設計画として推進され、約三〇年間にわたる攻防の末に、二〇〇三年一二月に三電力が事実上計画を断念した石川県珠洲原発の場合も同様である。計画凍結後一〇年以上が経過

図表 2-a　原発を撥ね返した自治体の財政状況（2016 年度）

原発を撥ね返した市町村	財政力指数	財政力指数	経常収支比率	実質公債費比率	将来負担比率	ラスパイレス指数
	全国順位					
北海道稚内市	1034	0.37	94.9	14.4	61.3	97.1
北海道浜益村 現石狩市）	749	0.51	92.7	7.9	82.9	99.0
北海道北檜山町 現せたな町）	1630	0.14	82.4	8.4	—	95.6
北海道大成町 現せたな町）	1630	0.14	82.4	8.4	—	95.6
北海道松前町	1529	0.18	89.9	8.1	25.6	97.7
青森県市浦村 現五所川原市）	1143	0.33	97.7	13.1	141.2	97.8
青森県東通村蒲野沢 野牛	216	0.86	81.8	22.2	6.7	93.2
青森県上北郡	NA	NA	NA	NA	NA	NA
岩手県久慈市侍浜町本波	944	0.41	92.4	13.9	132.9	97.0
岩手県田野畑村	1638	0.14	87.9	8.6	—	92.4
岩手県田老町 現宮古市）	1064	0.36	90.8	11.4	21.6	95.7
秋田県能代市浅内	878	0.44	91.1	6.3	27.2	95.8
秋田県由利本荘市岩越亀田亀田町鶴岡	1148	0.33	90.9	10.1	116.5	96.7
福島県浪江町 小高町 現南相馬市）	521	0.64	91.3	10.1	—	94.5
新潟県巻町 現新潟市）	369	0.75	94.4	11.1	139.6	99.2
石川県珠洲市	1415	0.23	92.5	12.9	50.8	96.3
福井県川西町 現福井市）三里浜	250	0.84	96.6	11.4	111.8	101.2
福井県小浜市	909	0.43	98.9	10.5	118.7	94.9
三重県紀勢町 現大紀町）	1516	0.19	87.8	10.5	36.7	92.5
三重県南島町 現南伊勢町）芦浜	1465	0.21	91.9	9.2	39.8	93.7
三重県紀伊長島町 現紀北町）城ノ浜	1248	0.29	82.7	7.4	—	97.2
三重県海山町 現紀北町）大白浜	1248	0.29	82.7	7.4	—	97.2
三重県熊野市井内浦	1300	0.27	84.6	3.6	—	100.3
京都府舞鶴市	431	0.71	96.5	10.2	105.1	102.2
京都府宮津市	960	0.41	98.8	19.0	169.0	98.6
京都府久美浜町 現京丹後市）	1196	0.31	90.1	10.7	90.9	94.2
兵庫県香住町 現香美町）	1363	0.25	84.5	10.0	98.0	95.0
兵庫県浜坂町 現新温泉町）	1327	0.26	84.0	11.8	94.4	95.9
兵庫県御津町 現たつの市）	628	0.58	87.6	12.9	38.0	98.6
和歌山県那智勝浦町太地	1130	0.34	91.4	5.2	34.4	99.0
和歌山県古座町 現串本町）	1277	0.28	90.0	8.0	72.4	
和歌山県日置川町 現白浜町）	831	0.47	93.0	7.0	61.8	98.9
和歌山県日高町阿尾	1250	0.29	93.1	6.4	46.4	96.7
和歌山県日高町小浦	1250	0.29	93.1	6.4	46.4	96.7
鳥取県青谷町 現鳥取市）	739	0.52	87.9	11.4	72.1	98.2
島根県江津市黒松町	1157	0.33	94.4	13.4	126.1	95.6
島根県益田市高津町	984	0.40	96.7	15.3	136.7	100.7
岡山県日生町 現備前市）鹿久居島	873	0.45	94.7	12.3	21.4	97.0
山口県田万川町 現萩市）	1179	0.32	93.6	8.3	5.2	98.7
山口県豊北町 現下関市）	687	0.55	98.7	9.9	93.8	101.6
徳島県阿南市	203	0.88	91.7	5.1	—	98.1
徳島県日和佐町 現美波町）	1567	0.17	87.5	5.1	—	96.4
徳島県海南町 現海陽町）	1543	0.18	77.0	1.8	—	94.3
愛媛県津島町 現宇和島市）	1160	0.33	83.3	5.6	—	95.3
高知県窪川町 現四万十町）	1474	0.21	91.6	8.0	—	94.8
高知県佐賀町 現黒潮町）	1549	0.20	92.5	6.5	—	95.1
福岡県志摩町 現糸島市）	709	0.54	86.0	6.2	17.3	100.6
福岡県志摩町小金丸 現糸島市）	709	0.54	86.0	6.2	17.3	100.6
熊本県天草市	1307	0.27	90.3	8.6	20.4	99.1
大分県蒲江町 現佐伯市）	1207	0.31	95.9	8.2	—	101.0
宮崎県佐土原町 現宮崎市）	517	0.65	93.2	8.8	55.9	100.5
宮崎県串間市	1335	0.26	91.4	4.9	35.2	100.5
鹿児島県内之浦町 現肝付町）	1283	0.28	90.4	6.6	—	97.6

出所：総務省「平成 28 年度地方公共団体の主要財政指標一

し、珠洲市は「食」を中心とする交流人口の増大や農林水産業振興を掲げ、さらには「能登の里山・里海」として世界農業遺産の指定も受けたが、市の運営は依然険しい。二〇一六年度の財政力指数は、〇・二三に過ぎない(41)。

そのような何れも厳しい現実が広がるなかで、中国電力による上関原発計画を「撥ね返す」中軸的な原動力となってきた上関町の離島・祝島の島民の〈地域づくり〉の試みが、大いに注目に値する。ちなみに二〇一八年五月現在、上関町の人口は二八〇九人で、祝島の人口はその一三%に過ぎないわずか三七〇人である(42)。

しかるに、先に述べたように、祝島の人々は原発を「撥ね返す」運動のなかで、「島で生き、島に住み、島で一生を送りたい」との思いを強め、したがって〝島で生き続けること自体が闘い〟と喝破し、それを「原発の金に頼らない島おこし」の取り組みへと発展させたのである。

とくに「祝島自然エネルギー一〇〇%プロジェクト」の試みは、島内の自然エネルギー一〇〇%化を基軸とした島づくりをめざすもので、食の生産と供給(フード事業)、生活と介護(ライフ)、反原発運動と連携・連動するための情報発信としての芸術・メディア(アート)、島に滞在しつつ、学びと遊びを通した島の自然と歴史文化の保全(エコツーリズム)等、を柱としている(43)。

祝島を、自然エネルギーをベースとした自立する地域へと転換させる試みといってよいが、その基本的な考えは、例えば、「福島第一原発災害」の問題を視野に入れつつ、「三・一一東日本大震災」後のあるべき地域社会の方向について、「FEC自給圏」として構想した内橋克人の理念と重なるとみられる。内橋の構想は、「Foods(食糧)」、「Energy(エネルギー)」、「Care(人の育成・福祉)」についての地域内自給の実現を提案するものであり、その基本的思考枠において祝島の試みと通底している。

地域社会の存立において、「食」と「エネルギー」と「人の世話」は不可欠の要素をなすが、その各要素を〈地域内自給〉として確保・調達し得る仕組みの構築は、いわゆる外部資金(原発の償却資産税=固定資産税や電源三法交付金等)から自由になる基盤を得ることを意味する点において、この上もない価値をもつ。

そうした仕組みを備えた地域社会は、地域資源に由来する自然エネルギーの「地産地消」に基づく地域循環型社会として考えることができる(44)。地域循環型社会は、地域に固有の資源に淵源するエネルギーが、その地域社会の再生産、いいかえれば地域に根ざす人々の持続する暮らしの保障に利活用されることを始点として形成される地域社会である。

すなわち、地域循環型社会においては、エネルギーだけではなく、人の生きる根源としての食糧(料)やその再生産に不可欠な水が、人々の日常の暮らしと有機的に繋がり、それを基盤としてそれぞれが相互に支えあう構造が形成される。それだけではなく、地域社会を構成する様々なファクター(食・水・エネルギー・住空間・民俗を含む地域文化、等)が、相互に多くの関係性で結ばれ、その関係性が地域の人々の相互扶助ないし互助による関係のなかで日々再生産され、強化されるなかで地域社会が持続していくのである。

地域に賦存する資源にちなむ〈エネルギー〉と地域に固有の土壌や漁場や地形、気候条件等に規定される〈食〉を地域外(圏外)に依存しない仕組みとして形成されるのが地域循環型社会なのである。それは文字通り、地産地消/産消提携/域産域消の試みにほかならないが、その最大の特徴は製造・生産の位置と市場・消費との間に空間的かつ時間的な隔たりをもつ工業を主軸とする社会とは完全に差異化されている点にある。

原子力発電は、少なくとも表向きには、装置産業としての重化学工業を基軸とする現代資本主義経済システムにおける電力=エネルギーを供給する上で不可欠なものと喧伝されてきた。しかし、現代資本主義の基軸産業としての重化学工業は、いわば地球全体を一つの市場=競争舞台とするグローバリゼーションの渦動を生成しつつ、元の製造拠点の切り捨て・空洞化をもたらすことによって、一つの国における地域の衰退と崩壊を加速してきたというのが実態である。こうした現実は、あらためて地域社会の再構築が焦眉の課題となっていることを示している。それは当然のことながら、グローバル資本主義からの脱出とともに原発からの脱出を必然とするものといえよう。

「三・一一・東日本大震災」後に、とりわけ福島第一原発災害に逢着した後に前景化している〈人と自然の共生〉、ないし〈自然生態系の均衡回復〉という現代経済社会のかかえる構造的な課題の解決は、原発を真の意味で「撥ね返す」ことの実現と重なる。したがって、原発再稼働の意志を制してあるべき自立した地域社会を展望することにつながる。まさに地域循環型社会の創発が、その具体的実践の一つといってよいのではないだろうか。

（1）二〇一五年八月、九州電力川内原発一号機が再稼働したのを皮切りに、同二号機、四国電力伊方原発一号機が続き、二〇一七年から二〇一八年にかけて関西電力高浜原発三号機、四号機、同電力大飯原発三号機、四号機および九州電力の玄海原発三号機、四号機が相次いで再稼働に入った。ただし、九基のうち、伊方三号機、川内一・二号機、高浜四号機は定期検査中であり、伊方三号機は、二〇一七年一二月に広島高裁において運転差止仮処分命令を受けていたが、これを不服とした四国電力の申し立てによる異議審で広島高裁は、二〇一八年九月二五日、四国電力の異議を認め、仮処分決定を取り消した。四国電力は二〇一八年一〇月二七日に三号機の運転を再開した。他方、二〇一八年六月一四日、東京電力は、福島第二原発を廃炉の方向で検討している旨を表明した（経済産業省・資源エネルギー庁の「我が国における原子力発電所の現状」から）。http://www.enecho.meti.go.jp/category/electricity_and_gas/nuclear/001/pdf/001_02_001.pdf

（2）定期検査の間隔は三区分（一三・一八・二四ヶ月）あり、どの区分に分類するかは、原子炉ごとの技術的評価などにより異なる。

（3）小出裕章［二〇一四］：二〇二-二〇三。

（4）和歌山県の日置川町（二〇〇六年に旧白浜町と合併し、現在は白浜町）は、一九七六年に関西電力の日置川原発を誘致する「意志」を示した（原日出夫編［二〇一二］：一六、三〇—三二、五六—五七）。以下も参照。「和歌山県西牟婁郡白浜町の人口推移及び人口増減率」Web　データ http://demography.blog.fc2.com/blog-entry-4729.html と和歌山県の統計データ https://www.pref.wakayama.lg.jp/bcms.prefg/020300/100/2009/excel/s-61.xls

（5）上関町は、一九八一年に中国電力が上関原発建設の「意志」を示した町であるが、現在もなお計画の段階にあり、したがって図表-1の「建設を断念させた地域」には入っていない（山戸貞夫［二〇一三］：一三、日本科学者会議編［二〇一五］：八五—八六、および山口県上関町のホームページ参照。http://www.town.kaminoseki.lg.jp/）。

（6）原日出夫編［二〇一二］：七三、一〇一。山戸貞夫［二〇一三］：一八。

（7）次の注8で述べるように、原子力発電は、他の電源と比較してむしろ経済的合理性から遠く隔たっている点に特徴をもつ。しかし、その問題を超えて建設が強行されてきたのは、地域独占が保障され、発生する費用のすべてを利益とともに電気料金として回収できるとする法律を後ろ盾とした電力会社という実行部隊があったからである（注14も参照）。このことは、とりもなおさず原発建設・運営が国策（正確には国策民営）にほかならないことを証明している。むろんその背景には、後述するように、原子力のいわゆる「平和利用」と「軍事利用」の表裏一体性がある。

（8）周知のように、実態は逆である。他電源と比べて原発のコストは、建設コスト、燃料費、環境整備費（対策費）、送電費、環境費（災害があった場合の賠償金・除染費）、原発を常時運転するために必要な揚水発電のコストなどを総合的に考えると最も割高な電源といえる（大島堅一［二〇一一］：一一二）。また原発は、核分裂反応ではCO_2を発生しないが、核分裂をするウラン燃料をつくる過程をはじめ、使用済み核燃料の輸送や保管（放射性物質によっては一〇〇万年にわたる保管が必要になるが、その間、化石燃料を使用した空冷が続く）など全プロセスで厖大なエネルギーの消費が行われ、大量のCO_2が放出される（小出裕章［二〇一四］：一八六—一八七）。

（9）福島第一原発災害では、東京電力が〈想定〉した最大の地震・最大級の津波を上回る規模の事象が生じたことになる。しかし、科学的知見を駆使し、さらに徹底した歴史学（経験科学）の探索のもとに、あり得る最大の事象を〈想定〉したわけではなかった。いわば科学的知見とそれを実現するための技術水準およびそれを実現する経済的担保という関係は無視され、もっぱら経済的合理性＝費用圧縮に導かれての〈想定〉に過ぎなかった。そして現実はこうした〈想定〉を超えたわけであるが、東京電力はその事態について「残余のリスク」というレトリックを駆使しつつ、その責任を免れると主張した。

（10）中国電力の上関原発建設を前提とした「環境影響調査書」には、瀬戸内海各海域で生息数が激減し、原発予定地周辺の海では日常的に観察されていた「スナメリ（＝デゴンドウ）」の記載が全くなく、また調査中にあらたに発見された、貝類の進化を探るうえで貴重な新種の貝（ヤシマイシン）等も無視されたという（山戸貞夫［二〇一三］：六五―六八）。

(11) 山戸貞夫［二〇一三］：一〇八、日本科学者会議編［二〇一五］：一一一など。

(12) 西尾漠［二〇一三］：五七。持ち込む側は、この三条件を崩すために繰り返し、何度でも攻撃を仕掛けることになる。

(13) 山戸貞夫［二〇一三］：七二―七三。

(14) 総括原価方式は、「電気事業法」が根拠となった、設備費や燃料費、人件費等ばかりではなく、広告宣伝費・寄付金をふくむ対策費などあらゆる事業費（レートベース）と資産を合算し、それに一定の利益を上乗せして電気料金を算定する方式。二〇一六年の電力小売り全面自由化まで、電力会社は発生する費用をすべて電気料金で回収した上に必ず利益が出るような仕組みのなかで事業を営んできた。

(15) 電源三法の制定時の名称は、電源開発促進税法・電源開発促進対策特別会計法・発電用施設周辺地域整備法。電力会社から電源開発促進税という税を徴収し（税の分は電気料金に上乗せ）、それを財源として発電施設のある周辺地域の公共施設整備のために交付金などを与える仕組み。火力発電や水力発電も対象となるが、原発にはより手厚い支給が前提される。なお、「迷惑料」を払うというアイデアは田中角栄（当時首相）によることはよく知られている。

(16) 日本の原発は、商用原子炉として初の東海発電所（一九六六年運転開始・一九九八年に廃炉）を別とすれば、すべて一九七〇年代に入ってから稼働し始めた（一九七〇年三月の日本原電の敦賀原発が最初）。ところが、一九七〇年代になって以降表面化した新設計画は、どれ一つ運転に至ったものはない（西尾漠［二〇一三］：一六四）。それだけ原発を「撥ね返す意志」が強靭になったことをうかがわせる。

(17) ただし、欧米では「原子力発電」を核の「平和利用」とは表現しないという。米では「商業利用」、英では「民間利用」、独（西独）では「営利利用」と呼んできたといわれる（土井淑平［一九八六］：二一六）。

(18) 小出裕章［二〇一四］：二一二―二一三。

(19) この事例では、七筆の土地約二五〇〇平方メートルについて、一口一万円で一筆の土地の共有者になるということで、結果として県内外の約二〇〇名が共有者に名を連ねたという（日本科学者会議編［二〇一五］：一五七）。なお、原発立地に必要な用地が（その一部でも）確保できなければ、原発の建設はできないが、現行の法制では電力会社によるいわゆる強制収容が認められていないこともおさえておく必要がある（小出裕章・土井淑平［二〇一二］：一二一―一二三）。

(20) 小出裕章・土井淑平［二〇一二］：一一四。なお、福島県浪江町の「棚塩原発反対同盟」を率いて原発を「撥ね返した」農民・舛倉隆については、恩田勝亘［二〇一一］を参照。

(21) 原日出夫編［二〇一二］：八一；日本科学者会議編［二〇一五］：一五四など。

(22) 原日出夫編［二〇一二］：九七；日本科学者会議編［二〇一五］：一一二。

(23) 小出裕章［二〇一四］：二〇二。

(24) 山戸貞夫［二〇一三］：一四四。祝島の漁民の闘いについては山秋真［二〇一二］（とくに第四章）も参照。

(25) 西尾漠［二〇一三］：四二、新潟日報原発問題特別取材班［二〇一七］：二三〇―二三一。

(26) 北村博司［二〇一一］：三〇―四八、日本科学者会議編［二〇一五］：三〇―三一

(27) 日本科学者会議編［二〇一五］：四四。

(28) 日本科学者会議編［二〇一五］：一三六―一三七。

(29) 日本科学者会議編［二〇一五］：二七。

(30) 中国電力が、一九六七年に原発立地を計画した岡山県日生町の漁協は、原発建設反対決議のなかで「放射能汚染は、温排水以前の問題であり、さらに温排水も養殖漁業を壊滅させる」ことを反対理由として明記した（日本科学者会議編［二〇一五］：一八―二一、一〇六―一〇七）。なお、原発による通常運転時における、温〈廃〉水、海洋汚染、海中への放射性廃棄物放出については、山本義隆［二〇一五］：二二五―二二八および小出裕章［二〇一一］：一一八―一二一を参照。

(31) 山戸貞夫［二〇一三］：一六―一七。

(32) 日本科学者会議編［二〇一五］：二一。

(33) 同：二四。なお、その後も実力阻止行動を展開する漁民の抗議船と海上保安庁の巡視艇との〈海戦〉は繰り広げられたといわれる（土井淑平［一九八六］：

二五六)。

(34) 原発に反対する人々に仕掛けられた、反倫理的・没理性的かつきわめて猥雑な行為の具体的事実については、海渡雄一編［二〇一四］に詳しく紹介されている。

(35) 日本科学者会議編［二〇一五］：二〇。

(36) しかし、筆者が、原発が立地している宮城県女川町について分析したところ、①原発立地と女川町における雇用増大・雇用維持との間に明確な相関はみられないこと、②町財政の歳入を〈潤す〉のが電源三法交付金よりも原発の償却資産税を実体とする固定資産税収入であり、それは結局のところ町の財政規律を緩める負の効用しかないこと、③女川町における電力産業と他の産業の有機的連関は見出し難く、電力産業の町内経済への波及効果はきわめて限定的であること等が明らかとなった。原発立地が、町(村)の衰退を回避できるわけではないのである（半田正樹［二〇一八a］：四二—四六）。

(37) 総務省「平成二八年度地方公共団体の主要財政指標一覧」（http://www.soumu.go.jp/iken/zaisei/H28_chiho.html）参照。

(38) これに対し、原発が立地した自治体は、地方税（原発の固定資産税）や電源三法交付金が入ってくることから当然財政力指数は高い値を示している（図表-2b）。しかし、注36で指摘したように、原発立地が、実質的に町（村）の衰退を押しとどめ、地域の活性化に結び付くともいえないのが現実である。

(39) 原日出夫編［二〇一二］：一一七—一一八。

(40) 同、一二五—一二六。

(41) 日本科学者会議編［二〇一五］：六二、北野 進［二〇〇五］：三六三—三六五、前掲、総務省「平成二八年度地方公共団体の主要財政指標一覧」。

(42) Web サイト【祝島の案内】http://www.iwaishima.jp/home/info/info.htm 参照。

(43) 山戸貞夫［二〇一三］：一五〇—一五四。

(44) 地域循環型社会については、とりあえず拙稿（半田正樹［二〇一六］および［二〇一八b］）を参照。

【参考文献】

内橋克人［二〇一一］『共生経済が始まる——人間復興の社会を求めて』朝日文庫

図表-2b　原発立地自治体の財政状況(2016 年度)

原発立地地点	財政力指数	財政力指数	経常収支比率	実質公債費比率	将来負担比率	ラスパイレス指数
	全国順位					
北海道古宇郡泊村 泊発電所)	2	1.71	42.2	1.2	−	97.4
青森県東通村 東通原発 東京電力＋東北電力)	216	0.86	81.8	22.2	6.7	93.2
宮城県女川町 女川原発)	75	0.99	86.5	4.3	−	93.0
福島県楢葉町 福島第二原発 廃炉決定)	284	0.81	87.6	5.4	−	97.9
茨城県東海村 東海第二発電所)	5	1.52	84.2	4.0	−	102.1
新潟県柏崎市 柏崎刈羽原発)	425	0.71	93.8	14.4	46.6	98.0
新潟県刈羽村 柏崎刈羽原発)	23	1.26	78.6	▲ 3.2	−	95.7
静岡県御前崎市 浜岡原発)	72	1.00	83.5	0.0	−	97.6
石川県志賀町 志賀原発)	442	0.70	90.2	11.4	4.0	92.9
福井県敦賀市 敦賀原発)	110	0.97	91.9	7.3	9.8	97.4
福井県美浜町 美浜原発)	413	0.72	88.8	9.8	117.4	93.7
福井県おおい町 大飯原発)	63	1.01	79.5	1.1	−	92.3
福井県高浜町 高浜原発)	96	0.98	88.1	8.4	1.2	90.5
島根県松江市 島根原発)	651	0.57	91.6	15.1	119.9	100.3
愛媛県伊方町 伊方原発)	741	0.52	80.0	5.9	−	89.3
佐賀県玄海町 玄海原発)	53	1.03	88.4	4.1	−	96.6
鹿児島県薩摩川内市 川内原発)	798	0.49	93.7	10.5	−	98.8

出所：総務省「平成 28 年度地方公共団体の主要財政指標一覧」
(http://www.soumu.go.jp/iken/zaisei/H28_chiho.html)

大島堅一［二〇一一］『原発のコスト』岩波新書
岡田知弘・川瀬光義・にいがた自治体研究所編『原発に依存しない地域づくりへの展望――柏崎市の地域経済と自治体財政』自治体研究社恩田勝亘［二〇一一］『原発に子孫の命は売れない――原発ができなかったフクシマ浪江町』七ツ森書館
海渡雄一編［二〇一四］『反原発へのいやがらせ全記録――原子力ムラの品性を嗤う』明石書店
北野　進［二〇〇五］『珠洲原発阻止へのあゆみ――選挙を闘いぬいて』七ツ森書館
北村博司［二〇一一］『新装版　原発を止めた町――三重・芦浜原発三十七年の闘い』現代書館
小出裕章［二〇一一］『原発のウソ』扶桑社新書
小出裕章・土井淑平［二〇一二］『原発のないふるさとを』批評社
小出裕章［二〇一四］『原発ゼロ』幻冬舎ルネッサンス新書
小出裕章［二〇一五］『原発と戦争を推し進める愚かな国、日本』毎日新聞出版
土井淑平［一九八六］『反核・反原発・エコロジー――吉本隆明の政治思想批判』批評社
新潟日報原発問題特別取材班［二〇一七］『崩れた原発「経済神話」――柏崎刈羽原発から再稼働を問う』明石書店
西尾　漠［二〇一三］『歴史物語り　私の反原発切抜帖』緑風出版
日本科学者会議編［二〇一五］『原発を阻止した地域の闘い［第一集］』本の泉社
農文協編［二〇一二］『脱原発の大義――地域破壊の歴史に終止符を』農文協
原日出夫編［二〇一二］『紀伊半島にはなぜ原発がないのか――日置川原発反対運動の記録』紀伊民報
半田正樹［二〇一二］「『三・一一』とは何か――グローバル資本主義を相対化する視座」（『別冊　Niche Vol.3』批評社）
半田正樹［二〇一六］「『東北』における地域循環型社会序説」（『季刊　変革のアソシエ』No. 23,社会評論社、所収）
半田正樹［二〇一八a］「原発の『経済神話』を問う――女川町のケース」（女川原発の再稼働を許さない！　みやぎアクション編『県民が決める！　女川原発再稼働の是非』講演・シンポジウム報告集）。同報告集の入手連絡先は、hag07314@nifty.ne.jp　。
半田正樹［二〇一八b］「地域循環型社会としての新たなコミュニティの創発」（大内秀明他編『自然エネルギーのソーシャルデザイン――スマートコミュニティの水系モデル』鹿島出版会、所収）
堀内和恵［二〇一六］『原発を止める島――祝島をめぐる人びと』南方新社
山秋　真［二〇一二］『原発をつくらせない人びと――祝島から未来へ』岩波新書
山戸貞夫［二〇一三］『祝島のたたかい――上関原発反対運動史』岩波書店
山本義隆［二〇一五］『原子・原子核・原子力――わたしが講義で伝えたかったこと』岩波書店

（元東北学院大学教員）

●特集「脱原発を考える」

未曾有の福島

Hatsuo WATANABE　渡辺初雄

はじめに

二〇一八年四月二二日、「東京電力福島第一原発事故から二六〇〇日に」と言ってもピンとこない。「七年一カ月と一一日と」言った方が分かりやすい。同じ日数なのになぜだろう。自分が小学生の頃、友人が友達をからかっていた事が有る。「鉄の一貫目と綿の一貫目でどちらが重い」。その友達は鉄と答える。先入観からの判断だろうか。日数も二六〇〇日、と言ってもピンとこないが七年一カ月と一一日、と言った方が長さが分かりやすい。災害情報も分かりやすい情報の出し方が大事だろう。又、先入観で判断しない事も大事。

国策で進めてきた原子力発電で世界最悪レベルの事故、福島第一原発事故で安全神話は完全に崩れた。だが国は責任を認めない。国策であるなら、国は責任を自覚しなければならないはずだ。

夢のようなエネルギーの謳い文句で始まった原子力政策、本当に夢のようなエネルギーなのか。あの事故は夢であってほしい、辛い避難生活も夢であってほしい。頬を抓っても夢ではない、現実である。将来を夢見て頑張って来た人たち、何の因果で奪われなければならないのか。資本家の犠牲であろうか、もしくは、政治家の犠牲でなかろうか？

ひとたび原発の過酷事故が起きれば、被害や影響は立地地域を超えて広い範囲に及ぶ。福島事故が突き付けた重い教訓である。

写真１　山積みされた放射能汚染物入りフレコンバック
（https://www.podniesinski.pl/portal/fukushima/）

写真２　避難時放置された乗用車（https://www.podniesinski.pl/portal/fukushima/）

写真３　アパート近くにも山積みされたフレコンバック。政府はここで生活しても良いと言う（https://www.podniesinski.pl/portal/fukushima/）

平成二九年一〇月時点で、全国に約五万三千人が避難生活を余儀なくされている現状です。二〇一七年三月末で住宅支援も打切りに。その後の、福島県の支援策も条件が厳しくクリアできないが、それでも避難者はわが子を守るため避難継続を決断する。

過去を振り返っても元には戻らない。自分達避難者は、車のギヤであれば、前進ギヤあるのみ、「前進ギヤであれば」低速、中速、高速どれでも良い。今の福島県の現状、避難者の現状を広く知って頂くことが重要だと思う。

福島事故は、原発の過酷事故が、広域的な混乱を生み、風評被害など立地地域や立地県以外にも大きな影響を及ぼすことを明らかにした。

二〇一八年春、未曾有の原発事故から七年になる。「福島」を風化させない。その大切さを、もう一度胸に刻みたい。

住民の命や暮らしを守るためには、住民・電力会社・国・自治体は、どのような「想定外」も許されない。それが、東京電力福島第一原発事故が突き付けた教訓である。

福島事故の風化が懸念される中、伊方原発差し止め判決は原発の安全確保の徹底を求め、安易な再稼働を戒める重みのある司法の判断といえよう。国や電力会社は真摯に受け止めなければならない。

福島第一原発事故は、起こるべきして起きた。事故の九年前、原発について、東京電力が津波シミュレーションを拒んでいたことがわかった。その「抵抗」を記録したメールが出てきた。実施していれば貴重なコトバが聞けていたのではないか。科学をよりどころとする企業なら惜しむべきではないだろう。現在悔やんでも遅い。

広島高裁は、愛媛県伊方町にある四国電力伊方原発三号機について運転を差し止める仮処分を決定した。注目したいのは、福島事故以降、高裁段階で原発の再稼働や運転を禁じる初めての司法判断が示されたことである。

私自身が、事故を起こした原子力発電所で平成二〇年八月末まで仕事をしていました。東京電力の社員ではないです。社員だったらここでこのような話を書いていられません。事故を起こした発電所の中で、発電所で重要な部分を手掛ける会社に勤めていました。その当時、国は原子力発電を国策で進める為に、国民に原子力発電はクリーンで、何かあっても多重防護で運転しているので、「安心安全だよ」という宣伝をしていた。又、そこで働いている人達を安全神話で洗脳してきたと思う。

そういう話を自分は聞き、そこで仕事をするようになった時、これは「ちょっと違うよね」と思い、言っている事とやっている内容が違うという事から、自分の日常生活が一変してしまいました。その事が分かっても、生活もある為会社は辞められませんでした。

日常生活で、万が一の時にはこういう物を準備する必要があると思い、一つ一つ準備しました。友人にも、「もしもの時にこういう事が必要だよ」という話をしていた。残念なことに、それが的中してしまいました。起きる方に的中しなければ良かったのですが。

日本のテレビ時代劇で圧倒的に人気が高いのは水戸黄門である。全国漫遊でその土地の問題を痛快に解決する。世界中で理解しがたいことが、印籠である、印籠で黄門様以外が地面に平伏す。外国人にはなぜ……？　理解できない！！？

原発は、役人の声が大切か、現場の技術者の声が大切なのか。

一国の総理、原子力ムラに群がる人の事を優先することを考えるより国民の安全安心を最優先すべきである。政治献金と国民の安心安全、総理大臣いかがか。

現在の原子力問題を黄門様が存在したならどう裁くのか？？？　民衆を第一に裁く黄門様、民衆は原発立地自治体住人であり電気利用者でもある。福島事故を受けても原発の再稼働を望むのか、第二の福島が起きるまで。又、使用済み核燃料は、万年単位で人類が管理し続けなければならない問題を抱えている。

原子力大国のアメリカでさえ再生可能エネルギーに方向転換しているのに、安倍政権は原発を国の基幹エネルギーに位置付け再稼働をしゃにむに進めている。

一　東日本大震災

平成二三年三月一一日午後二時四六分、突然激しい横揺れで立っていられないほどの地震が起きた。この地震が、日本国内はもとより外国にも避難する人がでるという未曽有の災害に。最大約三四万五千人、「福島県のピークは平成二四年五月一六万四八六五人」、が避難することになった始まりだ。

昨日まで当たり前のように思われた営みが奪われ、困難の中に放り込まれる。どうやって日常を取り戻せばいいのか、どう生きればいいのかわからない。

原子力災害は、個人だけではなく、地域全体を破壊してしまう。

自分（渡辺初雄）は地震の時、役所の臨時職員で、積雪時道路脇の立木が雪の重みで道路に曲がり、スクールバスの運行に支障をきたす為、切り倒し除去する作業中でした。

原発事故からの自分の避難生活も八年目を迎えることになります。いまだに約五万三千人が避難中（平成二九年一〇月末現）。日本では戦争に次ぐ避難人数の多さと長期災害避難になった。長岡での避難生活では母子避難者支援、長岡市民防災研究所を作っての新潟県の人達へ自然災害や原子力防災についての講演活動、長岡市民放射線測定会での勉強会を行う。勉強会では原子力防災や避難計画についての検討を行なっている。

東京オリンピック招致で安倍総理は、福島第一原発は完全にコントロールされていると発言しているが、現実はトラブル続きで収束が見通せない状態です。溶け落ちた燃料デブリを七年目、二号機で一月になってからやっと確認できた状態。今後の廃炉作業の道のりは迷路状態が長く続く。

残念ながら、現在の日本の原子力行政は、福島事故は無かったことにして、再稼働を押し進めようと考えているようです。東京電力だけが、国民の関心の矛先が事故から東京オリンピックに向けられたため安堵した事だろう。

日本に原発がなくなっても、他国の原発の存在と、日本の使用済み核燃料保管と廃炉管理や、核燃料処理システムなど核関連施設がある限り安心安全はあ

食器が準備されたレストランの座敷、客達は避難

写真４　予約された宴会場、7年経っても客は来ることは無い
（https://www.podniesinski.pl/portal/fukushima/）

写真５　一般住宅近くにあるフレコンバックの仮、仮、仮集積場。住めるところではない
（https://www.podniesinski.pl/portal/fukushima/）

りません。又、今までの使用済み燃料から取り出した、自然界に存在しないプルトニウムが日本に四七トンも保有されている。非常に取り扱いが難しい、管理も大変なもの。毒性が強く大変危険なものです（世界中から懸念されている）。

運転四〇年経過した原子力発電所も、原子力規制委員会に運転延長申請し、新規制基準に適合していれば、さらに最長で二〇年運転延長が認められることになった。

この事は、現場経験からすると、事故が起きるまで運転し続けられると言う事です。

国民にとっては一度原子力システムの導入を受け入れたことに対する、苦渋の状況です。しかし、原発がある限り、皆さんが福島原発事故の経験と核関連施設過酷事故から原子力のあり方や教訓を学ぶことで、原発事故のさい、いかに最少限の被曝で避難が可能になるかがわかります。例えば、原子力災害時「政府・都道府県・原発事業者」と情報を共有・協力して、住人、要介護者、要支援者の避難体制を整備し、自然災害、原子力災害時の避難を想定して備えるなどです。万年単位で人類が管理し続けなければならない核のごみの問題もある。市民が原発事故災害の避難の現実から教訓を学んで、より良い避難計画を考えて実現しよう。

原発と使用済み燃料がある限り事故は起きうる、学んで備えることが重要だ。

二　事業者からの情報

原子力災害は、原子力発電所に一般人が立ち入り制限されている為、被曝なしの避難には事業者からの情報が最大限重要になる。

川内村と富岡町の実例

私（渡辺初雄）のふるさと川内村は、福島第一原発事故のさい、その一号機水素爆発前に隣接する富岡町の避難者を受け入れた。

富岡町の町長は、なぜ水素爆発前に避難を決断出来たのか検討しよう。今後の原子力災害避難計画作りに重要になる。平成二九年一二月一〇日NHK総合が放映した番組から川内村と富岡町の対応を見てみよう（「明日へ　つなげよう　証言記録　東日本大震災「福島県川内村　隣人との原発避難」」、NHK総合）。

二〇一一年三月一一日の富岡町と川内村の状況は以下のようだった。

・地震と津波被害に関心が向いて、原発にはメディアも取材していない。

・発電所勤務（勤務経験者）作業員からの情報が富岡町などの爆発前の避難に繋がった。

・福島事故時は、固定電話や携帯電話も、インターネットも使用出来なかった。幸い、テレビだけは唯一見ることが出来た。
・防災関係機関で情報の共有がなく各指示が違い混乱をきたした。
・停電が起きると、対策本部に自分たちの状況を伝えることも、外部から何も情報が入ってこなくなる。※衛星電話を行政で整備すべき、アマチュア無線も使用可能
・国・県も現地の状況が把握できない状況では、首長の判断が重要、予想外れを恐れず。
・指示系統も、警察に移動指示があれば当然そこの住人に避難指示を出すべき。
・情報の共有など、問題が多すぎる。

以下で詳しく検討してみよう。

①人口の三倍、八千人の避難者を受け入れた川内村：

避難者受け入れ「受け入れ側も大混乱」

富岡町は、北に福島第一、南に福島第二を抱えている。西の川内村は最も近い避難場所（富岡町は原発から一〇～二〇km圏）。川内村は、原発から二〇～三〇km圏にある。

二〇一一年三月一一日　東京電力福島第一原子力発電所が地震よる津波に襲われました。原発事故で避難を余儀なくされた富岡町の人々が、隣接する川内村へ逃げてきた。その数は川内村の人口の三倍近く、八千人を超えていた。隣人として深い付き合いのあった富岡町の人々を、川内村の女性たちは、当たり前のように支えました。川内村には八つの行政区がある。その行政区には婦人会の組織があり災害や、各行事運営等で活躍する。今回は炊き出しをして避難者に食事の提供をしていた。

女性たちは、自宅からコメを持ち寄り一日一人四〇〇個のおにぎりを握り支え続けるが、自らの村にも放射能が……。

震災当時の川内村の対応の概要

福島県の山間の村に、今も消されずに残るあの日の記憶、ここに避難し人々の感謝の言葉　（コミュニティセンター厨房にある黒板に）

・皆さんも大変な状況の中ギリギリまでお手伝いいただき有難う御座います、絶対に帰ってきます。
・この度は本当にお世話になりました。川内皆さんは、温かい方ばかりで沢山元気をいただきました。一生忘れません、ありがとうございました。「永井」
・第二のふるさとになりました。絶対に、絶対に、富岡に帰って川内村にも帰ってきます。ありがとうございました。今泉千鶴（唐木）

川内村には竹下内閣のときに、ふるさと創生資金「一億円」で温泉を掘削「川内の湯」を作る。受け入れ施設には、風呂はなく、村唯一の川内の湯までは二〇分以上かかるところが多い。だが、地震の影響で湯船にひびが入り使用できない状態になっていた。避難者は、避難所周辺の家に風呂やシャワーを利用させてもらい、子供のお尻を洗い流す方法しかなかった。

この時点では、一号機の水素爆発は起きていなかった。しかし、防護服や安定ヨウ素剤など、原発事故への備えはゼロ。更に、相次ぐ原発の爆発で、川内村全域が屋内退避になり、物資は途絶えた。

相次ぐ原発の爆発で、川内村も屋内退避に

国や県からは何の指示もない中、役場職員の中にも家族を守るため村を出る人が続出。

村長は、隣町の人々とともに「村を離れる」という苦渋の決断を迫られる。物資も途絶え、富岡町町長と川内村村長は避難先を、知人、友人を頼りに模索。川内村から約六〇km離れた、福島県郡山市にある福島県施設「ビックパレット福島」に避難することになった。

だが、この施設も地震の被害が有り、降雨時に雨漏り、対応に苦慮する。ここで良かったことは、イベント施設のため広い駐車場があったこと。のちに、この駐車場の一部に仮設住宅が建つ（平成二九年一二月時点）。今でも一部の仮設に入居者がいる。

②全村民に避難指示

村長が全村民避難を決断、防災無線で避難を伝える。

川内村長が富岡町長と協議、川内村より直線距離で約六〇km離れたところにある、県営ビッグパレット福島に避難することにし、「村長は防災無線で、村の全世帯に避難広報をする」。

ビッグパレット福島には、町民と村民約二二〇〇人が避難、両役場職員が避難者の対応に当たる。富岡町の避難者と川内村民で約一万九千人の内、二二〇〇人がビッグパレットに避難したが、後の一万六千人は自分で避難先を探しての避難に。行政が指定した避難所には少数しか避難しなかったことが分かる、これも今後の課題になる。

トイレの入り口まで避難者が。建物が地震の被害で降雨時には二階部分はダダ漏れの雨漏りがあり大変苦労されたようです。

一番苦労したのは、避難者の鬱積の捌け口がなく、それが世話をしてくれている役場職員に向けられたことで、その後に、職員の中途退職を招いた。役場職員も同じ被災者、責任感だけで頑張るしかなかった。公務員は全体の奉仕者とされる。使命感が求められる。しかし、である。やりきれない、自分たちも同じ被害者である。

避難者が酒を飲み気持ちが大きくなり、不満を漏らし周辺避難者に迷惑をかけるなど、避難者どうしのトラブルも多くあり警察の出張所が出来る。他の避難所「県内・県外」も、地元民とのトラブルが起きないように、警察による巡回する対応が取られた。

この施設には風呂などは無く、後に、自衛隊による仮設浴場も出来た。

家族同然のペット愛好家は、施設内に入れず自分の車中での生活を強いられる。後に、動物愛護団体が動物を一時引き取るなどの対応がなされた。又、避難の時、家に置き去りのペットなども動物愛護団体が出向いて保護された。

避難物資や弁当配布は、避難当初決めごとがなく弁当などは不足して再注文することに。同一人物が複数回並び不足する。配布箇所が複数あり配布済みの確認を怠った「重複配布」となる。

1．対策として家族カードを作成、配布時に確認する対策を取る。

2．避難所周辺住人が列に紛れて並び食事や支援支給品を受け取る事を防ぐ。

3．全国からの支援物資、仕分け作業にも課題が多い。中身の表示が必要。一つの箱に混在、仕分け作業に手間取る。一箱に一品が大事。

ここで大事なことは、富岡町の住人が一号機水素爆発前に避難することになったかの理由。原発作業員が、家族に「原発が冷却できず危ない」と話し、それが家族より周辺に拡散、避難を決断することになった。原子力災害は、「情報が如何に一番重要か」が分かる。

富岡町より川内村までは、脇道も少なく通常二〇～三〇分で行き来できる距離であるが、避難の時は五時間以上かかった。当時川内村では、避難訓練などは行われておらず、避難者受け入れも想定していなかった。そのため、避難者の駐車場も少なく、役場職員は受け入れ対応に追われ、避難者の誘導が出来ず、大渋滞が起きたと思う。

実際に対応した川内村は、原子力発電所や放射線の知識がなく、防護服備蓄もない中で、事故が起きたときにどう判断し、どう避難したのか、又、富岡町からの避難者をどう受け入れて対応したのか。今後の避難計画や個々の備蓄、備えに役立つと思い今回あえて書きました。皆さんに役立てて頂ければ幸いです。

③今回の検証

一．住民意識

避難者側も避難者受け入れ側も、原子力発電所の事故で避難することを想定していなかった。多重防護で事故は起きないと、根深い安全神話があったとしか言いようがない。隣人の困難に対し、損得ではないなど救済意識が強い。

二．情報

原子力災害は、原子力発電所に一般人が立ち入り制限されている為、事業者からの情報が最大限重要になる。

・地震と津波被害に関心が向いて、原発にはメディアも取材していない。

・発電所勤務（勤務経験者）作業員からの情報が爆発前の富岡町の避難に繋がった。

・福島事故時は、固定電話や携帯電話も、インターネットも使用出来なかった。幸い、唯一テレビだけ見ることが出来た。

・防災関係機関で情報の共有がなく各系統の指示が違い混乱をきたした。

・停電が起きると、原子力災害対策本部に自分たちの状況を伝えることも、外部から何も情報が入ってこなくなる。※衛星電話（個人では無理であるが行政で整備）、アマチュア無線も使用可能

・国・県も現地の状況が把握できない状況では、首長の判断が重要、予想外れを恐れず。

・指示系統について、警察に移動指示があれば、役場・役所は当然そこの住民に避難指示を出すべき。

・情報の共有など、問題が多すぎる状態を改善すべき。

三．避難路の確保

近い距離で途中に交差道路が少ないのに、なぜ大渋滞が起きたか考える。

A　受け入れ自治体は、標高約四〇〇ｍにあり地震の被害は有るが津波の心配はない。福島事故の時、二〇キロ位の所で普段は約三〇分かからないで行けるところを、事故の時は四～五時間かかったようです。ここは、県道で交差する所が少ない道路ですが渋滞した。

B　避難者は、目的地が決まっていたが、避難所が決まっていなかった。

C　受け入れ先で、避難所開設が間に合わなかった。

D　避難所への職員手配要員不足で、捌きれない状態だった。

E　受け入れ自治体で、道路の交差地点で避難所割り振りの誘導態勢が、各避難所との連携不足でスムーズにできなかった。

F　避難者も、避難所が決まっていないため進むのに不安が有り、早い走行が出来ないため、後続車が渋滞を引き起こす要因になった。

G　原子力災害は、車での避難になるが避難所の駐車場が狭く、駐車するまでの時間が掛かり渋滞を引き起こすことにもつながった。

H　避難所の食料は、各行政区の婦人部が炊き出しをして、富岡町民が再避難になるまで対応した。

I　この時には、避難者や避難車両のスクリーニングは実施されていなかった。今後はスクリーニングが実施される為、更なる渋滞が予想されます、この対策も急務です。

J　時間はかかったが、「事故・トラブルがなく」避難出来たことが幸いです。

・福島事故の時、避難所をどう探したか。インターネットで避難所を検索して、避難された方が多いようです。

・情報入手も、避難所検索もインターネットが活用されています。これからはＩＴの時代ですが、インターネットが出来ない人の対策も必要です。

・移動中は、新しい情報入手が大事です、車のラジオやテレビ（走行時は道路交通法あり同乗者が確認）、その他、スマートホン・タブレットからも得ることが出来ます。

・地域によっては、避難路が選べない所もある。富岡町は川内村に至る避難道路は二カ所あるが、一カ所は第一原発近くを通るルートで使用できなかった。

・普段、複合災害を想定して、避難道路を（複数）イメージしておくことが大事。

・地震で通行不能になることも考慮する必要がある。
・季節により（雪国など）通行出来なくなることもある。

福島第一原発のある周辺七町村には道路のライブカメラがあり（双葉地方市町村圏組合ライブカメラ）をダウンロードするとリアルタイムで道路状況を見ることが出来る対策を取っている。避難の時に道路状況を確認できる。

四．非常用備蓄品（家庭と避難所）

災害時の備蓄が、いかに大事かが分かると思う。普段食べている物を多めに購入して置くだけで備蓄になる（ローリングストック）。物によっては、インフラが復旧するまで一週間位かかるので家族人数分を一週間分備蓄が望ましい。避難者のアレルギー確認調査も必要。時期によっては、加熱用器具（電子レンジなど）を備える。

五．原子力発電所の仕組みや放射線の知識不足

建屋が爆発時点で放射性物質は大量に放出拡散している。富岡町と川内村の住民は、原子力発電所近傍に住んで居ながら、放射線の人体への影響や、原子力災害での避難方法などが分からなかった。

六．避難所の収容人数

川内村では、たたみ三〇畳に七〇人が。災害救助法では明確な基準はないが、避難期間によっては考慮しなければならない。私がお世話になった、長岡市の栃尾にある快楽荘に避難した時は、長岡市では九四・五畳に対して六〇人に制限した。

七．要介護者や要支援者

想定外の受け入れで、要介護者や要支援者の対応が出来なかった。出来うるならば、避難所の責任者（代表）が避難してきた入所者の相談や悩み事、健康管理に努めることが望ましい。状況を把握し、保健施設に移し保健師などを対応に当てることも必要。

八．受け入れ自治体での食事の確保

避難先で重要なのは、温かい食事を三食食べられる事。原子力災害での避難は、二～三日では帰れない。飲食店組合を作り食事を提供する事や、ボランティアなどの組織が必要。支援物資や食料提供の呼びかけ。

九．首長の避難判断

富岡町と川内村は国、県からの避難指示の無い中での全町・全村避難決断。国、県が事故状況を把握できない時の首長の判断が重要。国からの指示は指揮系統が長く、現地の急変に対応できないこともある。

一〇．防護服の確保

柏崎消防本部には防護服の備蓄が四千着。

福島第一原発事故の時点で、富岡町にある双葉地方広域市町村圏組合消防本部には防護服備蓄一万四千着があった。

町内会や行政区・自主防災会等にも事前配布が望ましい。要支援者、要介護者の支援時に必要。

一一．ヨウ素剤

ヨウ素剤配布されているなら、避難時に、持参すべき。個人保管には不安があるが、自治体でヨウ素剤備蓄場所が分からないので、事前配布すべきと思う。事故時には、その他の事で手が一杯になる。

一二．避難者の駐車場

福島事故後、原発立地自治体三〇km圏では、地域ごとに事故状況により避難先を設定したが、受け入れ先の施設詳細は未だ明らかでない。原子力災害時は車での避難になるので、受け入れ自治体の駐車場の確保も課題の一つ。受け入れ自治体が避難時の対応を事前に検討する必要がある。

一三．避難所での世帯別避難者カード

世帯別避難者カードで避難者とその数が把握でき、重複配布が無いようにすることで、避難所での食料や支援物資配布の時避難者のみに配布できる。グループを作り代表を選ぶことも方法の一つ。カード作成時、疾病も確認しておく。

一四．入浴設備の確保

乳幼児や子供、女性も避難になるので、入浴できるよう配慮が必要。人数が多く風呂設備がない場合、早めに自衛隊などに要請する。

長岡市では、風呂施設経営の（ゆらいや・華の湯さん）が、避難者確認後無

料で開放した（行政がマイクロバスで送迎）。

一五．汚染検査

富岡町・川内村とも放射線測定器を持っていないため対応できず。

今回は、爆発前の避難者には必要ないと思うが、万が一、爆発前に放射能漏れがあるかもしれないので、念のためスクリーニング検査体制も確立しなければならない。

川内村から郡山市に移動の際も途中でスクリーニング検査をしなければならなかった。

放射性物質を避難元より持ち出さない、避難先に持ち込まないことが重要。

一六．避難訓練

富岡町は原子力災害避難訓練でなく、自然災害対応の避難訓練だった。原発立地自治体であれば原子力災害時の避難訓練も行うべき。

スクリーニング検査体制が確立し、測定訓練を実施する。

ヨウ素剤の服用説明や配布訓練なども行う。

一七．行政指定避難先

行政指定避難所に、全ての人達が行くとは限らない。避難後の連絡体制を確立しておくことが、早めの支援体制に繋がる。

福島では、八年目になろうとしているがまだ二〇名が避難先不明。

避難者は避難先が決まったら、すみやかに自分の居場所を行政に連絡する。避難ガイドに、行政への連絡電話番号を明記する。行政指定避難所については、避難所の詳細を事前調査しておくことが大事（九、の指定避難所参照）。

災害時には、早めの避難が一番大事である。

一八．防災無線の整備

川内村では防災無線で、食糧支援要請や避難指示も末端の全村民に、富岡町民の避難所にも瞬時に伝えることが出来た。この様に防災無線は整備が急務です。

一九．避難所の食費

参考までに、避難時の食費は、災害救助法で決まっている（一日一人三食で一〇八〇円）

二〇．避難指示

川内村では、五〇歳代と八〇歳代の女性二名が避難せず、行政・警察・自衛隊・同級生が説得するが応じず、苦慮する（強制的避難は出来ない）。

二一．義援金・支援品配布

原発から二〇km圏と三〇km圏で義援金支給を変えたのは、後の復興にわだかまりが出来望ましくない（両方とも避難している）。

支援品配布も県内に残る住民と県外避難者で差があり公平性に欠けた。

⑥情報の見極め

現代社会は情報過多であるので、災害で一番大事なのは、デマに惑わされない、「新しい正しい情報」の確保です。災害は刻々と変わります、より早く、より新しい情報を得ることで自分と家族を守ることが出来ます。特に原子力災害で一番重要なのは情報です。

福島事故の時には、政府からも、安全協定を結んだ東電からも、川内村には、情報はありませんでした、安全協定が無視された。「今でも無視されている」。

東京電力は、政府にも情報を出さなかった為、政府も対策が遅れてしまった。

燃料溶融問題が取りざたされたばかりなのに、柏崎刈羽原発にある、重大事故時の対応拠点となる免震棟の耐震強度不足問題が出てきた。「震度七で機能しないと言う事は相当根本的な問題」。二〇一四年に解析結果が出ていたのにもかかわらず、規制委員会に報告があったのは二年以上たった二〇一七年二月一〇日だった。二月一日には、新潟県の米山知事も発電所を視察しているが、その際にはこの問題に関する説明は一切なかった。

福島第一原発でも、中越地震後、泉田前新潟県知事の指摘で作ることになった免震棟があり、事故対応が出来たため最悪の事態を回避できたと思う。

いまだに、都合の悪い情報は隠されている。この会社はいまだに隠蔽体質は改められない、この様な会社に原発の運転をさせてもいいのか。公共性が高い、現在の生活には電気無しでは生活が成り立たないとの思い上がりがあるのではないか。東電の株が優良株で、株主には国、東京都や有力政治家が多いことも要因の一つと思う。

福島の事故を受けて、政府は今後も情報統制するだろう、国民が混乱を起こすのを防ぐための過小報道は「大本営発表と同じ」である。市民、政府、県、市町村、原発事業者がどう正しい情報を共有するかが最大の課題になる。

第一原発から三〇km以内の警戒区域に「立ち入り禁止」したのは一号機爆発より四三日後。立ち入り禁止が四三日後のため、後に多くの問題を抱える事に成る：「汚染物流通外国にも」。

三「解除ありき」、遠のく心の復興

政府は平成二九年三月末にかけ、福一原発事故に伴い浪江町・川俣町・飯館村・富岡町に出ていた避難指示を解除した。避難区域の解除は、二〇一四年四月の田村市都路地区を皮切りに計一〇例目となる。先行して解除された楢葉町は、四月から町内で小・中学校の授業を再開、今回の四町村も春には学校が始まったが、開校して通学する生徒数は少ない。

富岡町では大型複合商業施設が全面オープンした。不通となっていたJR常磐線の小高（南相馬市）—浪江町が再開し、浪江町は再び仙台市と鉄路で結ばれた。地域の再生に向け、少しずつ前進しているのは確かだろう。

ただ、課題は山積みしている。透けて見えるのは「解除ありき」という政府の姿勢である。帰宅困難区域以外の避難地域を「二〇一七年三月末まで解除する」とした一五年の目標に沿ったように映るからだ。

今村雅弘復興相の発言は、まさにそうした政府の考えを反映していると言えるのではないか。今村氏は会見で、原発事故で自主避難し三月末で住宅支援を打ち切られた避難者について「（帰還するかどうかは）本人の責任」と突き放した。耳を疑う発言と言わざるを得ない。原子力政策は国策である。

発言の撤回と、安部晋三首相の謝罪で済む話ではない。当事者意識と被災者への配慮とがあまりにも欠けている。

自主避難者は全国で二万人を超え、新潟県でも二千人を上回る。自主避難を続ける最大の理由は放射線への不安だ。国はどこまで被災者の実情や被災地の状況を理解しているのか。避難者らから、復興相の辞任を求める声が上がるのは当然と言えよう。

復興相の発言後、新潟市の避難者交流施設に「自主避難者は福島に帰ればいい」という電話が有った。各地で避難者へのいじめも相次ぐ。残念というほかない。

二〇一四年四月以降解除された地域への住民の帰還率は二割にとどまる。富岡町、浪江町では三〇代以下の七割前後が戻らないとしている。町おこしではなく「町残しだ」と訴える首長の言葉が厳しさを何より物語る。

廃炉の最大の難関である燃料デブリは、やっと二号機で確認できた状態。取り出しの技術開発はこれからだ。現状では、最長四〇年での廃炉は極めて困難といえる。

生活用水の安全性についても不安は根強い。医療体制も整っていない。雇用の場は限られている。農業を再開しようにも、農地の多くは雑木が生え茂る原野に変った。農水産物の風評被害はいまだに続き漁師や農家の生計が苦しい。

事故前は、年配者の方々が足腰など痛くても、野菜などを「子供・孫・兄弟・友人知人」に送り、お礼の電話を貰うのを楽しみにしていたが、事故後はいまだに送れないでいる。足腰痛くても、畑仕事で動かすことが一つは健康管理になっていたが、事故後は部屋にいる時間が長くなり歩けなくなる人など、事故の影響は大きい。

問われているのは、若い世代らが帰還できる環境をいかに早く整えられるかどうかだ。工程通りに進める事ではない。

政府は「福島の復興無くして、東北、そして日本の復興は無い」とくり返してきたはずだ。

避難指示を解除しただけでは、賠償金払いを打ち切りになり、東電が喜ぶだけで何も問題解決しない。事故の深刻な被害は今なお続く。

国策で進めた原発での事故、政府は被災者と被災地にもっと寄り添うべきだ。

四　避難計画書に考慮すべきこと

①原発からの情報

「原子力災害は、事業主からの情報が重要である」：情報がなければ避難計画は成り立たない。安全協定の中に、速やかな情報を出す事は盛り込まれているが、現在の協定では情報を出さなくてもペナルティーは無い。安全協定の中に罰則規定を盛り込むことが重要。「福島第一原発事故」では、事故対応で情報を出せず、「安全協定で報告事象かどうか確認していて連絡が遅れた」との、言い訳する。

福島事故では東電からの異常事態の情報は、安全協定を結んだ自治体、県、国にも一切なかった。一号機の水素爆発で知ることに。

今回事例でも分かるように、三月一二日福島第一原発一号機水素爆発の日、富岡町の遠藤勝也町長は朝六時の時点に、隣接する川内村の遠藤雄幸村長に町民の避難受け入れを要請している。なぜ、富岡町の遠藤町長は町民の避難を決断することになったかを検証することが、原子力災害で被曝なしの避難には一番重要だ。

②事故時「季節・時間・場所・外人や旅行者」への対応

・事故時の季節が、春夏秋冬のいつかで対応が変わる。新潟県の場合、冬季の積雪時避難には課題が多い。夜間除雪されていない時間帯は、避難が出来ないことが予想される。低気圧や台風時の対応もある。

・時間帯が、早朝・日中・夜間・深夜によっては、家族がばらばらでの避難になる。福島事故でも全都道府県、外国にも避難、家族分散の避難になったことで心の復興も遅れた。夜間の場合、ヨウ素剤配布や避難を促す広報なども困難を極めることが予想される、空間線量がある中、降雨時の行動も問題になる。

・自宅か会社・学校・自動車や電車の中・飛行機や船など時間によっては居場所が多岐にわたることが予想される。

保育園や幼稚園では、原子力災害が起きたとき父兄が園に迎えに来なかった場合、園のバスで避難することの承諾書を交わしているところもある。

・国内在住外国人や、国内外の旅行者・出張者への避難広報や手段はどうするか。新潟県では外国人が、二〇一六年に年間一九万三〇八〇泊している。

③避難距離

現在の避難地域は、日本では三〇km圏+であるが福島では五〇kmでも帰宅困難に。

長岡市栃尾地区は柏崎刈羽原発からは三〇km圏外で避難者を一万二千人受け入れ地区になっているのが現状。短期でも、避難者一万二千人の食料支給は困難「飲食組合談、長岡市以外の自治体にも避難者がいるため支援がいただけない」。

福島事故では事故から七年になるのに、北海道から沖縄、現在でも外国にも避難者がいる状態。

原発からの直線距離３０kmは、安全地帯ではない。

④避難路

平成二七年八月末発表の新潟県内道路点検結果（実施率一一％）。引き続きの道路、橋梁やトンネル、スノーシェッド耐震調査結果公表とその後の対応。

原子力災害時には、距離を取ることが被曝から身を守る方法の一つです。避難路確保が重要。「一秒でも早く、一メートルでも遠くに、風上に避難が重要」。

複合災害に成ると更に避難路が限られてくる。普段自宅からの避難路を、複数考えておくことも大事だ。

・高速道路での避難

高速道路の課題：磐越高速道路：「いわき市より新潟市までの高速道路」。いわき市より会津坂下までは二車線。そこからは、一車線対面通行ポール立ての高速道路で、途中の登坂車線と追い越し車線の区間だけ二車線道路。この高速道路はトンネルが多い、そのトンネルも対面交通で、運転していて怖い感じがする。

速度も、いわきから会津若松までは時速八〇kmで、そこから安田インターまでは七〇km走行（距離五六・四キロメイトル）。会津坂下より安田手前までは、登り登坂車線と追い越し車線が二車線のみ、その他は中央分離帯にはゴム製のポールがあるのみ、対向車のはみ出し事故が予想される。最近、ワイヤー製の中央分離工事がされ始めた。

自分は、避難時に四九号国道より、磐越高速道路に乗り長岡市を目指すが、高速道路入口のランプが赤でそのまま次のインターを目指すが、そこも赤の表示で、やむを得ず次を目指すがそこも赤の表示。どこも赤の表示で諦め四九号線で長岡に向かう。なぜ、高速が使えないか後で分かる。新潟に向かう避難者が、焦って事故を起こすと新潟方面よりの支援車両が走れなくなるため、赤の表示にしていたようです。後からの避難者が、新潟までの燃料が少なく表示は赤でも料金所の係りに話すと、「どうぞ」と言われて通行が出来たそうです。「ダメ元で、何事も挑戦してみるものです」。

福島県と新潟県の今後の課題は、生活面でも避難道路としても早急に磐越高速道路の二車線化が必要だ。両県知事が国土交通省に働き掛けることが大事。

北陸道の、柏崎刈羽原発近くのインターまでの取り付け道路は、見附ＩＣ以外幅員が狭く避難時は、長岡まつりの時のように毎回大渋滞を起こす。特に原子力災害時の避難には無用の被曝をしてしまう。

避難路となる、高速道路への取り付け道路の幅員拡張が課題となる。

磐越道は、東日本大震災後、補修のため夜間通行止めが多すぎる。避難時利用出来ない。

福島事故では地震、津波の後に原発事故になり、避難路が地割れや段差、道路沿いの家屋の倒壊、落石、倒木などで通行不能の場合が多かった。

⑤避難後、役所への連絡先

避難計画書に行政の連絡電話を記載すべき。「福島検証、間もなく七年でも福島県では避難先不明所が二〇名いる現実がある」

避難者が不幸にも亡くなられたさい、役所に連絡できないと、死亡者を埋葬する時に埋葬許可証がないと火葬も出来ない。避難先の役所では出せない。行政の指定避難先に全世帯が行くとは限らない。

行政の役職、役所携帯番号を避難計画書に記載するか、可能であれば、前もってＮＴＴと災害時のみに使用出来る電話番号を指定避難所において契約し、その電話番号を記載する。

五　放射線避難指示基準と解除基準

福島事故後の避難指示基準

福島事故の時は、空間線量での避難基準はなかったが、事故後政府は、避難指示の判断基準を、一時間に五〇〇マイクロシーベルトに設定した、とんでもない数値です、疑問と怒りを覚える。「決めた人が被曝さえしなければ良いのか」。

以下の原子力規制委員会の「原子力災害対策指針」による避難指示基準のように放射性物質が大量放出されてからの避難は、三〇km圏外までの避難時間を考慮すると被曝リスクが高まるばかりなので、大量放出前に避難すべきだ。

基準毎の実測値による防護措置と避難（「原子力災害対策指針」、原子力規制委員会）

基準の種類と防護措置と避難

・ＯＩＬ１：５００μSv／hを計測した場合、数時間を目途に区域を特定し、避難などを実施。

・ＯＩＬ２：20μSv／hを計測した場合、数日内を目途に区域を特定し、地域生産物の摂取を制限するとともに、一週間程度内に一時移転を実施。

・ＯＩＬ３：０・５μSv／hを計測した場合、数日内を目途に飲食物中の放射性核種濃度を測定すべき区域を特定。

柏崎刈羽原発から三〇km圏外への避難にかかる時間のデータが有る（環境経済研究所調べ）。マイカーやバスなどで国道、高速、主要地方道を使って移動した場合かかる時間は二九・五時間（一・二三日）かかる試算が出ている。政府の五〇〇μSv／hでの避難では五〇〇μSv／h×二九・五時間＝一四・七五mSvを被曝してしまうことになる。

　最大の避難時間が掛かるのは、浜岡原発（中部電力）の六三時間（二・六日）三一・五mSvを被曝することになる。更に道路が大渋滞や途中でのスクリーング検査に成れば、更なる大量被曝になる事は歴然だ。

　この試算には、複合災害で避難路が使えないことや、積雪で走行が困難などを考慮されていないと思えるので、更なる被曝が心配です。「早期避難が急務」だ。

※空間線量が、どのくらいの数値が測定されたら即避難になるのかが示されていないのが問題だ。

　自然災害では、早めの避難を行うために、「避難勧告等に関するガイドラインを（平成二九・一・三一日）改定」がある。若干の検討をする。

避難準備・高齢者等避難開始

　事態の推移によっては避難勧告や避難指示（緊急）の発令が予想されるため、避難の準備を呼びかけるもの。要配慮者など、避難に時間を要する人は避難を開始する必要がある、等がある。自然災害の避難準備には、高齢者等避難開始（高齢者・障害のある方・乳幼児など）等があるが、原子力災害にはなく、即避難指示や、準備の時間・高齢者等避難開始（高齢者・障害のある方・乳幼児など）もない。被曝を最小限にするのには問題がある。

避難勧告

　この時点で、避難所が開設される。災害による被害が想定され、人的被害が発生する可能性が高まった場合に発せられるもので、居住者に立ち退きを勧め促す。

避難指示（緊急）

　災害が発生するなど状況がさらに悪化し、人的被害の危険性が非常に高まった場合に発せられるもので、「避難勧告」よりも拘束力が強くなる。

　福島事故後の避難指示基準（五〇〇μSv／hは大問題、避難指示を出せば賠償が伴うからか。電力会社と国が補償したくないから避難指示基準を上げた（住人の健康が最優先）。福島事故での補償は事業主では無く一時とはいえ国が立て替えた形、「国民の血税」からである。自然災害は、早めの避難なのに。原子力災害は、高線量になってから避難。

　北朝鮮からのミサイルでは、電車も止まり、屋根の頑丈な建物に避難して下さいとメディアが大騒ぎするが、原子力災害は高線量になってから避難するのはおかしい。

　放射線障害が晩発性だから即死に至らないためか「前枝野官房長官発言問題」がある。直ちに健康に影響はないと、七度しか言っていないとの弁明。最近心配されている、南海トラフ地震では異常現象で避難を促すというのに、やはり賠償金が問題か。

空間線量が年間二〇mSv／年を下回れば避難指示を解除される

　自分も平成二〇年八月末まで事故を起こした福島第一原発の協力会社で勤務していたが、会社では作業員の年間放射線被曝許容量は二〇mSv／年だ。放射線管理者が個人の被曝線量を管理、一〇mSv近くになると被曝線量の少ない作業に配置する。年間二〇mSvを被曝する人は自分の勤務中には一人もいなかった。東電作業員以外の会社はほとんど二〇mSv／年である。

　原発作業員は、他社の作業もあるので、個人番号が有り放射線管理手帳が有る。作業内容と被曝線量が一ヶ月ごとに記載される「確認表に記名捺印して会社に提出」。雇用会社の他に電力会社と経産省にも報告される。将来何かあればこの手帳が証拠となるが、福島に帰還した人達は、将来何かあっても証拠になるものがない。

　放射線と汚染があるエリヤは管理区域になっている、そこでの作業には放射線測定器を携帯し（胸ポケット）作業する。このエリヤでは水も食べ物も禁止（ガムもダメ）です。

　自分の勤務当初はトイレもなかった。夏場は、作業中防護装備での作業のため脱水症状になる人が出る。トイレも管理区域内のため、エリヤの外に着替えて汚染監査をして行かなければならず、簡単には行けない。

管理区域エリヤには（A・B・C）と線量と汚染によりエリヤが分かれる。A区域には線量が低く汚染が少ないため私服で作業できる。B・Cエリヤは着替え所にある指定された作業衣と装備で作業するため、着替えと汚染検査、線量計返還など時間が掛かる（中には間に合わない人もいる）ため、自分が退職間際には管理区域に汚染検査をしてから、給水所、トイレを利用できるようになった。

今の福島県は、空間線量年間二〇mSvを下回れば避難解除され、子供も妊産婦も普通に「飲食出来る」、生活して良いと言う事だ。「原発内の方が安心出来ると言っても過言ではない」。

この様なことが帰還した人たちは分かっているのだろうか、分からない人が多いと思う。特に放射線障害は晩発性であるため今は何も現れないからだろう。「知らないことの恐ろしさだと思う」。

後書き——震災・原発事故から七年

原発事故から七年が過ぎた。避難者をはじめ七割以上の人が原子力発電の未来を信じていない。震災以来七年間、多少の変動はあっても、多くの人々が少なくとも「将来的には廃炉にすべき」と考えている。数万年先まで無害化しない放射性廃棄物を管理する見通しが、数年先までしかたっていない政策や体制の根本的非道徳性を、多くの人が発見したことだ。

あの3月、東日本の大気を覆った大量の放射性廃棄物が、山を下り川底に蓄積している以上、水道水の水を直接、幼い子供たちに飲ませることを躊躇するパパやママの数は膨大である。その水で作られた主食の米も同様である。食の安全を願う気持ちは広範囲に共有されている。

長期低線量被曝が人体に与える影響について、科学はいまだに結論を出せていない。科学者は「福島の子供の甲状腺がんと原発事故との因果関係は立証できない」と言う。「科学的には」因果関係があるとは断定できないと。

政府は、外部被曝の安全基準を二〇mSv年であるとして、政策や法の執行の前提としている。一〇年前なら「原発作業員向け」の基準、「一年で最大五〇mSv但し五年で一〇〇mSv」と大差のない数値だ。かつての尺度、年間一mSvは「政府的」には消滅した。「政府的」にはそうするということだ。

科学者は「科学的判断」を誇示する。政治家は「政治的判断」に落とし込む。われわれは「生活者判断」によって右往左往する。そして圧倒的多数のはずの生活者が、これほど心を通わせているはずなのに、原発と放射性廃棄物を恐れる人々を「放射脳」「無知なデマ拡散者」などと笑う者がいる。

普通の二〇倍から五〇倍に上る、福島の子供の甲状腺がん発生率は尋常ではないと言えば、「科学が分かっていない」と返される。子供たちをかつての基準値の二〇倍も被曝させて平気なのか問う声をよそに、政治家は「電力会社をつぶすわけにはいかん」と公的資金を投入する。

この世を生きるための判断基準は複数あるのに、「科学に依拠するのが前提」と説かれ、「産業なくして日本なし」と押し込まれ、生活者判断は「過度な不安をあおる」とはじかれる。

これまでの、電力会社の数々の虚言を憎む。

何を基準にすれば、自分と友人、知人たちを守れるのか、それが分からない。

あの日以来、時間など立ってはいない。われわれ避難者は、今もずっとあの三月を生きているのだから。

引用・参照資料

・渡辺初雄著、佐藤公俊編、『語り継ぐ福島·今語られる勇気と決断　三・一一福島の真実』（二〇一五年三月一一日［Kindle版］）
・渡辺初雄著、佐藤公俊編『東日本大震災を語る』（市民防災研究所、二〇一七年三月一一日）
・渡辺初雄著、「事故後の避難者の状況と政府の対応」、『市民と防災』、創刊号（長岡市民放射線測定会、市民防災研究所発行、二〇一八年三月一一日）
・「原子力災害対策指針」、原子力規制委員会、平成二四年一〇月三一日、平成

二九年七月五日全部改正、http://www.nsr.go.jp/data/000024441.pdf
・https://www.podniesinski.pl/portal/fukushima/
・「明日へ　つなげよう　証言記録　東日本大震災「福島県川内村　隣人との原発避難」」、ＮＨＫ総合、二〇一七年一二月一〇日（日）午前一〇：〇五〜午前一〇：五三

（福島原発災害から避難して長岡市に在住／長岡市民防災研究所所長・防災士）

●特集「脱原発を考える」

グロテスクな廃炉ビジネス

——福島原発の現状と闇

Shiro TANAKA 田中史郎

はじめに

この数年間、福島原発事故をめぐる問題に関心をもち、論文なども公にしてきた(1)。福島原発にかんするテレビの報道番組なども意識して視聴してきた。先日、TVニュースを見ていて、表現のしようのないような違和感をもった。それは、福島第一原発の現状を伝えたニュース番組だが、その画面に「TOSHIBA」の文字がハッキリと映し出されていた。おそらく、福島第一原発・三号機の建屋入り口の映像だと思われるが、そこには誇らしく「TOSHIBA」のマークが掲げられていたのだ。そして、同様に「TOSHIBA」のマーク付きのロボットも映し出されていた。

周知のように、福島原発の建設に東芝は大きく関与していた。とりわけ三号機では、ほぼすべてが東芝製であるいっても過言ではない(2)。そうだとすると、いわば事故を起こしたプラントメーカーが、その事故の原因究明もされないままに、いいかえれば責任も追及されないままに、その後処理の業務も受注するということに、何かしらの違和感をもったのである。

そうしたことを感じているおり、最近気になるのは、「廃炉ビジネス」といわれる経済界・産業界の動向である。廃炉ビジネスとは、知られているように、原子力発電に関連するプラントなどをすべて解体し、いわゆるグリーンフィールドに戻すことに携わる一連の事業を指す。原発の施設全体をいわば更地にすることだが、放射能の問題があり、必ずしも容易ではない。原発の立地していた土地を本当に放射能ゼロの状態に回復させることが出来るのか疑わしい問題だが、それとともに、放射性物質が付着した様々な物材をどのように取り出し、運搬し、またどこに保管するのか、こうしたことはほとんど決まっていない。しばしば高濃度放射性廃棄物の最終処分場の決定していないことが指摘されるが、むろんそれは本質的に重要な問題だが、そればかりではなく、中・低濃度放射性廃棄物の処理の仕方も定かではない。中・低濃度放射性廃棄物は、確かに放射線量レベルは高くないとはいえ、その分量は莫大になるのである。日本では、原発の廃炉はこれまで一例もないので、その具体的な事柄については未知の部分が多い。通常の原発の廃炉にしても困難な問題があることは指摘されている。

しかし、いうまでもなく、福島原発の場合はシビアアクシデント（深刻な事故）を起こしたプラントであり、その処理の困難さは通常の廃炉とは比較にならない。想像を超える時間と(3)、巨額な費用を要するのである。しかし、そうしたことは、はからずもグロテスクな「ビジネスチャンス」をもたらしている。いわば、事故の深刻さが増せば増すほどビジネスのパイが大きく、チャンスも大きくなるというものである。これが、最近いわれはじめている「廃炉ビジネス」であり、まさにグロテスクといわざるを得ない。

本稿では、まず福島原発の現況を確認しつつこの廃炉ビジネスをめぐる問題を様々な点から考察したい。

一　原発のコストと利権

重大なインシデントやアクシデントがないと仮定して、一般に原発の一生はおよそ一〇〇年といわれる。まず土地の選定や地元の了解を取り付けるために一〇〜三〇年、建設に一〇年以上、運転期間が三〇〜五〇年、そして廃炉に二〇年以上が必要となる。さらにこの一〇〇年とは別に、処理された使用済み核燃料が無害化するのには万年単位の時間が必要になる。そしてこのような期間ごとに費用がかかる。さらに、事前に、そして工事や運転と同時並行的に技術開発がなされるが、その期間にも費用が発生することになる。

しばしば指摘されることだが、応用系ないし実験系と呼ばれる分野の科学技術には、研究用であろうと商用であろうと、莫大な費用がかかる。原発はその最たるものである。仮に、原発事故が発生しないとしても原発には巨額の費用が必要であり、必ずしも安価な電力ではない。そうしたことを手元にあるいくつか資料を参考にみてみよう。

知られているように、原発を建造するには一基当たり三〇〇〇〜五五〇〇億円が必要であるといわれる(4)。主なものをあげてみる。原発に限らず一般に、発電コストは、「資本費」、「運転維持費」「燃料費」「事故リスク対応費」「政策経費」の合計として算出される。原発の場合、やや分かりにくいのが「資本費」、「事故リスク対応費」、「政策経費」だが、「資本費」には、建設費用と廃炉費用などが、また、「事故リスク対応費」には、事故時の賠償費用と除染費用などが、そしてさらに、「政策経費」には研究開発費用、自治体への交付金などが含まれる。そして、これらを発電電力量（年間）で除したものが、一キロワットアワー当たり（/kwh）の発電コストとなる。

政府や東電は、「3・11」後も、原発の発電コストが最も安く、一〇・三円（/kwh）としている(5)。とはいえ、既に知られていることだが、いくつかの理由からこの値を鵜呑みにすることは出来ない。第一に、この値は、「実績」ではなく「モデル」である点である。たとえば、稼働率（設備利用率）などはあくまでも想定された稼働率であって実際のそれにはなっていない(6)。

第二に、ここには「揚水発電」のコストが加算されていない(7)。知られているように、原発は、技術的にもコスト的にも難しいので出力コントロールをしない。このため夜間では過剰電力が大量に発生する。この夜間電力を利用するのが「揚水発電」である。すなわち、夜間の過剰電力を用いて水を上部の貯水池に持ち上げ、昼間に今度はその水を落下させることによって発電するのが揚水発電だが、この単価は五〇円（/kwh）程度と著しく高い。むろん、夜間電力を捨てるよりも、高コストとはいえ利用した方がベターなので、そのようにしているが、それにしても割高である。

第三に、ここでは原発の建設時期の問題がコストに与える点を考慮していない。新しい原発ほど安全対策が求められ、長期にわたる原発建設においては当初よりもその費用が嵩むことになるが、その点は無視されている。

また第四に、バックエンド費用が含まれていない。バックエンド費用とは、平たくいえば「核のゴミ処理」費用である。具体的には、放射性廃棄物の処理および核燃料サイクルにかかわる費用だが、これらが無視されている。

そして第五に、政府投入資金がカウントされていない。広く電源開発費用として、財政支出がなされている。それには開発費用や立地費用などがあるが、それらのほぼすべては原発のために投入されている。電源開発費用というと、水力発電や火力発電の開発費もかなり含まれているように思われるが、実際には、ほぼ原発のために用いられているのである。

こうしたことを加味すると、原発の発電コストは、一二〜一五円（/kwh）程度になり、他のどの発電方法よりもコスト高になることは知られている(8)。

これを別の角度からみてみよう。原発の利権をめぐっては、よくあげられる政界・財界（原発プラントメーカーと電力会社、およびそれらの下請け会社）・官界のトライアングルのほかに、地方自治体・学会という五つの組織がそこに寄生している。政・財・官の癒着の構造は他の大規模な公共事業などにもみられるが、原発をめぐっては地方自治体と学会の利害が大きく絡んでいる点が特徴的である。

原発財政は、「電源三法」(9)によって支えられている。財源の主なものは、電源開発促進税で徴収されるが、これが文部科学省や内閣府など政府の原子力関連予算として支出されている⑽。そして、これに電力会社などからの協力金や補助金が加えられ、これらが学会や地方自治体にも流れるのである。

たとえば、浜岡原発のある御前崎市では財政収入の約四二％が原発関連の交付金や固定資産税であった（二〇〇九年度）⑾。福島原発事故後における浜岡原発の停止要請に大慌てをするのも無理はない。原発が一基運転されるまでの一〇年間で四五〇億円が地元に落ちたという。しかし、こうしたカネはしばしば「毒まんじゅう」や「麻薬」ともいわれる。

というのも、それは地域の経済や財政に様々な疲弊をもたらすかである。自治体に落ちるカネは永遠に続かない。原発事故以前において、福島原発のある双葉町では実質公債費比率が約二九％以上（二〇〇九年度）になっていた⑿。公債費比率が二五％を超えると、財政の「早期健全化団体」となり、たとえば一般事業の起債が制限されることがあるが、その程度に財政が悪化していたのである。

原発の立地する自治体つまり原発城下町で財政が悪化するとはどういうことか。当然のことながら疑問が生じよう。まずは交付金だが、それは着工時から支払われるものの運転が開始されると徐々に減額される。また、交付金以上に金額の大きい原発関連の固定資産税収は運転が開始されると徐々に減り、法定減価償却期間（一六年）を超えると微々たるものになる。潤沢にカネの入るのは始めのうちだけだ。しかし、短期間ではあれ原発マネーで潤い拡大した財政規模を縮小することは難しい。たとえば、病院や小学校などの経常的な運営費用にこうした原発マネーが回されるようになると、その費用を縮減することは無理になる。そうした背景のもと、自治体は新たなる原発を誘致せざるを得ないという構造に陥る。ある地域に一基の原発が建設されると、その後に、二号機、三号機と集中するのにはこうした理由がある。「毒まんじゅう」や「麻薬」と形容されるのは尤もなことである。

学会や中立的だと思われている団体も利害に絡んでいる。大学や日本原子力研究開発機構をはじめ多くの関連団体に天下りが行われるとともに、多額の予算が配分されている。その金額は、文科省の原子力関係予算が二五〇〇億円弱（二〇一〇年度）なので、そこから推量できる。

また、「政・財・官・学」などの関係者の中枢はしばしば「原子力ムラ」と呼ばれるが、その人材の多くを輩出してきた東京大学には東京電力から「寄付講座」として年間六億円が流れていたという⒀。ノーベル化学賞（二〇一〇年）で知られる根岸英一が、「東大の教授は買収されています」と述べ、一部では注目されたが、必ずしも周知のこととは認識されていない。原子力ムラのマスコミ対策によるものか、あるいはあまりに当然なので、驚くに値しないということなのか定かではないが、そうした実態が存在していることは確かなことであろう⒁。

このように莫大な費用を要するが故に、原発で作られる電気は決して割安でないことは既にみた⒂。商業ベースならば、原発は「割に合わない」のである。

しかし、現代科学技術、その粋ともいわれる原発は巨額の資金を要する、つまり巨額のカネが動く故、そこには寄生虫のように群がる輩が排出するわけである。国内の原子力関連市場は二・五兆円ともいわれているが⒃、その巨額の資金は「国策」を軸として回っているのである。

二　廃炉ロードマップの変更

原発は、国策として巨額な資金投入のもとで進められてきた。たとえ事故が発生しなくても原発の一生には多額の資金と長い時間が必要であることは、既にみた。過酷な事故の発生した福島原発においては、こうした点はより深刻なことになっている。

事故後七年が経過したが、事故の処理すなわち廃炉に至る工程は明確ではない。大まかにいえば、政府・東電によれば、廃炉の工程は、第一期として「使用済み燃料プールからの燃料取り出し開始」および終了⒄、第二期として「溶解した核燃料（デブリ）取り出し開始」、そして第三期として「燃料デブリ取り出し（完了）と原子炉解体」の三期に分けて示されてきた。

こうした枠組みを前提とした廃炉ロードマップ（工程表）は、二〇一一年一二月に公表されたものの、その後、一～二年毎に改訂（作業進捗の先送り）

が行われ、今回、第五回目のロードマップが示された（二〇一七年九月）⒅。この今回の新たな工程表も、政府が設置し、東電の損害賠償と廃炉を技術的に支援する原子力損害賠償・廃炉支援機構の検討をもとに政府と東電がまとめ、関係閣僚会議で決定されたものである。その要点は以下のようになっている⒆。

第一に、工程の先送りの問題である。まず、廃炉日程の第一の目安となる使用済み核燃料取り出し開始の時期に関しては、一、二号機のプールがあるフロアの放射線量の低減対策に時間がかかることなどが新たに分かり、これまでの二〇二〇年度から二三年度を「めど」にすることに先送りされた。もっとも、廃炉の本丸となる核燃料取り出しの開始にかんしては、一号機から三号機のいずれかで二〇二一年を目指し、三〇年から四〇年で廃炉を完了させるという廃炉計画の大枠は堅持するとしている。

第二に、溶け落ちた燃料の取り出しの方法に関してである。今回のロードマップの改訂で、溶け落ちた核燃料（デブリ）の取り出し方法をめぐって大きな変更がなされた。これまでは、一～三号機とも原子炉格納容器を水で満たす「冠水工法（方式）」が想定されていた。しかし、今回示された工程表によれば、デブリの取り出しを水中ではなく空気中で水をかけながら行う「気中工法（方式）」を検討するとしている。すなわち、格納容器を水で満たす方式（冠水工法）ではなく、格納容器の横側に穴を開け放水しながら底のデブリを取り出す方式（気中工法）を中心に検討するというものである。そして二〇一九年度にはこれらの方式を決定するとされた。

というのも、これまで考えられていた「冠水工法」とは格納容器に水を満たすことで放射線を遮断し、また放射性物質の拡散を防ぎながら行われる工法である。しかし、一～三号機とも格納容器に損傷があって水漏れを起こしており、冠水をすることが出来きない。また、これを修復することも困難だという。そこで、「気中工法」を検討せざるを得ないということだが、しかし「気中工法」でのデブリの取り出しに関しては、当然ながら危険も大きい。「気中工法」によるデブリ取り出しの前例はなく、放射性物質の飛散が不可避であることから、工法が具体的になるとさらに困難が露呈する可能性がある。デブリ取り出しに最初に着手する号機や工法の決定を遅らせることについて、政府は「工事の実現性を見極める技術面の検討を十分にするため」と説明したうえで、今後は作業を効率化できることなどを理由に「二一年の取り出し開始予定は堅持できる」と強調した。

だが、各号機の状況は以下のようである。一号機は原子炉建屋の水素爆発で、格納容器上部にある重さ五〇〇トン超のコンクリート製のふたが崩落し、隙間からは、毎時四〇〇ミリシーベルト超の高い放射線が外部に放出している。また、周辺には今も大量のがれきが堆積している状態である。核燃料（デブリ）の取り出しにあたっては、その前提として作業員が機器の設置や点検などで立ち入らざるを得ないが、ふたの隙間からの放射線を遮る難工事を終えない限り、作業員が近づけないと考えられている。二号機は、事故当初に爆発はしなかったものの、汚染蒸気が建屋内に充満していた。プール周辺の線量が高いうえ、損傷が多く、また一、二号機排気筒（高さ一二〇メートル）が近くにある。解体工事と使用済み核燃料取り出し作業を同時に進めるのは難しい。そして、準備が順調に進む三号機においては、使用済み核燃料取り出し開始について現行の一八年度半とするということで変更はなかった。

みられるように今回の改訂されたロードマップでは、使用済み燃料の取り出しは一部遅らせたものの、最長四〇年で廃炉を完了させるという計画の大枠は今回も堅持した格好である。

また、第三に、放射能汚染水の問題にも言及されている。今回のロードマップ改定ではこのほか、増え続ける放射性汚染水について、一日当たりの汚染水発生量を押さえることが示されている。すなわち、遮水凍土壁とサブドレンの一体的運用によって、現状では一日当たり約二〇〇トンの汚染水が発生しているが、これを二〇二〇年には、一五〇トン程度に抑えるという目標を新たに設定したしたことが示されたのである。一時期、鳴り物入りで建設された「遮水凍土壁」の効果が喧伝されたが、実際には「サブドレン」からの汚染水汲み上げ効果の方が大きいことが事実のようである⒇。

このように、今回の工程表の改訂では、行程の先送りが示されるとともに、工法の問題や汚染水に関しても触れられている。しかし、ようやく始まった遠隔操作ロボットなどによる炉内調査では(21)、三号機でデブリとみられる塊が局所的に確認された程度で、デブリの形状や性質、分布範囲などは分かっていない。田辺文也（元日本原子力研究開発機構上級研究主席、原子炉工学）は「これまでのように目標が近くなったら先延ばしにするその場しのぎの対応を繰り返すのではないか」と指摘している(22)。にもかかわらず、三〇〜四〇年かかるとされる廃炉工程の大枠は変更しなかった、これが「現状」である。

三　廃炉の無理

みられるように、政府は廃炉工程の大枠は変更しないとしつつも、ロードマップの変更を余儀なくされている。おそらくこうしたことは、今後も続くであろう。しかし、こうした姑息ともいえる目先の変更どころか、そもそも廃炉が数十年の期間では不可能だという説もある。

この問題を考える前に、福島と同様に深刻な事故を起こした、チェルノブイリ原発の状況をまずみておこう(23)。チェルノブイリ原発四号機の爆発事故が発生したのは一九八六年であるから、今年で三二年を迎えた。チェルノブイリ原発の解体、廃炉の立案を行うドミトリー・ステリマフ戦略計画部長によれば、「原発の核燃料除去まで五〇〇年以上かける方策が現実的」との見通しを語ったという(24)。

もう少し立ち入ってみてみよう。事故が起きたのは八六年四月だが、その二か月後から早くも「石棺」の建設工事が始められた。それは、何よりも放射性物質の飛散を封じ込めるため、緊急のものとして要求されたからである。石棺はまず壁の建設から始められた。石棺は高さ六〇メートル、縦横約七〇メートルの巨大な構造物であるが、その壁は現場から少し離れた場所でコンクリートを流し込む枠を作り、それをトレーラーで原子炉建屋まで運び、そこにコンクリートを流し込んでいくという方法で進められた。このコンクリートの供給のためコンクリート工場が三つ設立されたという。

次いで、石棺に屋根を乗せる工事が進められた。長さ七二メートル、重さ一六五トンの鉄骨を壁の上に設置するというものである。そして、その上にパイプを並べ、さらに薄い鉄板が敷かれたが、これらの作業は、部材をクレーンで持ち上げる方法で行われた。政府委員会などではその上にコンクリートを乗せるよう提案したというが、壁の強度が不足しているという理由から、それは断念されたという。

こうして、石棺は、約五か月後の一一月に完成した。かなりの突貫工事であることが分かる。また、高い放射線量のなかでの作業でもあり、早急の完成を要求されたこともあって、耐用年数は三〇年程度とされた。そして、その耐用年数の限界に当たる時期に至ったのである。老朽化による放射性物質の漏れが懸念されていた。

こうして報道されているように、この耐用年数を見越して、二〇一〇年から老朽化した石棺の全体を覆う「シェルター」の工事が進められ、二〇一六年一一月に完成した。このシェルターは、石棺の全体を外側からスッポリと覆うもので、高さ約一一〇メートル、幅約二六〇メートル、長さ約一六〇メートルのアーチ型の構造物で鋼鉄製であり、耐用年数は約一〇〇年であるという。このシェルターの建設方法にかんして留意しておこう。それは原発の近くで組み立てられ、三〇〇メートル超の距離を油圧ジャッキを使って所定の位置まで滑らせるという方式で設置された。このシェルターは地上にある可動式の構造物としては世界最大級であるという(25)。

このようにして建設されたシェルターだが、これから本格的な内部工事が進められる。原発解体に向けた作業は、三つの段階を経て行われる予定だ。その第一段階は、シェルター内の電気配線やクレーンの設置、換気システム整備であり、これらは早急に着手される。第二段階は応急手当でもあったクリート製の「石棺」の解体と、事故を起こした四号機の構造物の撤去である。石棺などのコンクリートは、劣化が進み崩落する可能性が高まっているといわれているので作業が急がれるが、これにはロボットなどを使った遠隔操作で進める計画であるという。

そして、最大の難関は、第三段階である。石棺下部に存在している原子炉内で溶けた核燃料（デブリ）の除去の工程がそれである。そのもっとも困難な作業は、作業員が近づけないので、ロボットなどを使用した遠隔操作での除去となるが、技術的に難度は高い。今回設置のシェルターの耐用年数である一〇〇年以内に除去するのが最善のことだが、懐疑的だと考えられている。そこで、核燃料の放射線量レベルが一定程度低減するおよそ五〇〇年を待ち、その後に除去の工程に着手するのが現実的ということが語られている。その場合、このプラントを覆う耐用五〇〇年の「新シェルター」が必要になるが、それは難しい。一〇〇年程度の耐用年数をもつシェルターを何回も取り替えつつ、ひたすら、放射線量の減衰する時間を待つしかないということである。要するに、放射性物質の飛散を封じ込めるため、シェルターを作り直しつつ管理し、五〇〇年を待つことが現実的な選択であるということである。「五〇〇年」という時間を要することが「現実的」というのは、あまりにも常識を逸脱しているように感じられるが、まさにそれ以外に解はないということの意味を考えなければなるまい。

そうだとしたら、チェルノブイリ以上の過酷事故を起こした福島原発の場合はどうなのか、続けてみてみよう。政府と東電は、既にみたように、廃炉のロードマップの変更を繰り返してきたものの、一貫して、廃炉の終了期限を堅持する構えを崩していない。しかし、廃炉ロードマップの変更どころか、そもそも数十年での廃炉は無理であるという有力説も示されているのである。

東京電力は、二〇一七年二月二日、福島原発二号機で行われた調査で撮影された画像の解析から格納容器の一部の放射線量が最大で1時間当たり五三〇シーベルトと推定されることを発表した(26)(27)。これは今回の原発事故で観測された線量としては最大の値である。この格納容器内の放射線量は圧力容器内のそれと同程度であり、廃炉作業はきわめて厳しいことになる。このレベルの線量では、ロボットでさえも長時間は作動しないとされる(28)。つまり、核燃料デブリを取り出せない可能性が高いということになる。

デブリを取り出せないとすれば、廃炉作業を最終的に終了させることは出来ない。そうしたなかで、チェルノブイリ原発と同様に、福島原発も「石棺」で覆う以外に対処のしようがないという議論が示されることになる。むろん、東電は「石棺」については言及しておらず、また地元でも「石棺」に対する批判がないわけではない。というのも、仮に石棺を作るということになると、それは長期にわたって廃炉を見送る、ないしは断念することに繋がるとみなされるからである。

にもかかわらず、こうした議論が水面下で囁かれている。それは、先に示めされたあまりに強い放射線量を低下させたり、その物質を除去したりすることが不可能だからである。

しかし、こうした「石棺」に関しては、それ自体も無理であるという見解もある。確かに、チェルノブイリ原発では、石棺を作ることによって放射性物質の放出をある程度防ぎ、いわば時間を稼ぐことが出来た。既にみたように、五〇〇年という時間稼ぎだが……。というのも、チェルノブイリでは、地下水の問題が少なかったので、地上に石棺を作ることによって、一定の成果を得ることが出来た。だが、福島原発においては、そうではないということである。

知られているように、福島原発においてはいわゆる汚染水問題が深刻である。チェルノブイリの場合も、溶融した核燃料が土台を溶かして地下水に入るという恐れがあった。チェルノブイリ原発では、下流域への影響を防止するため、炭鉱夫等も動員して地下水汚染防止対策が行われ、それによって、汚染水問題は生じなかったという(29)。溶融した核燃料は途中で止まり地下水と接触することが防がれたのである。

だが、福島原発の場合には、抜け落ちた溶融燃料（デブリ）の一部は圧力容器を貫通（メルトスルー）し、さらに格納容器をも貫通（メルトアウト）して地下水と接触している。放射性物質は地下水に溶け出し続けているのである。また、デブリを冷やすため大量の水が注入され続けている。こうした汚染水の一部は汲み出され汚染水タンクに溜められており(30)、他の部分は太平洋に流れ込み続けていると考えられている。

いうまでもなく、「石棺」化をするには、まず大量に流れ込む地下水を遮断しなければならないが、しかし、凍土壁での遮断は成功しているとはいえない。また、デブリを冷やすための注水も不可避である。

そうだとすると、チェルノブイリ原発のように石棺を建造しても、地下は放射能が筒抜けの状態であり、それを汲み上げるか、太平洋に流れ込むのを座視することに変わりはない。確かに、石棺は、放射能物質の当面の閉じ込めに効果があるとしても、それ以上ではない。いいかえれば、放射性物質の拡散を防止するという意味で石棺の効果はあるものの、石棺が完成すれば、一定の解決にはなるわけではない。汚染水の問題は依然として解決していないといえよう。その意味で、石棺の効果は限定的という見解は的を射ている。

以上、みてきた状況をふまえると、少なくとも数十年での廃炉は到底無理だといわざるを得ない(31)。

四　廃炉ビジネス

以上みたように、福島原発の廃炉は、チェルノブイリ以上に困難であることがうかがえる。途方もない時間と莫大な費用が必要なことはいうまでもない。そうしたなか、昨今では「廃炉ビジネス」ということが喧伝されつつある。

原発の建設や運転ばかりではなく、廃炉もビジネスの対象だということである。既述のように、仮に事故が生じなかったとして、原発は建設から廃炉まで一〇〇年という年月と三〇〇〇～五五〇〇億円（一基当たり）が必要であった。しかし、福島原発の場合、そのようなノーマルな一生を辿らなかった。過酷な事故を起こしたのであり、それゆえ、廃炉には特別な時間と費用を要する。

経産省は二〇一六年一一月に、福島原発の廃炉費用を従来の想定から大幅に見直した（改定提言）(32)。それによると、これまでの廃炉費用は約一一兆円とされていたが、それがほぼ二倍の二〇兆円を超えるというものである。だが、各方面からはむしろ「この程度の額で収まるわけがない」と批判的な指摘がある。日本経済研究センターは、独自の事故処理費用を試算、発表した（表一）。その費用の総額は国の試算の二～三倍の五〇～七〇兆円という結果になっている(33)。

費用が増える要因を一つ一つみていこう。

経産省による二二兆円という事故処理費用の試算での疑問点の第一は、放射性廃棄物の問題である。除染により生じた汚染土などは、焼却による減容化の後でも二二〇〇万立方メートルにも上ると推計されている。だが、福島第一原発の近隣の中間貯蔵施設（福島県双葉町、大熊町）で最大三〇年間保管された後の最終処分方法も決まっていない。さらに、原発内から出る放射性廃棄物はその発生量の予測すらついていない。そこで、青森県の六ヶ所低レベル放射性廃棄物埋設センターにおいてコンクリートピットによる埋設で汚染土を処分すると仮定したという。除染と中間貯蔵の費用は六兆円から三〇兆円に膨らむと計算された。

第二は、廃炉の費用である。原発内の廃棄物については、メルトダウン、メルトスルー、メルトアウトを起こした一～三号機はすべて放射性廃棄物になるとすれば、廃炉費用は八兆円には収まらず、最低でも一一兆円はかかるとの試算になった。

また、建屋内に流れ込んで汚染された地下水の問題がある。福島第一原発内に保管されている汚染水の総量は一〇〇万トンを越える。そして今も一日平均一二〇トン以上の汚染水が新たに発生している。この汚染水に含まれる放射性物質のうち、トリチウム（三重水素）は水素に非常に似た性質を示すため、効率的に分別・除去する方法が確立されていない。廃炉作業中の新型転換炉「ふげん」の運転に関連して試験的に開発されたトリチウムを除去する方法では、汚染水一トン当たり二〇〇〇万円もの費用がかかってしまう。こ

表1　福島第一原子力発電所の事故処理費用の試算

課　題	従来想定	改革提言	日本経済研究センター
廃　炉	2兆円	8兆円	11～32兆円
賠　償	5兆円	8兆円	8～8.3兆円
除染・中間貯蔵施設	4兆円	6兆円	30兆円
合　計	11兆円	22兆円	50～70兆円

出所）『日経ビジネス』2017年4月26日より作成

の場合、廃炉費用はさらに約二〇兆円積み増しされて三二兆円となる。

さらに第三は、賠償にかかる費用である。特に空間線量が高い「帰還困難区域」を除き、強制避難区域は今春で解除された。住民への賠償も概ねメドがついた。だが、自主避難者の総数は明確になっていない。仮にピーク時の総避難者数（約一六万人）の大半に賠償がなされるとすると、賠償金額は増加する。さらに、中間貯蔵施設も用地の買収に同意している地権者はいまだ全体の三分の一に留まる。地権者への賠償は未定である。

このようにみてくると、近い将来に、経産省は再度の見直しを余儀なくされるであろう。既にみた、ロードマップのようにである。

では、なぜ過小評価の見直しに留まったのか。その理由を想像することは困難ではない。すなわち、仮に、事故処理費用が膨らみすぎれば、原発の社会的コストも増大することになる。原発が火力や水力よりも割安だといい続けてきた国の理論が破綻し、各地の原発の再稼働にはよりマイナスの力として働くことに懸念したものといえよう。いずれにしても福島原発の事故処理費用は、従来の見直しを行った金額よりも、さらに大幅に増加することは間違いないことだろう。

そうしたなかで、「『脱原発』でも原子力技術は衰退しない」(34)とか「世界で盛り上がる廃炉ビジネス」(35)というような見出しの論文や記事が目につく。

どういうことか、前者からみてみよう。すなわち第一に、たとえ今後、原発が新たに建設されないとしても、現存する原発や原子力施設の廃炉や解体の作業が残る。これを速やかに進めていくとしても、やはり何十年もの歳月がかかるのであり、その間、これらの原発や原子力施設の安全な管理を行わなければならないからだ。

また、第二に、その廃炉や解体の作業から膨大な放射性廃棄物が発生する。また、たとえ直ちにすべての原発を止めても、既に日本では、一万七〇〇〇トンの使用済み燃料が、高レベル放射性廃棄物換算で二万四〇〇〇本相当が存在している。従って、この使用済み燃料や高レベル放射性廃棄物を、安全に管理・貯蔵・処分していかなければならないからだ。

以上は、福島原発事故がなかったとしても生じることだが、実際には過酷な事故の処理が加わることになる。

そこで、第三に、福島原発事故によってメルトダウン、メルトスルー、メルトアウトを起こした三基の原子炉は、既にみたように廃炉が可能であったとしても長い時間がかかる。この廃炉作業は、この世の中に存在する高レベル放射性廃棄物の中でも、最も扱いにくい厄介な高レベル放射性廃棄物の塊を解体するそれであり、通常の廃炉技術とは全く異なった新たな技術開発が求められるのである。

第四に、また、福島原発事故の結果、周辺環境中には、大量の放射性物質が放出されており、これらの除染作業も、今後ともかなりの長期間にわたって続けなければならない。当然、この除染作業の結果発生する膨大な放射性廃棄物についても、安全に処理・処分しなければならないのである。

第五に、福島原発の事故対策において発生した膨大な汚染水とその浄化処理の結果発生している高濃度放射性廃棄物も、その処理・処分の方法を開発しなければならない。また、この汚染水が地下水系に漏洩しているという最悪の場合には（実際にそのようになっているが）、地下水系の浄化や、沿岸底土の除染まで必要になる可能性がある。

さらに、第六に、この福島原発事故の結果、国内各地での農水産物や食料品などに放射性物質が検出される事例も多発しており、適切なモニタリングと放射能検査、科学的・医学的説明を通じて多くの国民の安全と安心を確保していかなければならない。

こうしたことを考えるならば、「脱原発」の政策を最も急速に進めるとしても、原子力産業は、数一〇年、数一〇〇年の単位で存続する必要があるというわけである。もっとも、このような場合には、従来の原子力産業は、上の解を導き出すような「新たな原子力産業」へと進化していかなければならないと考えられている(36)。

こうした状況を前提として、世界で廃炉ビジネスが盛り上がりを見せているというわけである。

国際エネルギー機関（ＩＥＡ）によれば、事故の有無は別としてこの先二五年間で、世界全体にある約二〇〇基の原子炉が閉鎖される予定だという。原子炉の廃炉作業には、その規模と古さによって異なるものの、数一〇年の工期と最大一〇億ユーロ（約一二三〇億円）ものコストを要する可能性があると考えられている。世界全体における廃炉事業の市場規模は、昨年の四八億ドルから、二〇二一年には二倍近い八六億ドル（約九五〇〇億円）に膨らむと予想している。

そうしたなかで、アレバ、ウェスチングハウス、ニューケム・テクノロジーズ、GE日立、さらにはドイツの原発事業者4社の共同出資する原子力サービス社（GNS）[37]といった企業が名乗りを上げている。どの企業も、原子炉のコア部分である圧力容器に到達するために、ロボットとソフトウェアの開発を進めている。

日本でも、三菱、日立、東芝といった三大原発プラントメーカーは、既に若干触れたように、いずれも廃炉ビジネスに参加を表明している。関係者は、「これまで原発を建設してきた。解体も自分たちの仕事だ。」と言ってのけている[38]。また、圧力容器などを製造してきたＩＨＩも「廃炉は今までに無かった市場。」[39]と位置づけているという。

さらに、繊維メーカー「セーレン」は技術を生かして防護服を開発し、電気設備メンテナンス「協立技術工業」もドライアイスを使った除染技術を研究しているという[40]。このように、いわゆる廃炉ビジネスの広がりが明らかであろう。いずれにしても、浅ましい限りである。

結　語

そもそも原発は、たとえ事故がなくても莫大な費用がかかり、発電コストも低いものではない。それゆえ、利権がはびこり「ムラ」が形成されもする。それはともあれ、現実には福島において過酷事故が発生した。事故処理には、費用が莫大にかかることは火を見るよりも明らかである。また、事故処理の時間も考えられないほど長期を要する。

まず、時間の問題を整理すれば、そうしたなかで政府は事故処理の日程、ロードマップの変更を余儀なくされ、行程はすべて先送りになっている。とても三〇～四〇年で廃炉が終了するとは考えられない。さらに問題は、時間がかかるばかりではなく、そもそも事故処理すなわち廃炉は可能なのかという根本的な問題が生じている。というのも、チェルノブイリ原発においても廃炉には五〇〇年を待つしかないということが伝えられているからに他ならない。

また、そうした信じられないような時間が必要であるということは、費用も長期にわたって発生し、莫大になることはいうまでもない。日本経済研究センターの試算によれば、五〇～七〇兆円ということだが、その範囲内ですむという保証はない。

このような状況にあって、一部では「廃炉ビジネス」が喧伝されはじめている。事故を起こした企業、すなわち原発を建設したプラントメーカーが今度はその事故を起こした原発の処理をしようというものだ。そこにおいては、誰も責任とることはない。そして、原子力ムラにおいても同様のことが生じている。

こうした状況にあっては、事故が過酷であればあるほど、その被害が大きければ大きいほど、「廃炉ビジネス」のマーケットは大きいものになる。そして、事故や被害は、かなりの部分が原発を建設したプラントメーカーの利潤の源泉になる。むろん、遡れば、廃炉費用は電気利用者からの負担であり、事実上、国民の負担となっている。こうした構造は、原子力ムラにおいても同型である。

冒頭でグロテスクな「廃炉ビジネス」という表現をしたのは、このことを指している。電気料金という国民負担を前提として、原発のプラントメーカーにとっては、事故がなくても事故があっても、否、事故の程度が深刻であるほど、それは利潤の対象になっている。まさに、グロテスクといわざるを得ない。

（1）田中史郎「脱原発メモランダム」別冊『Niche』Vol. 3、批評社、二〇一一年七月、田中史郎『現代日本の経済と社会』社会評論社、二〇一八年などを参照されたい。

（2）福島原発には六基のプラントがあるが、ほとんどがGE、日立、東芝によって建設されている。とりわけ、三号機と五号機は、原子炉もタービン建屋も付属施設もすべて東芝が建設している。

（3）最近の報道によると、一九八六年の事故後、廃炉作業が続いているチェルノブイリ原発では、「原発の核燃料除去まで五〇〇年以上かける方策が現実的」（「河北新報」二〇一八年四月二六日）な見通しとのことである。五〇〇年以上というのは核燃料除去までの期間であり、いわゆるグリーンフィールドが実現されるにはさらに時間が必要なことはいうまでもない。ほぼミレニアム単位の時間が必要だと思われるが、そうだとしたら、それはもはや文化や文明を超える時間ということになる。

（4）原発は、一般に古い機種ほど発電量が小さく、また当時の物価水準もあって費用が小さい。反対に、近年になるほど大型化（一〇〇万キロワット級）して、費用も高額になる。東京電力・柏崎刈羽一号機には四七〇〇億円、関西電力・大飯三号機には四五〇〇億円、中国電力・島根三号機には四六〇〇億円などの費用が投じられている。https://news.mynavi.jp/article/20130315-a100/。また、最近では、仮に原発を新設するには一兆円以上が必要だとされている。

（5）ちなみに、キロワットアワー当たりのコストはそれぞれ、石炭火力が一二・三円、LNG火力が一三・七円、一般水力が一一・〇円、石油火力が三〇・六円であると示されており、また、太陽光（メガソーラー）は二四・二円、風力は二一・六円、バイオマス（専燃）は二九・七円などとなっている。「総合資源エネルギー調査会発電コスト検証ワーキンググループ（第六回会合）資料一」 http://www.enecho.meti.go.jp/committee/council/basic_policy_subcommittee/mitoshi/cost_wg/006/pdf/006_05.pdf

（6）正確にいえば、「稼働率」と「設備利用率」は異なる。「設備利用率」が定格出力でフル操業した場合の発電量を一〇〇パーセントとして実際に発電した量の割合を示すのに対し、「稼働率」は出力の多寡にかかわらず、発電していた時間の割合を示すものだ。原発の場合には、出力調整をほぼ行わないので、かなり高くなるはずだが、トラブルが多く、五〇～七〇％に留まっている。

（7）政府資料では、水力発電のカテゴリーとして、「一般水力」という場合には「揚水発電」を含まないが、単に「水力」という場合にはそれを含んだ値を示している。

（8）大島堅一「原子力政策大綱見直しの必要性について――費用論からの問題提起――」二〇一〇年九月七日。http://www.aec.go.jp/jicst/NC/iinkai/teirei/siryo2010/siryo48/index.htm。これは、「3・11」以前の研究であり、その意味でも貴重である。

（9）電源三法とは、電源開発促進税法、特別会計に関する法律（旧、電源開発促進対策特別会計法）、発電用施設周辺地域整備法を指すが、これらは当時の田中角栄首相のもと七四年に成立した。

（10）原子力関連予算は、二〇〇九年度で四五〇〇億円程度である。

（11）『週刊ダイヤモンド』二〇一一年五月二一日号。

（12）前掲『週刊ダイヤモンド』。実質公債費比率とは、自治体の収入に対する負債返済の割合を示すもので資金繰りの程度が分かる。なお、原発と地方財政にかんしては、『エコノミスト』（二〇一一年六月一四日号）を参照のこと。

（13）『週刊現代』二〇一一年五月二一日号。

（14）前掲、『週刊現代』。

（15）様々な資料があるが、たとえば『これから起こる原発事故』（宝島社、二〇〇七年）も参照されたい。

（16）前掲『週刊ダイヤモンド』。

（17）現段階では、使用済み核燃料は、四号機では取り出しが完了したものの一号機の使用済み燃料プールには三九二体、二号機には六一五体、三号機には五六六体の核燃料が残っている。

（18）いわゆるロードマップは、正式名が「東京電力（株）福島第一原子力発電所一～四号機の廃止措置等に向けた中長期ロードマップ」であり、この名称は、初版以降変えられていない。ちなみに、過去四回のバージョンは、それぞれ、二〇一一年一二月、二〇一二年七月、二〇一三年六月、二〇一五年六月に示されている。そして、今回第五回目が二〇一七年九月版である。いずれも発行は、「原子力災害対策本部、政府・東京電力中長期対策会議」である。

（19）「東京新聞」二〇一七年九月二六日、「日経新聞」二〇一七年九月二六日など。

(20) たとえば、「日本経済新聞」(二〇一七年八月二二日)では「福島第一原発の凍土壁、遮水効果見えず」という見出しの記事を掲載し、そのなかで「かつて『汚染水対策の切り札』といわれた凍土壁だが、劇的な効果が期待しにくいうえ、維持費も年間十数億円かかる。」とし、渡辺晋生(三重大学教授)の「凍土壁は一時的な遮水対策だ。別の方式の壁を作ることも検討すべきではないか」との主張を紹介している。なお、田中史郎『現代日本の経済と社会』も参照されたい。

(21) 三号機の内部を撮影したのは、東芝製のロボット「ミニマンボウ」のようである。それは水中をマンボウのようにゆっくり進む様子から名付けられたものだという。また、三菱は廃炉作業用のロボットアームを開発し、日立は金属の筒を連ねたヘビのような形状のロボットを製作している。

(22) 「毎日新聞」二〇一七年九月二六日付、インターネット版。
https://mainichi.jp/articles/20170927/k00/00m/040/158000c

(23) 周知のことだが、旧ソ連ウクライナのチェルノブイリ原発四号機が爆発したのは一九八六年四月二六日であった。ベラルーシやロシア、欧州など広範囲が放射性物質で汚染されるとともに、消火に当たるなどした数十人が急性放射線障害で死亡し、また、約三三万人が移住させられた。がんなどによる死者は国際原子力機関(IAEA)などが約四千人、世界保健機関(WHO)は最大九千人と推計している。ちなみに、一~三号機は二〇〇〇年までに閉鎖された。

(24) 「河北新報」二〇一八年四月二六日。

(25) ちなみに、建設費は約一七億ドルで、四〇以上の国や機関からの援助でまかなわれた。また、建設をしたのはフランスの建設会社二社のコンソーシアムである。

(26) 「毎日新聞」二〇一七年二月二日ほか。なお、毎時五三〇シーベルトは、人間が一分以内で死亡するとされる放射線量である。

(27) この、毎時五三〇シーベルトというきわめて高い値について、宮野廣(法政大学客員教授、日本原子力学会「廃炉検討委員会」)は、「この値が正しければ非常に高い値で、溶け落ちた核燃料の一部が近くにあって水につかっていない可能性がある」と述べる。しかし、「仮に溶け落ちた核燃料の一部が水につかっていなかったとしても、分厚いコンクリート製の格納容器に覆われており、外部に直接、強い放射線が出たり、高い濃度の放射性物質が漏れ出すことはない」という(NHK、「NEWS WEB」二〇一七年二月二日)。もっとも、こうした楽観論に関しては、疑問もある。というのも、格納容器内のグレーチングの融点が一六〇〇℃であるのに対して、コンクリートの融点は一二〇〇℃前後だからである。グレーチングの一部が溶けているのは公開されている画像で自明だが、そうだとしたらその真下にあるコンクリートが溶解していないということは考えにくい。コンクリートを溶かしさらにその下(外側)の格納容器の底も溶かしデブリが格納容器の外側に漏れ出ている(メルトアウト)と想定される。

(28) 実際、その後二〇一七年二月一六日に二号機の格納機内に自走式ロボットを入れたが、「異物」に捕まってしまい動けなくなり、圧力容器の下に進むことが出来なかったという。ロポットを、当初計画していた炉心直下まで到達させることが出来ず、デブリを確認することも出来なかった。また、さらにこのロボットの回収もあきらめ、レール上に放置することになったという。この事態を、「福島民友」(二〇一七年二月一七日)では、「炉心直下到達できず。調査ロボ回収断念、二号機デブリ未確認」という見出しで報じている。

(29) 新潟県「チェルノブイリ原子力発電所事故等調査報告書サマリー」二〇一五年一一月二七日。

(30) 福島原発の敷地内の汚染水タンクは既に一〇〇〇基に達している。

(31) 同様なことは、高速増殖炉「もんじゅ」(福井県)の廃炉をめぐっても生じている。もんじゅのMOX燃料は人間が取り扱えるまでに一〇〇年~数一〇〇年の年月を要するといわれており、また、冷却媒体である液体ナトリウムは原子炉を停止したままでも循環させる必要があり、放射能化したナトリウムの抜き取り方法も保管方法も処理方法も全く未知である。少なくとも数一〇〇年のスパンで考える必要がある。

(32) このことは新聞各紙で報じられた。たとえば、「毎日新聞」二〇一六年一一月二七日付を参照。

(33) 事故処理費用が莫大に達するという試算を眼前にしたとき、かつて原発事故に関するそうした研究がなされていたことが想起された。それは、原発が建造される遙か以前の一九五九年になされた日本原子力産業会議「大型原子炉の事故の理論的可能性および公衆損害学に関する試算」である。そこには、深刻な事故が発生した場合、その損害額は当時の国家予算のほぼ二倍以上に当たる三兆七〇〇〇億円になると記されていた。しかし、この文書の存在は、関係者や研究者には知られていたが、当局は存在を認めておらず、一九九九年にようやく国会で明らかにされた。以前はウェッブサイトで閲覧できたが、現在は閉鎖されている。

本文でみたように、日本経済研究センターの試算では、事故処理費用が五〇〜七〇兆円に達するということだったが、それは、現在の年間の政府税収が五〇兆円程度なので、それをかなり上回ることになっている。日本原子力産業会議の試算はかなり的を射ていたといえよう。

(34)『日経ビジネス』二〇一一年九月七日。

(35)『ニューズウィーク日本版』二〇一七年六月二一日。

(36)そのような「新たな原子力産業」として、原子力「安全操業産業」、原子炉を含む施設の「安全解体産業」、放射性廃棄物の「安全処分産業」、汚染された環境を修復する「環境浄化産業」、国民の不安を取り除く「環境安心産業」などがあげられている。

(37)ＧＮＳは、エーオン、ＲＷＲ、ＥｎＢＷ（８）、バッテンフォールが共同出資する企業である。

(38)「Sankei Biz（サンケイ・ビズ）」二〇一七年九月五日。

(39)前掲「Sankei Biz（サンケイ・ビズ）」。

(40)前掲「Sankei Biz（サンケイ・ビズ）」。

文献

今中哲二（一九九二）「チェルノブイリ原発事故による放射能汚染と被災者たち」『技術と人間』一九九二年六月号

エントロピー学会（二〇一一）『原発廃炉に向けて』日本評論社

大島堅一（二〇一〇）「原子力政策大綱見直しの必要性について――費用論からの問題提起――」二〇一〇年九月七日
http://www.aec.go.jp/jicst/NC/iinkai/teirei/siryo2010/siryo48/index.htm

開沼博、竜田一人、吉川彰浩（二〇一六）『福島第一原発廃炉図鑑』太田出版

舘野淳（二〇一一）『廃炉時代がはじまった』リーダーズノート

宝島社（二〇〇七）『これから起こる原発事故』宝島社

田中史郎（二〇一一）「脱原発メモランダム」別冊『Niche』Vol. 3、批評社、二〇一一年七月

田中史郎（二〇一八）『現代日本の経済と社会』社会評論社、二〇一八年

田中史郎（二〇一八）「エネルギー選択の視座」大内秀明他『自然エネルギーのソーシャルデザイン』鹿島出版

新潟県（二〇一五）『チェルノブイリ原子力発電所事故等調査報告書サマリー』二〇一五年一一月二七日。

日経コンストラクション（二〇一八）『すごい廃炉 福島第一原発』日経ＢＰ社

三菱総合研究所「廃炉への道、これからの課題」二〇一六年八月
https://www.mri.co.jp/opinion/column/atomic_energy/aenergy_20160809.html

CNN. WORLD（二〇一六）「チェルノブイリ、新シェルターを設置「石棺」老朽化で」CNN. WORLD、2016.12.01
https://www.cnn.co.jp/world/35093049.html

『エコノミスト』二〇一一年六月一四日号

『Sankei Biz（サンケイ・ビズ）』二〇一七年九月五日

『週刊現代』二〇一一年五月二一日号

『週刊ダイヤモンド』二〇一一年五月二一日号

『日経ビジネス』二〇一一年九月七日

『ニューズウィーク日本版』二〇一七年六月二一日

（宮城学院女子大学教授・経済学博士）

●特集「脱原発を考える」

新・民主主義

——共生の原理とともに

Yoshikazu KAWAMOTO　川元祥一

第一章　現代——序文にかえて

一　民主主義が歪められる

古代ギリシャ・アテナイのデモクラシー＝民主主義は我々にとって非常に貴重な知的財産であり多くを学ぶことが出来た。しかし、その民主主義は常にどこでも人口の半分を占める女性を排除し、さらには人々の生活を実質として支えた奴隷を排除したものであり、彼女ら彼らを市民として待遇もしなかった。その意味でそれは現代——奴隷解放運動、植民地解放運動、女性解放運動、反差別運動を経験した現代——民主主義とはいえないものになっている。が、それは今も民主主義の内容において学ぶべきものが多いこともあって、私はそれを「古代・古典的民主主義」と呼ぶこととする。

そうした意味において現代、我々がより理想的に、知識と体験をとおしてこだわりなくいえる民主主義はアテナイの民主主義から二千年以上経ったところでの十九世紀半ばアメリカのリンカーンによって奴隷解放宣言とともに表明された民主主義「人民の人民による人民のための統治」が妥当と思われる。もっとも、その理念は政治的システムとしては直接的でなく間接的民主主義ともいわれ、政治行政的には代議制民主主義ともいわれる。そこでは一定のエリートに多くの権限を委任することとなり、そのエリートが独裁者に変貌することがたびたび起こっている。そうした弱点をもつのであるが、それはその地域性など、あるいはその手法などによって克服する可能性をもつともいえる。例えば最近話題になる代議制にみる男女の不平等など。これは代議員を男女半々にする制度の制定などとして克服しようとしている。「代議員を男女半々にする制度」といえば強制的で違和感をもつ人がいるかも知れないが、これは「自然の法則」を背景にしているともいえるのであり本格的に考察されるべき課題といえるだろう。「自然の法則」についてはこの後論じることとなる。

現代いわれる民主主義にとってもう一つ大切と思うのは十八世紀フランスの君主制を倒して進んだ啓蒙主義に始まるフランス革命の思想「自由・平等・博愛」である。これも学ぶべきものが多く、民主主義にとって重要な要素をもっているのである。そして、これらは今でも色褪せたとはいえないし色褪せてはならないと思うのであるが、しかし、現代、我々がここで生きている実感として「自由・平等・博愛」が生き生きしているかと問うと、決してそれが肯定できる状況ではないといえるのではないか。そこには理由がある。それが現代だからなのだ。

これら近・現代的民主主義は、主には内部からではなく、いわば「外部」からその価値の根幹が失われつつある。例えばゆき過ぎた自由によって「平等」あるいはたびたび「博愛」までも、片隅に置かれる傾向が生まれることだ。経済的原理によって始まったグローバリゼーションは「資本の自由」、その金融市場の原理を自由にすることで進むのであるが、その資本は「非人格的」であって資本のための「自由」だけを主張し、資本を増殖するのは真剣であるが、民主主義がもつ思想、あるいはその根幹である「人民」などは無関係なのが明確だ。しかもそうした「資本の自由」が「新自由主義」ともいわれ、いかにも人々の「自由」にかかわっているかのような錯覚を与えている。

本論は「新・民主主義」と命名した。それはもちろん「新自由主義」を視野に入れているが、しかし新自由主義そのものは最初から人間のためにあるのではなく、資本主義経済の在り方、その経済原理から生まれたものであり、本来それは民主主義の範疇としては部分的論理だ。しかしとはいえ、現代にあって、いかにもそれが時代を凌駕するかのような印象を持っており、あたかも「資本の自由」が、「超人格的存在」でもあるかのような錯覚を与える場面さえ派生すると私には見える。そして、そうした非人格的価値による「自由」が、本来そこにあるべき人間の自由、自己の自由と他者の自由、それらを支える愛や平等などをかなぐり捨てて増殖しているのが「現代」というべきと考える。

そうした状況を早く脱却しなくてはならない。そうでないと、人類はただ資本の価値観に領導され干からびた存在になるだろう。そしてそれは、人類が資本の奴隷となるに等しいといえるだろう。その状況を脱却するために「資本の自由」ではなく、本来の自由、人間の自由を取り戻すために、古代・古典的民主主義を参考としながら、近・現代的民主主義を継承し、さらに、現代、その状況に対抗しうる、新しい民主主義を構想しなくてはならない。

二　現代的課題

リンカーンの宣言などにみる民主主義が「新自由主義」によって歪められているといったが、その歪みをもう一つの視点からみることが出来る。それは「新自由主義」の墓場ともいえる原子力発電所とその原動力となつている放射性物質、その使用済み核燃料の処理と爆発事故の処理だ。すでによく知られるように、原発事故を完全に防ぐことは出来ないし、事故が起こると、拡散する放射性物質を無害化することは現代の人類の科学・技術では出来ないのがわかっている。にもかかわらず、原発の建設が進み使用済み核燃料や事故の後始末が出来ないまま、原発の再稼働が進むのである。ある意味、犠牲者が出るのを見越したうえで目をつぶって進行する悪質なプログラムといえるものだ。

私はそうした状況の中に「資本の自由」と、その経済原理、つまり先にいったグローバル資本主義における過当な競争原理で進行する社会状況、あるいは政治的状況があると考える。例えば経済の「成長神話」は「神話」の枠をはみ出して、成長が止まるとその国の経済が停滞する、そうした実態の中に置かれ、何が何でも「勝ち組」に残らなくてはならない脅迫観に襲われながら何かを進める、そうした負の精神が、後戻りの出来ない原発の建設と、運転再開を押し進める。しかもそうした負の精神が、現代の社会、あるいはそれを包む世界で構造化しつつある。それと全く同じ意味で、過当な競争原理の中で「負け組」に追い込まれる人――必ずそれが生まれる構造なのだ――、あるいはその競争原理にも参加出来なかった従来の弱者、少数者、被差別者など、それらが取り残される「格差社会」をも構造化している、それが実感なのだ。とはいえまた、そうした状況の中で当然想定されなくてはならないのは、使用済み核燃料や原発事故による放射性物質の拡散は、格差社会を超えて、全人類に及ぶ、そのことが自覚されなくてはならないことだ。

これが現代であるが、これを民主主義に照らして考えると、その状況を克服するためにどんな民主主義が構想出来るか。果たしてそれは可能なのかどうか――。「民主主義なんか糞くらえ」という声が聞こえてきそうであるが、しかしそれでもなお、我々は、その民主主義を考えなくてはならない。「資本の自由」を前に人間が主体を失い干からびて、その奴隷のようになって終わるわけにはいかない。そのためにこの段階で一つのヒントを示したい。「資本」も文明の中にあるが、その文明が問い直されようとしている。その中で「資本」についても当然見直されるであろう。つまり、人の社会は経済的原理だけで成り立っているのではないことだ。

三　共生の原理

こうした「現代」は、リンカーンもフランス革命の啓蒙主義者も想定しなかったのであり、それは現代的課題として、我々が取り組まなくてはならない。そしてそれは、地球温暖化を阻止しようとして始まった二一世紀の人類的課題としての「自然と人の共生」と同じ意味を持つものだ。そのために経済原理だけでなく、また政治に、そのエリート達に委託するだけでなく、われわれが主体であるはずの、民主主義からそれを考える、そうした思想が今必要と思われる。

　私はそうした思想の原理として、これを「共生の原理」と呼び、二つの要素から始めることとなる。その一つは、自然と人の共生、もう一つは、人と人の共生である。この二つの要素は、当面別々の要素に見えるのであるが、しかし、やがてそれらは一つの要素なのがわかってくる。つまりそれが「共生の原理」である。

　二つの要素をもう少し具体的に言うと人と人の共生は、リンカーンの民主主義とフランス革命の精神から継承するものが多い。しかし現代社会にあって、先のグローバル資本主義の過当な競争原理によって自由と平等が対立するかのように考える状況でもある。また「愛など無意味」と主張する人がもてはやされる時代でもある。

　そうした現代を超えるために本来の「自由・平等・博愛」を継承しながら、それらが成り立つ基盤を見直すことが必要と思う。というのは、そこでいわれる「自由・平等・博愛」は、なんといっても従来の「文明」の側にあり、その上に立った発想だ。しかし、その「文明」が問い直されているのが二一世紀の人類的課題としての「自然と人の共生」なのだ。つまり自然と人の関係を根本的に見直し、現代の時点で宇宙・自然環境に依拠しながら生存する人類を再確認。そこから生まれる新しい概念、思想、価値観、それらを新しく「文明」の中に取り込む、そうした作業が必然的であると私は思っている。したがってそれは、自然と人の共生に深くかかわる課題なのである。そのためここでは、まずは自然と人の共生を手掛かりに始めることになる。そしてその場合は、その歴史と現代を含めてより身近なものとして、人の信仰生活の中で言われた「神」あるいはさらに「超自然的」ともされた「神」が大きな課題になってくる。なぜなら、人類にとって自然という実像は、さまざまな意味をもった「神」の観念によって文明化され、それによって歪められてもきたのだから。

　もっとも一方で、人は科学をもって自然と折り合ってきた。しかし現代にあってその科学は、もはや文明を超えて、文明によっては何も出来ないところに至っている。先にいったとおり、それが現代だ。

　そうした意味もあって信仰が手掛かりとして浮かびあがるのであるが、これもまた「有史以来」といわれる時間と空間をもつのであり、一言ですますわけにはいかない。そのためその概念、思想、信仰の全体像については別に記述したいと思うが、少なくともこの時点で信仰の問題として次の二点を提起したい。一点は、信仰の自由を保障しながら、そしてそのためその信仰を様々な位相で政治権力として直接利用しないのを前提とする。もう一点は「超自然的」としての「神」だけではなく、自然そのものを「神」、「霊」または自然そのものの「生命」を崇拝する信仰を信仰として認めること、である。本論はこの二点を前提に進める。

　この後すぐ取り組むが、例えば十九世紀から二十世紀初頭に活躍したイギリスのエドワード・B・タイラー（一八三二〜一九一七）が提唱した宗教史としてのアニミズムは、徹底して「未開」と「文明」、あるいは「低級文明＝アニミズム」と「文明諸国＝欧米の教育世界＝キリスト教」を対立概念として把握（『原始文化』訳者・比屋根安定・誠信書房・昭和三十七年）した。そしてその宗教観あるいは世界観は植民地主義のイデオロギーとして活用されたのだ。こうした宗教観、世界観に現代でいう「平等」は生まれないことを知らなくてはならない。そうした意味にあっても「文明」の根本的な見直しが必要だ。そしてその文明は、自然と並立した文明、つまり「自然と人の共存」が原理の文明でなくてはならないのがわかるはずだ。そうした意味で、タイラーの弱点は弱点としながら、彼が提示したアニミズム論は大きな成果なのを認めなくてはならない。そしてそうした成果を「共生の原理」として建設的に把握する、これが、二一世紀の人類的課題を前進させる大きなエネルギーになると思うし、文明の見直しの基本的テーマであると思うのである。

四　「未開」と「文明」は逆転した

　タイラーの弱点は弱点として、自然を無視してはならないこと。人の「文明」は今も自然を凌駕したわけでないこと。そうしたことを改めてしっかり認識しなくてはならない。そうしたことを痛いほど知らせる事例が二十世紀になって我々の前に現れる。

タイラーが初めて提唱したアニミズムは自然と人間の関係を考えるのに大きな手掛かりであるが、しかし彼によるアニミズムをみる視線、「未開種族」による「低級文明」と欧米など教養世界としての「文明諸国」との対比、峻別は彼の内で変わらない。彼は次のようにいう。「わたしは、低級な民族が信ずる生気説《アニミズム》の発達を組織正しく検《しらべ》始める。生気説とは、魂と一般にいう他の霊的存在者とに関する教義である」と。そしてさらに「宗教の最も粗末な形態から、キリスト教へと達する結合をも、教養神学に頼らないように取り扱いたい」(『原始文化』訳者・比屋根安定・誠信書房・昭和三十七・六頁)だ(右の「生気説」は本書の翻訳者・比屋根安定によるアニミズムの日本語訳である)。

つまり「宗教の最も粗末な形態」をアニミズムとし、その高度な発展結果がキリスト教とする構図がここにある。キリスト教についてここで何かを述べるつもりはないが、少なくとも「超自然的存在」としての「神」を措定するキリスト教とアニミズムをこれほど簡単な構図で対比してよいものかどうか、たとえばその間に「一神教」と「多神教」の対比を考察する手順があってもよいのではないか。私はそのように考える。アニミズムを「宗教の最も粗末な形態」とするについても私にはいささか抵抗感がある。その「未開種族」と「文明諸国」の対比・対立構図には、自然と文明の決定的な対立が措定されると思うからだ。そしてそれゆえに植民地主義を増長・正当化したともいえるからだ。

いうまでもなく、そこにある自然と人間、あるいは「文明」との関係性は、今も様々な形で進行しており、文明、あるいは人が自然を克服したなどとは決していえないところだ。人間の「文明」はすさまじい速さで進行・進展しているかに見え、自然そのものは大きな変化がないかに見える。そしてその対比が前進と停滞のイメージに繋がっていると思われるが、しかしその対比そのものが絶対的価値、その構図であるわけではない。そのことを痛烈に知らせる事例は、先にいった原発事故による放射性物質の拡散、その人類的危機、不安と自然の力・生命力である。その放射性物質はいまだ人類の制御の外にあり、使用済み核燃料にあっても誰も制御・コントロールできない。しかし、それをかろうじて、確実に制御・コントロールする存在がある。それが自然であり、その生命力だ。

放射性物質の元素量が自然の力、その生命力によって半減されるのを「半減期」という。例えば身近なものでいえばセシウム137は三十年七ヶ月。ストロンチウム90は二十八年九ヶ月など(HP・生活や実務に役立つ計算サイト)。『広辞苑　六版』ではウラン238が四十五億年。プルトニウム239が二万四〇〇〇年と解説される。核物質によってかなりひらきがあり、多様であるが、ともあれこのことは、現代のところタイラーがいう「文明」が放射性物質を前にして何もできないのに対し、自然の力、再生力、タイラーがいう「低級」な信仰としてのアニミズムの日本語訳としての「生気」、あるいは「自然の生命力」は時間をかけながらも、それを消滅する力をもっている。

こうした現状を考えれば、タイラーの「未開・低級・粗末」な文化と、高度な「文明・教養世界」との対比を構成する価値観は、原子力発電所、その原動力としての放射性物質の活用や原発事故によって、その立場が逆転している、というべきである。また、そうした意味で、自然と人間の関係性について、タイラーがいう「文明」の絶対的優位性を見直し、その対比を逆にしてみる観点も我々に求められている。

五　自然と呪術――あるいは初期科学

タイラーの影響を受けた二十世紀初頭のイギリスの人類学者ジェームス・G・フレイザー(一八五四〜一九四一)は、基本的にタイラーと同質のスタンスをもって原始的文化、中でも呪術を見るが、タイラーの弱点を克服しようとする側面もある。フレイザーはタイラーがいった「未開種族」の「低級文明」と、「文明諸国」などの対比を直接的にみるのではなく、両者に通底するものを認めながらも、それらを「呪術」と「宗教」に分けて、別の現象、体系として論述する。だから、タイラーのような強引な価値の峻別は必要なかったといえるだろう。そしてそのため「呪術」=原始文化への一定の柔軟さをもつことが出来たし、そのような視点によって「呪術」の可能性なり、一部にその理論性・整合性を見出すことも可能だった。例えば、呪術一般を非合理な観念集合としながら、しかしその一部について「自然の法則の擬体系なのである。発育不全の技術であると同時に擬科学なのである。自然の法則の体系として見るとき、すなわち宇宙の現象の次第を決定する叙述としてみるとき、それは理論的呪術と呼ばれてもよい」（『金枝篇（一）』永橋卓介訳・岩波文庫・四八頁）とする。この指摘は現代我々が直面する課題にとって、その克服にとって、非常に重要な意味をもっている。つまりフレイザーはその「未開」の呪術に一定の現代的可能性を残したのである。

一方、タイラーが「文明諸国」「欧米の教養世界」の具体的背景とした「超自然的存在」としてのキリスト教――フレイザーもその優位性を強調する――は、その時点で、すでに自然と人間の直接的関係性を見失っていることになるのは明白だ。例えば一神教であるキリスト教が、二十世紀後半になって大きな課題となった地球温暖化、その自然環境の破壊について、キリスト教的人間中心主義（文明中心主義・川元）＝ヒューマニズムを反省し、二一世紀の人類的課題としての「自然と人の共生」のために尽力しようとしている事例などがそのことを示している。。

そうした意味で私は、私が生活する場において――そこは仏教であるが――一神教では出来なかった多神教、あるいは今や古い異物と思われる「呪術」、そこにある日本的な「神」からその可能性を見出すのを試みたい。呪術は我が国にあっても遺物として見捨てられがちであるが、しかし「超自然的存在」としての一神教では直接的な意味での自然と人間の関係性を見だすのは、非常に難しいことがわかっているのは確かなのだ。

こうした「呪術」、あるいはもっと広く「多神教」について、この段階で加筆しておきたいことがある。本論はタイラーの「アニミズム」を大きな手掛りにするが、しかしこのアニミズムにも一定の批判があって、アニミズム以前の「プレアニミズム」の存在が指摘されている。主にはイギリスの人類学者ロバート・マレット（一八六六～一九四三）などであるが、それはタイラーのアニミズムが自然の中の「霊」によって成生するとしたのに対し、自然そのものの「力」、あるいは自然の「生命力」によってその現象が生まれるとするものだ。私もこの自然の「生命力」がより的確と思っている。先にいった放射性物質の「半減期」がまさに、この「生命力」によるものと考える。

先に引用したタイラーの言葉の内「生気説《アニミズム》とは、魂と一般にいう他の霊的存在者とに関する教義である」（『原始文化』前掲・六頁）によく示されるように、タイラーのそれは「霊的存在者」を抜きに考えることが出来ないものなのであって、その「霊」が、度々「人格神」として表れる、そうした宗教性なのである。タイラーを批判してプレアニミズムが生まれる根拠もそこにある。

例えば同じく二十世紀初頭の宗教者、スエーデンのナータン・ゼデルブローム（一八六六～一九三一）は『神信仰の生成』（三枝義夫訳・岩波文庫）において「霊」と「生命力」の違いに触れ、アニミズムについて『霊魂』『精霊』から由来した本来の意味のアニミズムと名付けられるものであって、アニマッス animatus 『活かす』belebt 『生きている』lebendig から由来したアニマチィズムとは区別される」とする。しかし現実的には、両者を区別するのは難しい側面があって、ゼデルブロームはそうした側面をアニミズムの学術的意味と把握して「広義の意味に用いる場合、普通にいう場合には、『アニミズム』は学術的には本質的に極めて異なるこの二つの表象を包括する」（前掲・上巻五五頁）とする。微妙ないいまわしではあるが、タイラーのいうアニミズムは、それ以前の「アニマチィズム」を包括する場面があるのを指摘する。

このようなアニミズム論の内容を把握しながら、この後私は和人社会のアニミズムとその前の「アニマチィズム」――私はこれをプレアニミズムと呼ぶ――を見るが、そこでも両者を分かちがたい場面がある。その場合私はゼデルブロームの指摘の前半にある〈アニマッス animatus 『活かす』belebt 『生きている』lebendig〉＝「アニマチィズム」が非常に的確で大切と考え、それを「自然の生命力」と呼ぶ。

先のイギリスの人類学者マレット（一八六六～一九四三）も「アニマティズム」という言葉を使う。このマレットの見解について『原始文化』の翻訳者比屋根安定は「アニミズムは、一つの人格的存在としての霊魂という考え方を、宗教の発生するための最小限の条件とするが、この観念の伴わない宗教儀礼が現存せる未開種族の間に少なくない。その崇拝対象は、人格性のない一種の力あるいは生命として見なされ、霊魂という考え方にまで達せず、すべては単に生きているものとしてのみ取り扱われる」(『原始文化』前掲ⅳ)と紹介する。これが「自然の生命力」そのものと考える。

ゼデルブロームも指摘しているが、ここにある「生命」、単に「生きている」生命を、人間が自分の生命活動にとっても必要とし、人以外の動植物が成長するのを食物ともし、それが質量ともに人の生命を満たす、そこにある動植物の成長、増殖を神秘的とし、人の力や知恵の及ばない存在として崇拝・崇める現象、その心性を否定する者はいないと思うが、同時に、あるいはやがて、そこに言語・言葉を附けることも人間として自然な現象と私は思う。そしてそれが「神」であったり「霊」であるのは、それはそれで認めるべきと考える。だから「霊」「神」という言語、或いはその「存在」は、その「形」がどうであるか別として「生命力」とほぼ同次元的として認識できる。ただこの場合困るのは、その「神」「霊」を「人格神」「人格霊」として祀り上げること、と私は考える。しかも、そうした場面がその後「祭政一致」の次元にみられる族長的存在に結び付くことが、単なる生命力としての「神」にみられる自然と人の関係性を明らかに歪めると考える。そしてそうした次元・場面での「神」「霊」はもはや純粋な「信仰」ではなく、「社会」の中の問題として、「現代」に還元すべきものと考える。

こうした発想を以て私は「自然と人間の関係」を見直し、その関係の初期的意味として「自然の生命力」「神」「霊」などの「信仰」を取り上げ、そこにある「文明」としての自然と人間の関係を初期的・根本的なものとして考察する。

先にもいったが、二十世紀初頭のイギリスの人類学者ジェームス・フレイザーは、世界中の呪術的信仰、その具体例を集積しながら、それを分類・分析して二つの法則を抽出している。一つは「感染の法則」もう一つは「類似の法則」(『金枝篇(一)』岩波文庫・一九八〇年・五七頁)である。

日本にはこれらの法則、中でも「類似の法則」による呪術的表現、あるいは神観念が非常に多い。富や宝を掻き寄せる「熊手」など。「感染の法則」は、災いを人形になすりつけて流す「流し雛」など。私が長く取り組んできた部落差別の要素としての「触穢」は、この呪術に共通する部分が多いのである。フレイザーはこの二つの法則の内「類似の法則」から「発育不全の技術」「擬科学」(『金枝篇(一)』・前掲・七三頁)を抽出した。私はここにある「発育不全の技術」を「技術性」とし「擬科学」を「科学性」とし、それらをわが国の民間信仰、その「類似の法則」の中に見出すことから始める。

六　新しい民主主義の要素

以上によって、非人格的な「資本の自由」からではなく、人間として、そしてその人間の、自然との共生として民主主義を考え、リンカーンやフランス革命の精神を継承しながらより現代的要素としてそれを次のようにまとめる。

①諸個人の、そしてそれら諸個人相互による交流や関係性のうえで自由な信条・信仰・思想と、職業選択の自由、そしてその職業の分業関係の平等を保障し、社会的構造、あるいはその制度において、何らかの犠牲を強いたり許容することのない社会。

②人類の、あるいは諸個人の、自然的条件を無視する歴史を脱却し、それを尊重することで、諸個人の選択の及ばない理由での社会的格差・差別を許さない。

③自然と人、人と人の共存——「共存の原理」を最高価値とし、これを求める社会。

第二章　地球と地域——違いを認める平等・多文化——

一　地域社会と自然・人間

タイラーやフレイザーが行った地球的規模、世界的規模での資料収集と思考を欠くことができない。それがなければ地域的思考やその可能性を見出すのは難しくなる。そうした条件で、この後日本列島の和人社会、その地域性の特色や個性を考えていく。そうした作業によって、地域性、その個性は、地球的規模、世界的規模の思考と同じくらい大切であることを示したい。少なくともこれがないと、知識だけが氾濫し、その知識を肉体的エネルギーに変えることなく無為に時間を費やすことになると思うからだ。

　和辻哲郎は人類史的な文化・文明の生成について、その地域・土地の気候、地質、地味、地形、景観などを含めて「風土」とし、その風土を地球全体の規模で「モンスーン型」「牧場型」「砂漠型」と分け、風土によって文化・文明が異なるとした。

　モンスーンは季節風であるが、その地域は東アジアの沿岸一帯、中国や日本が入る。その風土を和辻は「暑熱と湿気との結合をその特性とする」「しばしば大雨、暴風、洪水、旱魃というごとき荒々しい力となって人間に襲いかかる。それは人間をして抵抗を断念させるほどに巨大な力であり、したがって人間をただ忍従的たらしめる」（『和辻哲郎全集　第八巻』岩波書店・一九七七年・二五頁）とする。牧場型はヨーロッパの特徴とし「近代大工場の発祥の地であるヨーロッパを『緑の牧場』によって特徴づけるのは一見不穏当（略）、しかし鉄や石炭や機械などの『冷徹な現実』としての工業も、実は緑の牧場の延長である」（前掲・六四頁）とする。砂漠型は、中東やエジプトを念頭に「砂漠的人間はしばしば力強い理想家として現れた多くの預言者、モハメット、イスラムの諸人傑」「これらの特性は一言にして言えば実際的意志的である」（前掲・六二頁）などだ。おおよそのところ妥当と思われるが、ともあれ自然的気候・風土の違いによって人の生き方、その思想性、文化、文明などが異なるのは間違いないと思われる。

　アメリカの生物学者ジャレド・ダイアモンド（一九三七〜）は『銃・病原菌・鉄』（草思社文庫（上）（下）二〇一二年）において、地球上の諸民族がそれぞれ異なった歴史を持ち、なおかつ異なった文化・文明をもつのはなぜかと問いながら、多くのデーターによって疑問を解明する。その手がかりは地球上の五つの大陸で異なった歴史、あるいは文化・文明があるのはなぜかという問いから始まる。「アフリカとユーラシアにしか住んでいなかった人類が最初に向かったのは、（略）オーストラリア大陸とニューギニアである。（略）人類はニューギニアの熱帯雨林や山岳地帯から、オーストラリア内陸部の乾燥地帯や南東部の多湿地帯にいたるまで大陸全体に進出し、各地の環境に順応していった」（前掲（上）七一〜七二頁）と人類史の初期的事例を示す。そして「大陸の東西南北の広がりが、農作物や家畜の伝播にあたえた（略）大陸ごとの地理的広がりのちがいは、文字や車輪をはじめとするさまざまな発明が大陸で広がっていく速度にも大きく影響したと思われる。そして、南北アメリカ大陸、アフリカ大陸、ユーラシア大陸の先住民は、この地理的特徴の違いによって、非常に異なる歴史的展開を過去五〇〇〇年のあいだに経験することになる」（前掲（上）三二八頁）とする。

　ここでいう「環境」「地理的広がり」は自然環境である。つまり人類は直面する自然に順応してその民族性――文化・生活・文明の違いを生成したのであり、それは人種、民族の優劣ではなく、自然そのものの違いであるとする。

　こうした認識は正当であると私は考える。二〇世紀前半までの植民地支配時代は、このような違いを人種や民族の優劣に結び付け、優れた「開明」国が「未開」国を支配する構図、思想の基となった。これまで述べてきたエドワード・B・タイラーが「文明」と「未開」を峻別、対立したのが典型であるが、その視点を少し変えたジェームス・フレイザーも、ほぼ同じ視座をもって「呪術」と「宗教」を見、「文明」の地域から「未開」の地域への侵略を肯定し、日本の帝国主義をも称賛するのである（『金枝篇（一）』前掲・一二四頁）。

　こうした思想に対してジャレド・ダイアモンドが主張する人類が「各地の環境に順応」してそれぞれ異なった文化・文明を形成したとする視点は、自然と人の関係性を直視するものであり、従来とはまったく異なった思想的観点に達すると思うのである。

　――こうしたダイアモンドではあるが二〇一一年の福島第一原発の事故に際して、地球温暖化防止が第一義であるとし、原発の開発を薦める発言をしている（HPウイキペデア「ジャレド・ダイアモンド」より）。これは意外であるが、先の「人類は直面する自然に順応してその民族性――文化・生活・文明の違いを生成」とする思想からして、こうした発言は想定出来ない。なぜといって、原発事故を前にして現代我々は自然の「半減期」なしにそこへの「順応」は成り立たないのだ。そうしたことを考えると、彼の原発への発言は現実的な状況での何かの変化であろうと私は考え、彼が本来持つ、人類は自然環境に順応して文化・文明を生成したとする思想を支持する――。

私自身は、タイラーやフレイザーを知らない若い頃から彼らの影響を受けていたのを痛感するのであるが、しかしにもかかわらず植民地解放運動には早くから強い共感を覚えていた。そうした自分に大きな落差があるのも暫時気づき、ジャレド・ダイアモンドのような思想に触れてやっと植民地解放運動への共感が自分の中で安定する、そういった感じだ。そうした過程で、自然を無視したりそれを取り残して「文明」が「進歩」するのではなく、自然の力、あるいは生命力、あるいはそのシステム――人類は今もその全体を把握できないが――を前にして人はそれに順応、適応しながら自分に都合のよい「文化・文明」を構築しただろうことを認識することとなる。そしてそした認識の過程によって、人は自然をぬきに存在・生存することができないのを自覚する。またその意味で、二一世紀の課題としての「自然と人の共生」が自分にとってよりリアルなものになる。また、一人一人の人間がその地域の自然の実像に直面し、その実像に沿ってそれぞれの歴史〈進化・変転・適応〉などを生成したのを認識する。

二　日本列島――その和人社会

1　古代の祝詞から

自然と人の共生にしても、あるいは、風化しつつある民主主義を再構想するにしても、そこに自然と人の共生、あるいは人が持つ自然観が、現代的意味において大きな課題であるといえるだろう。

そしてともあれそれは、エドワード・B・タイラーが「未開」と「文明」の峻別を行いながら、しかし一方で、人類の初期的文化・その神観念として提示したアニミズムの、そしてその少し前のプレアニミズム、あるいはまたその少し後のジェームス・フレイザーが提唱した宗教と呪術の相違、そのうえで彼が呪術から抽出した一定の法則と、そこにある科学性と技術性について、それらが和人社会でどのように存在するのかしないのか。存在するとしたら、それはどのような形なのか、そうしたことを考察したい。和辻やダイヤモンドが指摘するように、そこにある自然環境によって、それらの形態や呼び名、概念までも異なる場合が多いのであるが、それでも、全ての人にとって、自分の足元にあるそうした要素について、無関心でいられるわけがないだろう。そしてここで、その一定の結論を先に言うなら、それらはおそらく世界の中でもより明確に、よりわかりやすい形でこの国に存在する。

タイラーは『原始文化』の第十七章「祭儀と儀式」で「日本に禊祓の式があり」（前掲・二六一頁）と書いている。それは正当であるが、その機能など内容に触れていないので何かの文献から知ったものと思う。もちろんそれも仕方ないのであるが、いうなればそこに一人の人間の限界があるのがわかる。そして、その限界はタイラーが指摘するアニミズムの価値を低くするものではないが、いかなる学問も、そしていかなる人為も、限界があるのを認めながら、それを超えるために多くの人の協力、共労が必要なことも認識できることだ。そしてそうした超越、前進をより豊かにするため、タイラーが指摘する日本の「禊」を、その現場から詳細に述べることがより有効と思われる。

とはいえ私はここで「禊」ではなく、タイラーがいうアニミズム、その神観念、あるいはその前のプレアニミズムと、この国、和人社会のそれらがどのように関連し、形象されるか、そうした直接的事例から始めることとする。

その事例はこの国の古代の政治史を象徴する文献で十世紀半ばに完成した「延喜式」に掲載された「祝詞」である。この祝詞は「延喜式」巻八で二十八篇まとめられたものであるが、本論で取り上げるのはその内の「祈年祭」での祝詞（以後「祈年祭祝詞」）である。この祝詞が朝廷儀式において活用され始めるのは七世紀後半とされる。とはいえこうした祝詞はそれ以前から地域・民間で活用されており、それを朝廷が天皇制的に編成・文字化し、朝廷儀式で活用したといわれている――これは後で実証する――。その一つ「祈年祭祝詞」は、主に農作物の豊穣を願うもの。「祈年」の「年」は主に「稲・米」を意味し、その豊作を祈る祝詞とされる。

本論は「祈年祭祝詞」について、我が国で最初の文字文献とされる「古事記」とともに現代訳して発行され、わかりやすい「頭注」がついた岩波書店の『古事記　祝詞』（日本古典文学大系　1・一九七七年）を参考文献とし引用する。そしてその引用文を「祝詞本文」と呼ぶ。「祈年祭」は朝廷でも重視された祭であり「延喜式」巻八では時期的な意味も含めて最初に登場する。それは次のように始まる。以下引用文中［　］内はルビ。〈　〉内は川元の挿入。「集侍［うごな］はれる神主・祝部［はふり］等、諸聞［もろもろきこ］しめせ」（『古事記　祝詞』前掲・三八七頁）だ。

延喜式が施行された当時〈九六七年〉この国は地域に分けて六六ヶ国。これを朝廷が統治した。この六六ヶ国にある式内〈神名〉社の内の官幣社の神主・ハフリが朝廷の祈年祭に参集し神からの授かり物としての「初穂」などを含めた「幣帛［へいはく］」を受け取り、それを持って自分の国に帰り、同じ意味の儀式、地域の「祈年祭」を行う。そうした国家的祭祀の始まりがここに宣命されている。

祝詞はこの後、高天原の「皇祖神」＝イザナギ、イザナミが地上の「神」に宣命する形で始まる。「天つ社・国つ社と稱辭竟［たたえごと］へまつる皇神等［すめがみたち］の前に白［もう］さく〈イザナギ、イザナミが皇神等――天皇制が名付けた穀物を司る神――に宣命する〉、今年二月に〈祈年祭のこと〉御年初め〈農耕の始まり〉たまはむとして、皇御孫［すめみま］〈天皇のこと〉の命のうづ〈多く尊い〉の幣帛（みてぐら）を（略）まつらく〈祭る〉」（『古事記　祝詞』前掲・三八七頁）だ。

天皇制の修飾語が多くてわかりにくいが定番の「皇祖神」と穀物に直結する「皇神等［すめがみたち］」〈「等」と複数で呼ぶのに注意〉と「皇御孫［すめみま］＝天皇」が別々の個性を持って登場するこの部分を読み解くと、以後の意味がわかりやすい。

参考に次田潤のこの部分の口語訳を紹介する。「高天原に鎮まります皇祖の神々の神勅によって、天つ社国つ社〈天皇制以前からの天神〈神話として〉、国神〈地域の神々。大地母神や水神、祖霊など〉と申して、お祭り致す神々〈皇神等〉の御前に申すことは、今年の二月に全国の豊作を始め給うに当って、天皇の尊厳なる幣帛を（略）奉りますという仰言を承られたい〈天皇の幣帛を地域で祭ることを承知すること〉」（『新版　祝詞新講』・戎光社・平成二十年・六一頁）だ。次田の口語訳は祝詞の文意に誠実であり、これが朝廷の祭りであるのを示すが、そうした文意にあっも、その天皇制が何を支配するか、行間にその対象――人・民の姿――がある場合、本論はそれを浮き彫りにしたいので、文意の背景に迫ることとなる。そしてその意味で私はまずここにある「天つ社・国つ社と稱辭竟［たたえごと］へまつる皇神等」の内実に焦点をあてる。

「皇神等」と複数で呼ばれる「神」について『古事記　祝詞』（前掲）の頭注は「御年の皇神等［すめがみたち］」とし「穀物の実りをつかさどる神。特定の神ではなく、祈年祭に祭られる神の総称」（前掲・三八六頁）とする。これはいわば「天神〈神話〉・国神（地祇）」や「八百万神」に通じるもので、いわば天皇制以前の「多神教」に通じるものだ。この「等」がつく「神」を私はアニミズムに通じるものと考え、プレアニミズムとして作物・稲・米を育生する「自然の生命力」に繋がるだろうと考える。このことはこの後すぐ実像としてみることとなる。

ともあれ、吹田潤の口語訳からしても、天皇制が直接支配する対象が「天つ社〈神話〉・国つ社」であり、具体的には「国つ社＝地祇・神」なのがわかることだ。

こうした支配の構図をより明確にするため、この祝詞本文で使用される主な単語を『古事記　祝詞』（前掲）の頭注を挙げ、その後に、私なりの説明を〈　〉内に加えておきたい。「皇神等」は先に挙げたのでここでは外す。なお頭注は『古事記　祝詞』の校注者・武田祐吉によるもの。彼は「祈年祭祝詞」の朝廷的完成を「飛鳥の京の時代（六七二～六九四）、または藤原の京の時代（六九四～七一〇）」と推測している（前掲・三七三頁）。以下単語説明の①②の記号は本論の都合でつけた。

①祈年祭＝農作物の豊穣を願う祭。以前は二月四日。今は二月十七日に行う。〈祈年の「年」は農作物・米を意味する〉。

②祝部（はふり）＝下級の神職。〈古代の神職は神主・禰宜・祝部の三職とされた〉（『神宮司廳蔵　古事類苑　神祇部二』神職上　吉川弘文館・一四五七頁）。

③皇睦＝天皇の親しみ睦びたまうところの。

④神ろぎの命＝天皇の先祖の神。〈イザナギ・イザナミのこと〉

⑤皇御孫（すめみま）＝天皇。〈イザナギとイザナミの子孫〉

⑥幣帛［みてぐら］〈この祝詞では天皇が地域の神主・祝部に授与するもの〉

⑦初穂＝最初の収穫物。〈耕作した物。主に米を作る百姓がその成長を天――基本的に自然の生命力――の皇神達に感謝して収穫物の一部を奉げる、そのもの。天皇制確立によって初穂を天皇が受け取る形となり、その初穂に天皇の「霊力」が加わって一層「耕作力」「生命力」を増して百姓に戻される。その儀式が祈年祭である。朝廷はここで返していく「初穂」を「幣帛」と呼ぶ〉

２　天皇制による民・百姓の支配

朝廷の「祈年祭」は、全国三一三二社の式内〈神名〉社全体を対象に行う。その中で、年の初めの二月に朝廷の神祇官による「祈年祭」に参集する「神主・祝部」は式内社の内「官幣社」と呼ばれる「七百三十七座」である。「神主と祝部［はふり］」が朝廷に呼ばれ、天皇の代理としての神祇官から「幣帛」を受け、自分の国に持ち帰り、周辺の国も含めて同じ意味の祭を行うこととなる。吹田の口語訳で「天皇の尊厳なる幣帛を（略）奉ります」とはこのこと。つまり、本来地域の「天神（社）・地神〈国神〉」を祭る全国の「神主・祝部」を朝廷に集め、彼らを通して天皇が全国支配する、そうした構図がここまで述べられている。

続いて祝詞は、その支配の構図をさらに具体的に述べる。

「御年の皇神等の前に白さく、皇神等の依さしまつらむ〈耕作の神たちが作ったとされる〉奥つ御年〈奥つ御年は稲のこと〉は、〈人が〉手肱〈手や肱〉に水沫畫き垂り、向股に泥畫き寄て〈股に泥水掻き寄せて〉、取り作らむ奥つ御年〈稲〉を、八束穂［やつかほ］の茂し穂〈長い多くの穂〉に、皇神等の依さしまつらば〈皇神達が育てたら〉、〈人は〉初穂をば、千穎八百穎［ちかひやほかひ］〈たくさん〉奉り置きて、甕［みか］の上高知り、甕の腹満ち雙べて〈瓶の上、瓶の腹いっぱいに〉、汁にも頴［へ］にも称辭竟［たたえごとを］へまつらむ〈讃え祭る〉」（『古事記　祝詞』前掲・三八七頁）。

引用文冒頭の「御年の皇神等」の「御年」が具体的作物であり、一方「皇神等」〈穀物の実りを司る神〉が抽象的概念であることからすると、ここでの実像は「作物が自然の中で育つ」様子そのもの、と考えてよい。

この部分を私なりに口語訳すると「穀物の実りをつかさどる神等が育成したという稲〈「奥つ御年」は穀物の中で最も遅く実る稲〉は、実は〈人が〉手肱に水沫畫き垂り、向股に泥掻き寄て、取り作らむ奥つ御年〈稲〉だ」と読むのがふさわしいだろう。ここで特異なのは〈　〉内に入れた〈人〉だ。祝詞本文に〈人〉はない。しかし続く「手肱〈手や肱〉に水沫畫き垂り、向股に泥畫き寄て〈股に泥水掻き寄せて〉」は人が水田で「御年＝稲・米」を作るために働く姿以外に考えられない。これは人が「田植え」をしている姿と考えるのがふさわしいだろう。つまり祝詞のこの部分は「穀物のみのりをつかさどる皇神等が育成したという多くの稲は、実際には人が手や肱、股に水沫や泥をつけ、田を掻きまわして作った稲だ」と述べている。

このように読むと、この部分は非常に実像的なのだ。そしてこの祝詞の中でこの部分が最も大切なところと私は思う。なぜなら、アニミズムや天皇制の神観念を超えて、ここには人が自然を前に、いかに稲・米を作るか、その姿が虚飾なしに語られるからだ。自然の生命力に依拠するプレアニミズムにしても、ここにある人の姿を通して考える以外に、その実像はないのだ。祝詞はさらに続き、現実的な天皇制が祝詞を通して、ここにある「人」をどのように支配するか、その社会的、あるいは観念的構図を述べていく。次のようだ。

「御年を〈稲・米を〉、八束穂［やつかほ］の茂し穂〈長い多くの穂〉に、皇神等の依さしまつらば〈皇神等が育てたら〉、〈人は〉初穂をば、千穎八百穎［ちかひやほかひ］に〈たくさんたくさん〉奉り置きて」（前掲・三八七頁）。

ここに初めて「初穂」が述べられる。「初穂」について『古事記　祝詞』の頭注は「最初の収穫」とする（前掲・三八七頁）。しかしこれだけだと「初穂」の意味が十分伝わると思えない。引用文に沿って言えば、それは人が田を掻き回して作った「稲」であり、その豊かな実りをもたらす「穀物の実りを司どる神＝皇神等」に人が感謝して「最初の収穫物」を奉げて祭る。「初穂」の原点と意味はここにあると考えて間違いない。そしてその意味付けの根拠がこの祝詞の範囲では「穀物の実りをつかさどる神＝皇神等」である。そのために私は皇神等がアニミズムに通じると考えるのであるが、しかし現実の天皇制の中では、この「初穂」の原点が「皇神等」を通して天皇制に領導され、自然への感謝が「天皇」への感謝に変えられる。その思想的装置が「祈年祭祝詞」である。祝詞は次のように続く。

「初穂」は本来「稲・米」であったが天皇制になると様々な物資、狩猟、漁獲物、生産物、加工物に広がる。「祈年祭祝詞」が朝廷の祭りに活用されるようになった頃、それは「租」「調」等の税として領導されたのである。豊かに実った稲穂を「初穂をば、千穎八百穎［ちかひやほかひ］に〈たくさんたくさん〉奉り置きて」に続き、畑の野菜、海の魚、織物、山の毛物、白い馬や白い猪などが述べられる。

「大野の原〈野原〉に生きる物は、甘菜・辛菜、青海の原〈海〉に住む物は、鰭［はた］〈魚〉の廣物・鰭の狭物（略）御服〈着物〉は明るたへ〈たへは布〉・照るたへ・和たへ・荒たへ（略）白き馬・白き猪・白き鶏、種種の色物を備へまつりて、皇御孫の命〈天皇〉のうづの〈多くの〉幣帛を稱辮寛へまつらくと宣る」（『古事記　祝詞』前掲・三八七頁）。

最後に述べられる「皇御孫の命〈天皇〉のうづの〈多くの〉幣帛を稱辮寛へまつらくと宣る」はそれまでの「皇神等」を超えて「皇御孫＝天皇」が顔を出す。

これまで穀物を作り育てる神々は天皇ではなく「皇神等」、その実像としての「人」であったが、しかしここではそれらが消しさられ「初穂」が天皇に領導された後の形態として「種種の色物を備へまつり」「皇御孫の命〈天皇〉のうづの幣帛を稱辮寛へまつらくと宣る」となる。「幣帛」とは「初穂」に天皇の「霊力」を加え翌年二月に、天皇から授けられて地域の「人」に戻っていく形態の象徴だ。この時「稲・米」だけでなく、野菜・魚・動物などが加えられる。朝廷の「祈年祭」およびその「祈年祭祝詞」の本当のねらいはこのようなイデオロギー装置として現れる。

続いて朝廷内の御子・巫女が祭る「天神・国神（地祇）」が述べられ、最後に「山口に坐す神」「水分に坐す神」への祭りが述べられる。「山口」は宮殿を造営する材木を切り出す山。「水分」は分水嶺のことで具体的には畿内の山と河を述べる。つまり朝廷に集まる「初穂」、それらを育てる河の水源としての河・水である。

「祈年祭祝詞」は「延喜式」巻八に載っている二十八の祝詞のうち最も長文とされる。それは農作物に関する部分だけでなく、野原・畑、海、河川、朝廷内の古い神社の祭り、いわば天皇制を支えるすべての現場の様子が述べられ、全体は十一部節からなる――本論は約五部節をみた――（『新版　祝詞新講』前掲・四三頁）。そしてその十一部節の一つ一つは文章構成としてはバラバラなのがわかっている。つまり全体は、一部節一部節が別々に存在していたものを、朝廷が一つの「祈年祭祝詞」に仕上げたことが様々な研究者によって指摘されており、一部節一部節は天皇制以前からそれぞれの現場で活用されたであろうと考えられている。

3　民間信仰・農耕儀礼の意味

①農耕儀礼と祈年祭祝詞

「祈年祭祝詞」で述べられる農耕生活のその現場、その実像としての「手肱に水沫畫き垂り、向股に泥畫き寄て」は、人が田植えをして稲・米を作る姿が述べられている。これは祝詞の範囲でいえば天皇制が何を支配しようとするか、非常に具体的に述べるところであるが、同時にこれは当時、人々が生きるために穀物を作る姿であり、それはまた地球上どこにでもある姿ではなく、日本列島の主には本州で出来た水田稲作の実像であり、その他の農作業ではない。つまりこれが我が国・和人社会の実像なのだ。この姿は、例えば卑弥呼の時代でも見られただろうし、数千年前の弥生時代、縄文時代からの和人の姿であることが考古学的に証明されるところだ。

そうした背景をもつ「祈年祭祝詞」であり、天皇制がその作物を領導・搾取するため「祈年祭祝詞」として仕上げたのがわかるのであるが、その「初穂」についてもう少し突っ込んで考えてみよう。「初穂」が弥生時代、縄文時代からあったかどうかわからないものの、この祝詞が朝廷によって編成された時期に「初穂」があったのは確かであり、人は基本的に「穀物の実りを司どる神」＝「皇神達」に感謝して祀ったのである。しかしそのころ地域社会の人々、水田稲作を主体にする人々は「祈年祭祝詞」でいう「皇神達」をどのように考え、どのように呼んだだろうか。

当面考えられるのは祝詞でいう「すめらみたち」であるが、この漢字表記は、当時特別階級として漢字を使った天皇制用語の匂いが満ちている。「皇」などは天皇制以外に使わないのではないか。

そこで考えられるのが「祈年祭」（としごいのまつり）の「年」である。「トシ」と読み、「祈年祭祝詞」でも「御年［みとし］の皇神達」とし、『古事記　祝詞』の頭注で「穀物の実りを司どる神」とする。こうした活用としての「年・トシ」は重要な意味を持っているだろう。実は私は、この「トシ」について、多くの資料をもっていたのである。「祈年祭祝詞」との繋がりに気づくのが遅すぎた、ともいえる。

②今も使われる「トシ神」

朝廷の祈年祭が農作物の豊穣を願う儀礼なのはよく知られる。「祈年祭祝詞」の本文で「今年二月に御年初めたまはむ」（『古事記　祝詞』前掲・三八七頁）とされ、これを祭ってから各地の農作業が始まる。つまり朝廷をはじめ各地「祈年祭」は、実際の農作業の前に豊作を願う「祈年祭」を行い、それを予祝儀礼──あらかじめ前もって祝う──としていたのがわかる。

このように考えると同じ意味の「予祝儀礼」は今日でも伝統的行事として各地で行われる。特に農耕でのそれは、主に稲・米の豊作を願って行われる事例が多い。私も農耕・漁労・狩猟儀礼を全国的に取材したことがあり、自分の著書に反映させてきた。農耕儀礼としては「田遊び」「田楽」「田植踊り」などと呼ばれる。それらは内容的に重複する部分が多いのであるが、その中で典型的と思われる「田遊び」をここでみる。

新井恒易による『農と田遊びの研究』（明治書院・一九七五年）という本がある。「田遊び」は地域によって田打、田祭、鍬祭、御田植、田植踊りなどと呼ばれ、「二十四の物作り」とも呼ばれる。稲・米だけでなく穀物・野菜など全般に及ぶためだ。近・現代になって消滅した事例が多いものの、新井恒易はそれを全国的に取材し、一三五ヶ所の「田遊び」を詳しく紹介する。それによると「田遊び」の神観念は、土地の「産土」「祖霊」など地域性が多いものの、その中でほぼ共通なのが「田の神＝トシ神」といえるだろう（『農と田遊びの研究　下』前掲・二二九頁など）。これは「年神」「歳神」とも書かれ「祈年祭祝詞」で度々登場する「御年」「祈年」の「年」と同じである。

この「トシ神」は、古代の祝詞二十八篇が集約される『延喜式』が完成する約百五十年前、八〇七年（大同二）に齋部広成が書いた『古語拾遺』で「御歳神」や「御歳神の子」が登場する（前掲・岩波文庫・一九八五年・原文一四四頁）。そしてその原文を訓読みした部分において「御歳神」と小見出をつけて「昔神代に、大地主神、田を営む日に、牛の宍を以て田人に食わしめき」「白猪・白馬・白鶏を其の祟りを解く」ために供儀した（前掲・訓読五三頁）としており、供犠の対象が「御歳神」であるとする（前掲・訓読文・岩波文庫・一九八五年・五三頁）。ここにいう「昔神代」が天皇制以前であるのは間違いないところだ。そしてこれら「歳」「年」「トシ」が「稲・米」あるいは「農作物」とされることから、それは「稲の神」「米の神」「農作物の神」、あるいは「田の神」であり、エドワード・B・タイラーが指摘する「アニミズム」に共通するといってよいだろう。

③予祝儀礼とトシ神

「田遊び」に戻っていえば、これは稲・米作りの予祝として多くの場合、正月または二月に農村の広場または氏神社の前で行われ、中世に「宮座」と呼ばれ、江戸時代に「氏子」と呼ばれた村人の組織が運営する。それは今も続いている。

このように続く「田遊び」であるが、そこで表現される言葉、あるいは所作としての身体表現が大きな意味をもっている。現代では様々に簡略化されているものの、その基本的要素は変りなく続いている。『農と田遊びの研究』からその一つの事例を取り上げる。それは私も取材し、自分で資料を集めている神奈川県横浜市鶴見区の鶴見神社の「田祭」である。『農と田遊びの研究』では「杉山神社」（江戸時代の社名）となっており新井恒易は江戸時代末期の書物「武蔵国風土記稿」を資料として書いている。そこでは稲作のために行う一年の農作業がその手順どおりに語られ、同時にその農作業の手順が所作＝模擬的表現として演じられる。そのため古くは一晩中かかった。しかし今は数時間に短縮されている。その「農作業の手順」は基本的に次のようだ。「鍬入れ・苗代田打・苗代かき・苗草敷・種蒔・春田打＝代かき・苗見・苗取＝田植・鳥追・稲刈」（『農と田遊びの研究』前掲・一四二〜一四二頁）。

この祭りは明治時代初期「外国人に観られると品位が落ちるとの心配りから中断」（『民俗芸能　鶴見の田祭り』鶴見田祭り保存会・平成七年・〈ご挨拶〉）されたのであるが一九八八年に再興した。再興の後に私も観に行き資料を手にした。その資料によると、『祈年祭祝詞』にある〈人〉の実像にあたるところは、ここで「苗代田打・苗代かき・田植」と呼ばれるところだ。その場面の言葉の表現は「練れや〻〻や、我前を速練れ、袴のや、素襖笠練れよ。世の中が吉ければ、穂長の尉も、参りたり〻〻（略）苗代の代掻きを行います」だ。この時の「願い」の対象が「トシ神」である（『民族芸能　鶴見の田祭り』前掲・一六頁）。

三　予祝と「類似の法則21」

ところで、実際に行う農耕作業を、正月などに前もって語り、その手順を所作として模擬的に表現したからといって、本当に豊作に結びつくのかどうか。単なる幻想、虚像ではないだろうか。このような疑問が当然生まれる。

その真相を「田遊び」を構成する稲・米作りの「農作業の手順」から考えてみよう。その模擬的表現は先にみたとおり「鍬入れ・苗代田打・苗代かき・苗草敷・種蒔・春田打＝代かき・苗見・苗取＝田植・鳥追・稲刈」だ。

この手順はつまりのところ、人・百姓が約半年間、田の中で実際に行う稲・米作りの手順そのものなのは誰にでもわかる。そしてその実際の作業によって稲・米が育生し、豊かな実りをもたらす。だが、その模擬的表現を前もって行うことで、それが育生・実りに繋がるかどうか。効果があるのかないのか。これが問題だ。結論を先にいうとそれは効果がある。この表現は水田稲作の表現であり、それが行われる我が国では確実に効果がある。その理由を述べる。

我が国の民、多くの民衆の歴史が長いあいだ「無文字文化」だったのは知られるところだ。中国からの文字文化が四世紀ころから伝播したといわれ、その影響も大きいが、しかし文字文化は長く天皇や貴族に独占されていた。六世紀前半頃から始まったといえる神仏習合政治にあっても、文字は当時国家的存在である貴族や僧が独占したといって過言ではない。そうした時代、わが国の多くの人・民は、その共同体のリーダーを除いて多くは文字をほとんど使わなかった。寺小屋などを通して城下や都市に文字が浸透するが「米作り」の現場に文字が本格的に浸透するのは一八七二年（明治五）の「学制制定」＝国民偕字制以降だ。とはいえ、そうした無文字文化にあってもコミニケーションのための記録・伝達の手法があった。それが、身体と言葉による模擬的表現、そして歌（音律のある言葉）と絵だった。稲・米作りの農作業の手順もこうした手法によって記録・伝達されてきたというべきだろう。そして実は、このような模擬的表現こそが、ジェームス・フレイザーが呪術に発見した「類似は類似を生む」日本の諺にある「類は友を呼ぶ」に等しい「類似の法則」を成り立たせる大きな要素であったと思われる。

「田遊び」などにみられるこのような予祝儀礼の思想と手法・法則は、日本社会、その文化に非常に多い。人々が何かの願いをもって「このようにありたい」と言葉で願ったり、歌ったりするのがそれだ。今では文字として七夕の短冊に書く願い事など。「若松さま」という伝統的な祝歌がある。若い人は知らないかも知れないが結婚式などで新婚夫婦を祝う歌だ。ここでは文字として示すが「めでためでたの若松さまよ。枝も栄える葉もしげる」だ。この歌に若い男女は現れない。若い松が枝葉をのばして栄える様子を歌って、新婚夫婦を讃え励ます、そうした類似の法則から成っている。先に少し触れたが「エビス像」や「エビス舞」も、海の幸の代表としての鯛を釣って「このようにありたい」と喜ぶ姿であり、それを商業的な「お宝」あるいは農作物に擬えて——類似させ——縁起物、祝儀物になっている。

とはいえ、これら全部が「自然の法則」に見合ったものかどうか。多くの場合「非合理な観念連合」といわざる得ない。しかしその一部では「自然の法則」が歌われるものがある。その代表が「田遊び」の模擬的表現だ。ジェームス・フレイザーがいうところの「自然の法則の擬体系なのである。発育不全の技術であると同時に擬科学なのである。自然の法則の体系として見るとき（略）それは理論的呪術と呼ばれてもよい」（『金枝篇（一）』前掲・四八頁）と全く同じ体系にあると考えてよい。

　私は、古い呪術の一部にあるこのような「科学性」「技術性」を呪術から切り離し、現代の科学、技術に繋げたいと考えている。そのことによって呪術の中にある「正」の部分を「類似の法則21」と呼び、それをより豊かにしながら二一世紀の人類的課題に応えたいと考えている。二〇一一年三月一一日に起こった東日本大地震と福島第一原発の爆発事故のニュースに触れながら、強い抗議の表明としてその年の末に刊行した拙書『脱原発・再生文化論――類似の法則21』（お茶の水書房・二〇一一年）に、副タイトルとして――類似の法則21――としたのは、このような意思があったからである。その本で「田遊び」以外に同じ事例をたくさん挙げたので参考にしていただきたい。また、この「類似の法則21」を基軸にすると自然と人の共生を実像的に考えることが可能な思想「エコシステム＝文明システム」の概念が構成できるのを指摘しているので参考にしていただければ幸いである。

補論　資本という非人格の「怪物」

一　日本の資本について

　マルクス・エンゲルスによる『共産党宣言』（岩波文庫・二〇〇三年）は、「ヨーロッパに幽霊が出る――」という表現で始まる。続けて「共産主義という幽霊である」だ。私はこの表現に違和感を持っていた。共産主義が必然的とするその趣旨からして「幽霊」はないだろう、と。あえていえば、幽霊は資本ではないか、と。この思いは今も変らない。そしてそれは少し修正して私の思うとおりになったと思う。修正とは、幽霊の比喩はやはりあまり的確ではなく、その場合資本は「非人格の怪物」というのがふさわしい。つまり現代の「怪物」、グローバル資本主義の資本である。

　その初期、ヨーロッパ社会における資本主義は中世末期に社会的影響力をもっていた同業者組合＝ギルドへの資本投下から始まっている。この時、新しい価値体系としての資本の自由と、その資本が非人格的存在であるため、それまで人格的関係としてギルドを束縛していた封建領主たちとの主従関係が物質的・物理的となり、新しい体系としての資本の自由が一気に花開いた。そのあと大航海時代を経て産業革命を迎える。このことによって資本の自由は産業者・職業者・分業者だけでなく消費者末端まで浸透し、ほぼすべての人がその「恩恵」を受けることとなる。しかし、この時期、同時に、資本の自由の体質が変わった。資本は一人一人の産業者・職業者・分業者ではなく、巨大な工場と機械、そのための巨大な人々の集団を相手にする「大資本」に変貌。植民地主義（帝国主義）へ変貌する。ターナーやフレイザーの「未開」と「開明・文明」の対立概念は、この植民地主義を正当化する理論として活用され大きな影響をもったといえる。

　こうした時期、日本では中世的な同業者組合＝座や株仲間が発達しており、西欧のギルドに類似するともいわれる。しかしそこに資本が投入されることはなかった。当時の日本で資産家の資産・資本が動いた行き先は基本的に神仏習合政治で台頭してきた仏教への喜捨であり、主要には地域の神社と並立して建立された「神宮寺」や、私的な菩提寺の建立と運営――物質的寺の造営だけでなく、多くの僧を常時抱え込まなければならない――に向けられた、と私は思う。また近世に至る織田信長の「楽市楽座」や豊臣秀吉の「検地」「刀狩」「身分統制令」による「兵農分離」「農商分離」「職人の城下移住」――私はこれらをまとめて百姓村の「分離分断」と呼ぶ。「兵農分離」だけではその全体像はもちろん本質をも把握できないと思うからだ――などによって、再び産業者・職（能）業者・分業者がそれぞれ単独の共同体として国家に統一され、国家による諸分業の統制・管理が始まる。そしてまた神仏習合政治でのキリスト教禁止、肉食禁止・鎖国という大きな国策が発生し、この国策と諸分業の統制は内向的に連結した。それはさらに近代日本における資本の国家的投入に繋がり、国家主義的帝国主義にも繋がる。

　こうした日本史の流れは改めてここに書く必要もないと思うが、この時、民主主義の主体である民衆はどのような存在だったのか。そうしたことが論及されなければ、本来の意味の民主主義の構築は難しいと思われる。

二　共同体内分業と分離分断

　日本の歴史の中で民衆が、あるいは歴史的言葉として使われた百姓が、あるいは町人が、自分たちの共同体、村落共同体や同業者組合、町の構成を自主的、自治的に、あるいは民主的に運営したといえる歴史的事例がある。十三、四世紀から十六世紀末まで、主に近畿地域で起こった村落共同体や町の総連合「惣」である。これは、十世紀ころに顕著になっていた荘園制度の「不輸不入」の権利などを背景にしており、「不在地主」的な荘園領主が統治力を失い、在地領主が統治権を持ち始めるころ、その領地内の百姓（様々な職能者・分業者）が連合し、その地域・町や村落共同体の連合体を実質的に運営することに始まる。

　このうち「惣村」について『日本歴史大事典』（小学館）は「その内部は、地侍・百姓・下人などの身分的な階層構成を成していたが、全体としては惣百姓として強固な結び付きを形成し、一つの法的な主体として社会の中に位置づけられていた。そこでは成員全体が参加して寄合をもち、衆議によって惣掟が定められ、自検断が行われ、年貢の地下請けを実現していた」とする。ここで「惣百姓」とか「成員全体が参加して寄合」という言葉が使われるが、そうした言葉が成り立つほどに「民主」的な要素があった。その構成員を事典は「地侍・百姓・下人など」としているが、その具体的実像は、むしろこの後、この「惣村」やそれを構成する村落共同体が秀吉によって分離分断された後の様子でより具体的に読み取れる。その様子は、かって江戸時代の職業・身分・居住地が一体としての身分制度として言われた「士・農・工・商・穢多非人」である。そしてこの序列は江戸時代以前「侍（士）・農・工・商・皮田（後の穢多・非人）」として検地帳などで把握されていた。

　もっとも江戸時代の身分は今「武士・平民・賤民」と表現される。それはそれとして、私は先の序列を職業的カテゴリーとして残すべきと考えている。秀吉が行った「兵農分離」は「兵農」だけでなく「検地」で百姓村（惣も含め）の実態を把握し、荘園はもちろん在地領主（戦国大名）の土地領有をも否定し「刀狩令」でその百姓たちの武装解除、「身分統制令」で「兵農」「農商」の分離分断を、さらに侍（武士）の城下への移住によって家臣の同行、武具を作る職人（鍛冶や皮田）も「奉公人」として「城下」に移住した（『国史大辞典3』吉川弘文館・四六二頁）。秀吉はこれを「天下統一」――律令制による国家的統治に替わって武士による国家統治――のために行ったのである。そのため私はこの状態を「百姓村の分離分断」と呼ぶ。

　こうした歴史を前提にして分離分断の前を考えると「侍（武士）・農・職・商・皮田」がすべて百姓、または町人として共存していたのがわかる。したがって私は、分離分断の前を「共同体内（ない）分業」と呼び、分離分断の後、天下・国家が諸職能――この後は「職業」とする――・分業を単独の職業共同体として統治する「共同体間（かん）分業」と呼んでいる。

三　社会的分業

　日本的ともいえるこのような中世的近世初期的職能者・分業者――専門的職業でなく農耕など兼業の場合〈職能〉と呼んでいる――であるが、それらが西欧社会でどのように把握されていたかを十九世紀フランスの社会学者エミール・デュルケムの『社会分業論』（講談社学術文庫）を手掛かりに考えたい。

これまでみた日本での諸職能・分業者は分離分断の後の近世社会にあって、その基本的要素といえる「士・農・工・商・皮田（穢多非人）」が身分・職業・居住地が一体的に分離分断され、いわばそれぞれが「純粋培養」として国家に統治されたのであり、日本でそれら総体が分業として把握されることはほとんどなかった。仮に少しはあったとしても、多くは「士・農・工・商」までであって、そこに「皮田（穢多・非人）」が本格的に組み込まれることはなかったのである。そうした傾向の中では、この国の歴史の全体像を把握できないだろうし、ましてや民主主義が成り立つことは出来ないのをしっかり認識すべきと思う。

　一方デュルケムは、例えば中世ヨーロッパの自立的同業組合としてのギルドを基盤とし、ギルドの総連合、その連帯を構想し、それぞれの分業体が協同、協労することで国家とは別に、大衆・民衆が自立する基盤ができると考えた。この構想について同書の訳者・井伊玄太郎は「訳者まえがき」で「それはいうまでもなく、小さな村に相当するものを都市や国家のうちにつくり出すことである。彼によれば、それは、あらゆる社会的機能を共同体的並びに自治的に果しうる専門的諸職業の『同業組合』であるとし、さらに「文明的社会の共同体または自治体を、職業的団体またはそれらの連合体に見出している」(『社会分業論〈上〉』前掲・六頁)のである。井伊が最後にいう職業的団体の「それらの連合体」が社会的分業の実像であり、デュルケムの構想の根幹であり理想ともするものだ。それをデュルケムは「有機的連帯」という。ここでデュルケムのいう「共同体または自治体」と日本社会のそれが決定的に違うのはデュルケムの場合それが分離分断されてないことだ。したがって日本社会で同じことを構想するには、織豊政権の前か、その後かなり時間が経った後、幕藩体制の「藩」が一定の自立性をもってからのことといえるだろう。このことは後で述べる。

デュルケムはそうした連帯を重視するにあたって、資本主義社会で専門的諸職業(分業・川元)がややもすると個別の競争に追い込まれるのを指摘。資本という非人格的価値によって専門的諸職業が個別の競争に巻き込まれる可能性があることだ。しかし専門的諸職業は本来は社会的分業であると彼は主張「分業はそれが分化させる諸活動を集中させる。それは、それが引き離すものを接近させる。(略)互に闘争している諸個体が既に連帯的であり、そして連帯的であると感じていること、すなわち、同一社会に属していることが必要なのである」(前掲〈下〉七八頁)とする。つまり専門的諸職業が常に「同一社会に属している(分業として・川元)」という、そうした社会をデュルケムは社会的分業といい理想像とする。

なおまたデュルケムは、インドのカースト制をみながら、文明的・有機的分業の連合の中で、職業による差別が超克・解放されて「水平化」現象が起こるとする。インドのカースト制はヒンズー教の血縁による身分と職業差別が一体化したもので、日本の神仏習合政治による「ケガレ——主に殺生・肉食——の忌避=タブー化」としての職業差別に近似するが、デュルケムは社会的分業の連合体について「有機的連帯——近代的諸職業の分業——が類似から結果する連帯(機械的分業・近世以前・川元)に少しずつとって代ってゆくのであるから、外的諸条件が水平化されることは不可避である」(前掲〈下〉二四五頁)とする。ここでいう「有機的連帯=近代」と「機械的分業=近世以前」はあまりに機械的分類と思うのであるが、ともあれこうした近代的結果が現代的価値観、民主主義の構想に欠かせないのは確かだ。なお、デュルケムにみられる機械的分業と有機的連帯の区別には、彼の宗教観、殊にエドワード・B・タイラーの「文明」と「未開」の対立構図に類似するところがあり、タイラーも含めてキリスト教の人間中心主義が背景にあると思われる。

私は若いころデュルケムのこうした自然観・宗教観と、さらには彼が過激な社会主義革命を避けているのに失望し、彼への関心を失ったのであるが、しかし私が当時関心を寄せた社会主義革命とその社会はこの間急速に失墜し、資本のグローバル化を招いた。そうした状況に対抗する論議があるものの、それは総体性を失ってその基軸を明確に描けない今日にあって、グローバル社会の過当な競争原理と格差が拡大、労働そのものに不毛感が蓄積される今日、デュルケムの社会観、労働観、殊にその分業論は、その宗教観を克服しながら——キリスト教はその人間中心主義を反省している——もう一度見直す必要があると思われる。

四　惣と「社会的分業論」

デュルケムの『社会分業論』にあるギルドの総連合、専門的諸職業の連帯は日本中世の惣村の実像に近似すると私は思っている。またそれは諸職能=分業が共同体内にある状態であり、日本でそれを原型に構想すると、それはどうしても分離分断以前の「共同体内(ない)分業」の形態といえるだろう。

そうした時期——分離分断以前——日本の共同体内(ない)分業は、早くから内部の商業者によって他の共同体や都市・市場などとの交流が盛んだった。そうしたエネルギーが戦国時代の「分国」を支えるところまで行った。この時点をデュルケムがいう「自立的」「有機的=近代的」分業の萌芽といってよいと思うが、それがさらに進んだ形で「分国」の連合体「共和国」までは進まなかったのが日本なのである。その一歩手前で、古い天皇制の権威を借りた「天下統一」=「共同体間(かん)分業」=統一国家となり、それまで戦っていた諸分国の、それぞれを支えた「共同体内(ない)分業」、その主要な構成者としての百姓や町人、職人の「惣」をも分離分断し、自立の出来ない小さな個別の職業集団・単独の職業共同体にして国家に「隷属」させたのであるとはいえ現代、そうした歴史を逆手にとって、それを民主主義を基軸に見直したらどうなるだろうか。そうしたことを考えるのである。

いうまでもなくすでに五百年も前に分離分断された共同体、共同体内（ない）分業をそのまま取り戻すのは不可能である。しかしその後の、国家による「共同体間（かん）分業」は、各地に今も残る城下町――しかもそれはかって「分国」成立直前までいった経験を持っている――を中心に分断されたのであり、我々がその分断をそのまま、民衆を主軸に新しい共同体として取り戻す構想を持つのは不可能とは思えない。そしてそうした構想を主軸に新しい民主主義の要素を含めて大きな分業共同体を想定し、新たな「共同体内（ない）分業」、ジュルケムのいう専門的諸職業の連帯として、そこに現代的分業も組み込んでいく。そうした可能性が浮かぶのではないか。

なお、最後にもう一つ書き加えたいことがある。「祈年祭祝詞」でみた天皇制支配と、織豊政権後の国家的支配は、先に少し見たように江戸時代をとおして続き、なお近代の「王制復古」＝絶対的天皇制にまで続くのである。しかも明治政府は明治二年に神祇官を復活し「祈年祭」をも再興した（『新版　祝詞新講』前掲・六〇頁）。

こうした歴史をマルクスが指摘したアジア的形態と考えることが出来ると思われる。その場合その形態を人・民の位置からみると、その根幹に共同体――都市的同業組合も含めて――が常にあるのがわかる。しかも「祈年祭祝詞」でわかるとおりその原型は人・民が稲・米作りのため灌漑用水による水田で働く姿であり、それは常に民の共同体を必要としたのが明確だ。したがってアジア的形態を頭から否定してはならないし、否定できるものではない。だからそれを民衆の側に取り戻すために、共同体を民衆の主体で運営する理念とか思想を構想しなくてはならない。タイラーたちが「未開」を否定的にみた原因の一つには、その共同体の運営に専制的主従関係の厳しさなどがあったのは確かだ。そうした歴史を反省しなくてはならないが、幸いにも我々は、そして多くの地域では、共同体の自主的、あるいは民主的運営の経験をもっている。我々の地域ではそれが「惣」だ。その経験を現代的に生かし、そこに第一章の最後に示した新しい民主主義の構想を加えることで、その民主的現代を構想したい。

（作家・評論家・「部落学」提唱）

震災・原発災害下の社会の課題

福島原発事故避難の教訓とチェルノブイリ法の避難の権利に学ぶ総合的な社会的避難制度

Kimitodhi SATOH　佐藤公俊

一　はじめに

一-一　震災後・原発災害下の社会の問題意識

東日本大震災から七年半を過ぎた今日、震災による原発災害下の社会では、避難時の緊急基準の20mSV/年未満となった地域の避難指示解除による半ば強制的な「帰還」策という、復興政策の「棄民」化の問題、さらに、全国の自主避難者への住宅支援打ち切りという自主避難者切捨の新たな「棄民」問題、及び、避難の状態・事実の抹消策の問題、などなど多くの問題や課題が我々に投げかけられている。

こうした震災後の原発災害下の日本社会における基礎的な問題意識は次のようであり、検討してゆきたい。

・原発事故被害者・避難者の人権を保障して根本的に救う方法は何か？
・有効な原子力防災・避難計画はどのようなもので、その実施とあるべき社会的な制度との関係はどういうものか？
・稼働していなくても膨大な社会的コストを必要とし、事故対応費用を国民に転嫁し、老朽化と地層や断層により過酷事故のリスクが高まる原発の再稼働の動きを、なぜ止められないのか？
・原子力システムを廃棄し、自立分散の再生エネルギーシステムへのシフトによる持続可能なオルタナティブな社会に移行するにはどうしたらよいか？

一-二　原発災害下の社会的課題

原発事故の放射性物質汚染の被害が一〇〇年単位の長期に及ぶことを考えると、事前の防災だけでなく緊急・短期・中期の避難・移住、長期の避難・移住・帰還の社会的制度を検討しなければならない。東京電力は三〇年程度の工程表を示しているが、現在の廃炉処理などの進捗状況では、一〇〇～二〇〇年先まで直接の事故対応体制は続くと予想され、広大に汚染された山地・森林の放射性物質の処理は、現状では高コストゆえに政府が無視して放置し、実行されないと予想される。さらに、廃炉と核燃料再処理システムの廃棄と、高濃度汚染物質処理や管理と、安定的な使用済み核燃料処理・管理体制の構築まで、射程にいれる必要がある。

こうして前面に現れてきた社会的倫理的課題は、数十年先であろうと原子力システムを再生エネルギーシステムへ置き換えるエネルギーシフト、原子力ムラの解体、日米軍事同盟と自主防衛のためのプルトニウム備蓄を可能にする使用済み核燃料処理システムの解体などである。

経済的に見ると、原発は、交付金などの原発稼働の「ばらまき」と、損害賠償と除染、原発事故処理の社会的コストから、他のエネルギーに比べて非常に高い社会的費用を必要とし、さらに廃炉と使用済み核燃料処理のバックエンドコストを必要とする。こうしたことは、従来から論じられている通りであるが、さらに、原子力システムに代わる、経済的に妥当な再生エネルギーを軸とする民主的社会的エネルギーモデルを構想する必要がある。

現状では、原子力システム複合体は、福島原発事故により、何十万人もの被害者や、四〇〇兆円以上かかると政府が事故当初密かに評価した、除染必要費用と、それを上回る損害をもたらした。現状の原子力システム複合体を放置すれば将来の危険性と損害はもっと大きくなると考える。

　社会的倫理的にはこうした原子力システム複合体、すなわち、原子力政策、原発ムラ、核燃料処理システム、軍産ムラの複合体からの社会的離脱とその清算が必要である。本稿の範囲を超えてさらに、原子力システム複合体を社会から離脱させ、解体する方法を検討し、人間を尊重する持続可能な社会体制・世界的平和体制の構築に向かって、問題を発言・提起し、課題を検討し、解決に向かう市民の努力がなされなければならない。

　これらの問題や課題に加えて、従来からの全国の原発や使用済み燃料処理工場などの原子力システムに共通する、安全基準と避難計画の限界と実効性問題、新潟県の柏崎刈羽原発などの再稼働をめぐる問題などがある。実効的な防災・避難計画の検討も必要で、具体的課題はこうなる。

・市民と専門家による避難計画の検討
・官製避難計画の検討
・双葉町民を避難させた前双葉町長井戸川克隆氏による避難のインフラ形成提案の検討
・市民からの避難計画
・新潟県の原発再稼働問題と福島事故・健康被害・避難計画の三つの検証

　適切で実効的な避難計画は、原発、使用済み核燃料処理システムなどの原子力システムを一度導入した以上、社会的に整備せざるを得ない苦渋の選択である。日本には現在、使用済み核燃料が全国で一・六万トンあり、地震で破壊され・損傷した原子炉が一〇基以上もあり、メルトダウンした原子炉も三基ある。また、プルトニウムの民間保有のために、稼働せずにサイクルにならない形式的核燃料サイクルがあり、日本全土が恒常的に原子力リスクにさらされているのである。

　社会の持続可能性の維持には、存在する原子力リスクの回避・処理と、原子力システムからの離脱と廃棄が基本的課題である。それに向けて対応すべきことは、現状の原子力・被曝リスクに対する、事前・短期・中期・長期の一貫した社会的対応体制の検討と整備である。特に、中期的課題として現在避難している人たちの生命と生活を守る制度を構築し、長期避難の制度として、〈年間追加被ばくを1mSV/y以内に制限する〉という理念のチェルノブイリ法体制に学び、現在のそして将来の被災者と避難者の避難・移住・帰還・幸福追求の権利を保障する法律と制度・体制の構築が必要なのである。

　また、行政と産業の復興政策の裏面に形成される、原発事故被害者・避難者の棄民政策を廃し、人権保障・回復・救済・補償体制の確立を検討して中期長期の避難対応制度として、より広い視野からの社会的対応制度に位置付ける。その際、中期長期の避難対応として、こども被災者支援法の骨抜きの検証とチェルノブイリ法制度の教訓から、日本版チェルノブイリ制度として、長期的対応計画を構想する。それらを原子力システムリスクへの社会的対応制度の重要な環としてより広い視野から位置付けなければならない。

　つまり、新旧の官製防災避難計画の破綻や限界と実効化の可能性を検討し、原発事故避難の経験に学んで、市民の立場から相対的に有効な事前・短期の避難計画を検討し、それを原子力システムのリスクへの社会的対応計画の一環として、長期の総合的な社会的避難制度に位置付けることが必要なのである。

一-三　本稿で検討する課題

　実効的な防災・避難計画の検討は別稿に譲るとして、以下ではまず、原発災害下の社会的課題として、原発災害の被災者や避難者の「棄民政策」などの諸問題を検討して諸課題を確認し、そこから「社会的な対応制度」の構成の方向性を把握したい。現在特に、被災者の生命と生活の保障と社会の持続可能性の実現のために、政府の復興政策の全面的方向転換が、そうした「社会的な対応制度」の方向で必要なことを示したい。「社会的な対応制度」は長期的社会的避難計画を含み、復興政策の生命と生活の保障体制への転換の方向を示すものである。また、政府が、東電を生きながらえさせ、賠償の責任逃れの隠れ蓑としている仕組みを明らかにし、正当な責任追及と賠償の体制の形成を検討する。

　残念ながら本稿では検討できず、他の機会で論じるしかないが、さらに、以下のような大きな社会的重要課題がある。

◎脱原発：原子力ムラ・原子力システムの解体の方法の検討。
◎脱原発：再生可能エネルギー体制へのシフトの経路の検討。
◎日米原子力協定と米軍産複合体が支配する軍需市場体制からの離脱と世界の平和共存社会への道の検討。
◎オルタナティブ社会・平和共存世界構築の道の検討。

二　自主避難者への住宅支援打ち切り・属性抹消の棄民政策

本節では、東日本大震災と原発事故からの避難者の現状が、住宅支援打ち切りと属性抹消による自主避難者切り捨ての棄民政策であること、避難者切り捨てへの市民の対応としての避難の協同センターの自主避難者支援活動の方針があること、原発事故損害賠償裁判で明らかになった避難者の「避難の合理性と国の法的責任」、及び、市民の対応方針と、市民による土壌の汚染データ測定の試みに言及する。

二-一　東日本大震災と原発事故からの避難者の現状

福島県は、以下に示した生活拠点課の通知のように、二〇一七年四月以降の「みなし仮設」の借り上げ住宅の無償提供を二年限りとした。対象世帯は、「応急仮設住宅等に避難している世帯」、つまり「本制度を公表した平成二七年一二月二五日以降、建設型仮設住宅、借上げ住宅（民間賃貸住宅、雇用促進住宅、UR賃貸住宅、社宅等）、公営住宅、公務員宿舎等のみなし仮設住宅、その他自治体の支援により無償提供される公営住宅等で避難生活を送っていた世帯」のうち、若干緩和した収入要件で制限をクリアした世帯である。これは多くの自主避難者への「みなし仮設」の借り上げ住宅の無償提供を、これまで一年ごとに延長してきたものの延長を、以下の二年間の期間を最後に打ち切ることであった。家賃等の補助は、住宅の賃貸借契約書に記載のある金額（家賃、共益費、駐車場）のうち、平成二九年度は家賃等の二分の一（一月当たり最大三万円）だけ、平成三〇年度は家賃等の三分の一（一月当たり最大二万円）だ

避難の継続が必要な方へ

平成28年8月17日

避難指示区域外（平成27年6月15日時点）から避難されている方への

福島県生活拠点課

見直し後の「民間賃貸住宅等家賃への支援制度」について

(1) 対象世帯　**対象とする住まい、世帯、転居要件を緩和しました！**

応急仮設住宅等に避難している世帯（※1）のうち、収入要件を満たし、供与期間終了後も民間賃貸住宅等（※2）で避難生活を継続することが必要な世帯（※3）。

なお、福島県内で避難している世帯の対象は次の世帯に限る。
①妊婦がいる世帯（申請書提出時点）。
②18歳以下（平成28年10月1日時点）の子どもがいる世帯。
③避難生活の長期化に伴い、指定難病や障がい（障害等級第1級、第2級）のため避難先の特定の病院での治療を必要とする世帯（申請書提出時点）。例：人工透析を受けている方など

（※1）本制度を公表した平成27年12月25日以降、建設型仮設住宅、借上げ住宅（民間賃貸住宅、雇用促進住宅、UR賃貸住宅、社宅等）、公営住宅、公務員宿舎等のみなし仮設住宅、その他自治体の支援により無償提供される公営住宅等で避難生活を送っていた世帯

対象外
（※2）収入に応じた家賃設定をしている公営住宅は支援対象外。
（※3）○原子力損害賠償（住居確保損害及び家賃に係る賠償）の対象となる世帯は支援対象外。
＝　平成27年6月15日時点で避難指示が解除されていた、田村市都路地区及び川内村の東部地区（ともに原発から20km圏内）等からの避難世帯
○避難先が避難元と同じ市町村である世帯は支援対象外。
⇒南相馬市と田村市は、合併前の旧市町村単位で判断

転居
○　一定条件（手狭、通院・通学、家賃が低廉な住宅への転居など）のもとで、現在居住している都道府県内（福島県内の避難世帯は避難先の市町村内）の転居を認める。
　ただし、東京都、神奈川県、埼玉県への避難世帯は、関東地方内での転居を認める。
○　県外避難世帯のうち、妊婦・子ども世帯（上記①、②）は福島県内（避難元市町村以外）での避難継続も対象。
○　ふるさと住宅移転支援事業（引越補助）と併用不可。

(2) 収入要件　**収入要件を緩和しました！**

基準額「月額所得21万4,000円以下」の世帯を対象とする。

$$\text{基準額} = \frac{\text{世帯全員の年間所得の合計} - (38\text{万円} \times \text{同居者数})}{12\text{か月}} \leqq 214{,}000\text{円}$$

○　「年間所得」は、基本、市町村長発行の所得証明書（27年分）に記載された各種控除後の所得金額。
○　母子避難などの二重生活世帯（父だけ、母だけ、子だけの避難は適用外）は「子ども・被災者支援法」に基づく公営住宅入居の優先的取扱いに準じて、世帯全体の所得を2分の1として取扱う。

(3) 対象期間　**補助開始前の転居も支援対象とします！**

平成29年1月分から平成31年3月分まで。
○　制度を公表した平成27年12月25日以降の住宅の賃貸借契約を対象とする。

(4) 補助率、補助額　**対象経費を緩和しました！**

○家賃等の補助
住宅の賃貸借契約書に記載のある金額（家賃、共益費、駐車場）
・平成29年1月～平成30年3月分　家賃等の2分の1（一月当たり最大3万円）
・平成30年4月～平成31年3月分　家賃等の3分の1（一月当たり最大2万円）
○住宅の賃貸借契約に係る初期費用の補助　　定額 10万円
※　既に引越補助で交付決定された世帯による申請も認める。
　ただし、当家賃補助も交付決定された場合、初期費用の補助交付額は、引越補助の交付決定額を差し引いた金額とする。

○今後のスケジュール（想定）
8月末　補助金交付要綱等の制定（申請様式など）
10月～　収入要件等の事前審査（希望世帯のみ）
　　　　補助申請受付開始（平成29年6月末まで）
1月～　交付決定後、初期費用の補助金支出
　　　　家賃等の補助金支出（3か月分ごとに請求）

け補助するにすぎない。

◎家賃等の補助

住宅の賃貸借契約書に記載のある金額（家賃、共益費、駐車場）

・平成二九年一月～平成三〇年三月分 家賃等の二分の一（一月当たり最大三万円）

・平成三〇年四月～平成三一年三月分 家賃等の三分の一（一月当たり最大二万円）

福島県：http://www.pref.fukushima.lg.jp/site/portal/ps-minchin-shien.html

　こうした自主避難者の住宅支援の打ち切りは、内堀福島県知事と安倍首相が協議して、「除染など生活環境が整ってきている」として決定した。青木美希氏によるとこうである。

「区域外避難、いわゆる自主避難者で住宅打ち切り対象は一万二〇〇〇世帯以上におよんだ。『住宅提供が打ち切られると路頭に迷う』と、延長を求める当事者団体の要望や署名が集まった。しかし、内堀雅雄福島県知事と安倍晋三首相が協議した上で、『除染など生活環境が整ってきている』として打ち切りを決定。避難者たちの声は届かなかった。」（青木、二〇一八年、p. 250-251）

「住宅提供が打ち切られると路頭に迷う」と、延長を求める当事者団体の要望や署名は届かなかった。また一歩、避難者切り捨て策が進んだのである。さらに、避難者の名目人数の抹消も進んだ。「福島県では、復興公営住宅に入った人や住宅提供が打ち切られた人は避難者から除」かれ、「自主避難者の住宅提供打ち切りを機に、避難者数は全国で二〇一七年三月から七月の四ヵ月間で約三万人減り、八万九七五一人とされた」のである。青木氏は次のようにいう。

「見せかけだけの避難者数の大幅減少

二〇一七年の住宅支援打ち切りで起こったのは、避難者の名目の数の大幅減少だった。復興庁は、避難者数を各都道府県から聞いて取りまとめているが、避難者の定義を定めなかった。このため、避難者の数え方が各自治体で異なる。福島県では、復興公営住宅に入った人や住宅提供が打ち切られた人は避難者から除かれた。そのため、自主避難者の住宅提供打ち切りを機に、避難者数は全国で二〇一七年三月から七月の四ヵ月間で約三万人減り、八万九七五一人とされた。こうして「避難者」という存在は数字上、消えていく。」（青木、二〇一八年、p. 270）

　東日本大震災による原発事故からの県外・県内の避難者数は約三万人減り、八万九七五一人とされたが、福島県外避難者の現状はどうか。福島県から県外への避難状況のグラフを見よう。

　二〇一五年八月～二〇一七年七月の県外避難者数の推移を見ると、二〇一七年三月から四月にかけて避難者が三〇〇〇人台で急減少している。これについて、避難者が望んだ行動からの動向というよりも、福島県による「みなし仮設」供与の打ち切りによる減少と見るのが妥当である。すなわち、「東京電力福島第一原発事故の影響で全国に避難した人のうち、「自主避難者」の避難先住宅の無償提供が三月末で打ち切られ、各市町村が自主避難者の多くを「避難者」に計上しなくなった」のである。福島県が『みなし仮設』の供与が終わった自主避難者らを数から除いた」ことで、多くの自主避難者は避難生活を続けているとみられるのに、自主避難者が「統計から消され」てしまったのである。（平井茂雄、二〇一七）

　こうして、政府・福島県は「無償住宅打ち切り」策により、避難生活を続けている多くの自主避難者の存在を「統計から消」し去り、支援される対象ではないとしたのである。

　日野行介氏は、二〇一七年からの「無償住宅打ち切り」策の前から、政府が避難の状態をみとめず、「自宅に戻るのか、あるいは新天地で生きるのかをはっきり選ぶように迫って」きた（日野行介、二〇一六）と批判する。つまり、かなり前から帰還を強制的に選択させて、多くの自主避難者から避難の生活の「命綱である住宅を取り上げる」という自主避難者切り捨ての「棄民政

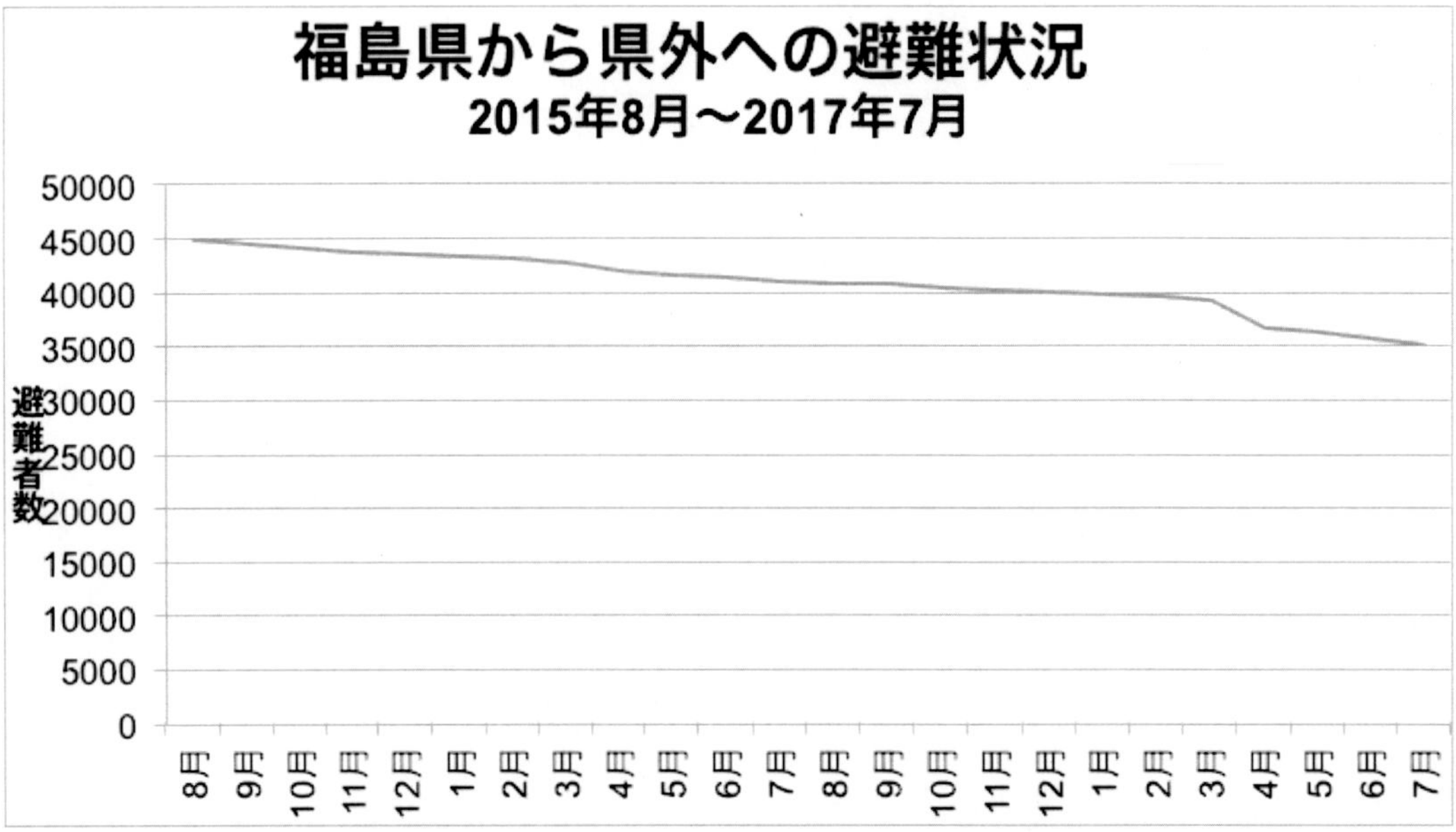

（福島県庁HP：http://www.pref.fukushima.lg.jp/uploaded/attachment/227598. pdf より筆者作成）

策」が進行してきたのである。

「この国の政府は原発避難者を消滅させようとしている。……事故前に住んでいた自宅に戻るのか、あるいは新天地で生きるのかをはっきり選ぶように迫っているのだ。これは避難という状態にとどまることを認めず、実質的に避難者という属性自体を『消す』ことを意味している。」（日野行介、二〇一六、p.3）

政府は、避難者が「避難という状態にとどまることを認めず、実質的に避難者という属性自体を『消す』」ことを意図していると言える。オリンピックの実施準備や選手団の訪日のため、また、外国人観光客の来日を促進する際、福島原発事故は収束したものと言いたいのであろうか。正当な方針とはいえない。

現状では、原発避難者の「避難者という属性自体」の抹消策が進行し、避難者に対する棄民政策が、着々と進行中の状況である。自主避難者に対する即時直接的な経済支援策による対応と、政府と福島県の切り捨て政策の転換が必要である。政府と福島県は、まず、自主避難者に対して住宅支援打ち切りを取りやめ、無償の住宅支援を再開して、生存権の保障の責任の一端を果たしてゆかなければならない。

二‐二　避難の協同センターの自主避難者支援活動

自主避難者に対する即時的な支援策の一つとして、市民側からの避難者支援を行う主要団体の一つである避難の協同センターが、生活の困難を抱えた自主避難者を様々な面で、個人・個別的に支援していることがある（http://hinan-kyodo.org/）。政府から、「避難者という属性」を抹消されて支援を打ち切られた自主避難者に対して、同センターから次のような避難者の生活困難と窮状の問題の提起と、無償住宅提供の再開などの対策と支援の提起がある。今後、市民は、以下の方針も留意して、棄民政策の廃止と生存権保障の方向への転換を、政府や自治体に要求し追求してゆかなければならない。

①避難者の相談支援における窮状の実態の把握と概要の情報公開
②経済的に困難な状態であり、雇用促進住宅などからの避難者の追い出し含

め今後の住まいが確定できない多くの避難者がいる状況の情報公開
③経済的困難にある避難者が生活保護など公的福祉支援も困難な事の情報公開
④二〇一二年一二月以降の避難者が何の住宅支援も受けられず、自力避難を強いられて、更なる困難状況にあり支援が必要な事の情報公開
⑤避難者の無償住宅提供の打ち切りは間違いであり支援の再開が急務である事の国会議員などへの提言と広報
⑥避難当事者（支援）団体と復興大臣の面会を求める事の国会議員などへの要請

https://www.facebook.com/hinankyodo/　http://hinan-kyodo.org/　より構成

二-三　避難の合理性と国の法的責任の確認

自主避難者支援と国会議員等への提言と要請の方針は、避難の協同センターが実践・実行している通りであるが、避難者の避難の合理性と国の法的責任はどうであろうか。

前橋地裁の原子力損害賠償群馬訴訟の判決と、続く福島地裁の「生業を返せ、地域を返せ！」福島原発訴訟（生業訴訟）の判決で、避難の合理性と国の法的責任が不十分ながら確認されたのである。

＊原子力損害賠償群馬訴訟判決

前橋地裁は二〇一七年三月一七日原子力損害賠償群馬訴訟への判決で、自主避難の根拠としての「年1mSvを超す被曝からの避難の合理性」と国の「法的な責任」とを認めた。すなわち、同判決で前橋地裁は、「自主避難者のほとんどの人について、避難することが合理的であったこと、また、種々の理由で避難を継続していることも合理的であること」を認め、そして、「自主避難者が避難したことや避難を継続していることは、自己責任ではなく、国に法的な責任があることを認め」たのである（原子力損害賠償群馬弁護団ＨＰ）。

＊「生業を返せ、地域を返せ！」福島原発訴訟（生業訴訟）判決

原子力損害賠償群馬訴訟の判決につづく「生業を返せ、地域を返せ！」福島原発訴訟（生業訴訟）の訴訟団は生業訴訟判決に対する二〇一七年一〇月一〇日の声明で、「判決は、本年三月一七日言渡の前橋地裁判決に続き、国の法的責任と東京電力の過失を認め、断罪した」と述べ、以下の論点で、国の法的責任と東京電力の過失を示している。（http://www.nariwaisoshou.jp/activity/entry-753.html）

①国の法的責任と東京電力の過失
②被害救済の範囲と水準
③原状回復請求について
④訴訟団の原点とたたかい

以下、訴訟団の①と②の論点から国の法的責任と東京電力の過失をまとめて紹介しよう。

①国の法的責任と東京電力の過失

訴訟団によると判決では、政府には「二〇〇二年末までに詳細な津波浸水予測計算」をすべき「予見義務」と、「福島第一原子力発電所の主要施設の敷地高さを超える津波が襲来し、全交流電源喪失に至る可能性を認識できた」「予見可能性」があり、政府には「非常用電源設備等は「長期評価」から想定される津波に対する安全性を欠き、技術基準省令六二号四条1項の技術基準に適合しない状態となっていた」ことに対する「回避義務」があり、また、「二〇〇二年末までに国が規制権限を行使し、東京電力に適切な津波防護対策をとらせていれば、本件津波による全交流電源喪失を防げた」「回避可能性」があったことを認めた。

「判決は、また、必要な津波対策をとらなかった東京電力についても過失があったと認めた。」

訴訟団は、こうした「判決は、安全よりも経済的利益を優先する「安全神話」に浸ってきた原子力行政と東京電力の怠りを法的に違法としたものであり、憲法で保障された生命・健康そして生存の基盤としての財産と環境の価値を実現する司法の役割を果たすものとして、今後の司法判断の方向を指し示

すものと評価される」と、高く評価している。(http://www.nariwaisoshou.jp/activity/entry-753.html)

判決が予見可能性と予見義務、回避可能性と回避義務を認め、政府の責任をあきらかにしたことは大いに評価できる。しかしながら、津波が福島第一原発事故の拡大要因としてあることは共通認識と思われるが、事故の主な原因が津波か地震かは議論のあるところである。原発事故の原因が地震であることが証明された場合でも、こうした地震の危険性も広く警告されていたことであり、国や東電はより強く、予見可能性と予見義務、回避可能性と回避義務とがあり、それらは政府の責任と東電の過失であることは変わらず、判決の責任の理由は異なるが政府の責任と東電の過失の所在の趣旨は変わらないと思われる。

②被害救済の範囲と水準

訴訟団によると判決では、政府の「年間二〇ミリシーベルトを下回る被ばくであれば健康リスクは極めて小さい」「原告らの被害は、科学的根拠のない危惧不安のたぐいにすぎない」などの、チェルノブイリ事故被害の国際的な研究に反する言いがかりのような主張を退けた。

判決は、「放射性物質による居住地の汚染が社会通念上受忍すべき限度を超えた平穏生活権侵害となるか否かは、「低線量被曝に関する知見等や社会心理学的知見等を広く参照したうえで決するべき」との理由で政府の主張を退けたのである。」(同上)

こうして、判決は、「権利侵害性の判断枠組みについては国や東京電力の被害隠しの主張を明確に退けた」のであるが、しかし、被害の実態を正しく反映したものではないのである。「実際の損害認定については、現地検証、原告本人尋問等で明らかにしてきた原告らの被害実態を正しく反映したとは到底評価しがたい。」(同上)

ただし、この判決は、政府・東電の権利侵害を認めて、広く被害者の救済につながる点で一歩前進である。即ち、判決は「原告ら被害者に対する権利侵害を認めて、賠償の対象地域の拡大や賠償水準の上積みを認めた点は、原告らのみにとどまらず広く被害者の救済を図るという意味においては一歩前進と評価することができる」(同上)のである。

＊生業訴訟団の要求

生業訴訟団が、判決を踏まえて、「広く被害者の救済を図る」ために、さらに実現を求めている四つの要求はおよそ以下の通りである。

①政府は、二度と原発事故の惨禍を繰り返すことのないよう、事故惹起についての責任を自ら認め謝罪すること。

②政府は、中間指針等が最低限の賠償を認めたものにすぎないという原点に立ち、中間指針等に基づく賠償を見直し、強制避難、区域外(自主的)避難、滞在者など全ての被害者に対して、被害の実態に応じた十分な賠償を行うこと。

③政府は、被害者の生活・生業の再建、地域環境の回復及び健康被害の発生を防ぐ施策のすみやかな具体化と実施をすること。

④政府は、金銭による損害賠償では回復することができない被害をもたらす原発の稼働の停止と廃炉を行うこと。(http://www.nariwaisoshou.jp/activity/entry-753.html)

この要求では、長期にわたる放射性物質汚染に対して、土壌汚染の測定の必要性と、それによる被害の推定と認定と損害賠償と、避難の都市建設などの避難の権利や生存権に言及していないので、まだ、長期の総合的社会的な解決策として不十分の感があるが、出発点での基本的方針としては妥当なものと考えられる。

二 - 四　市民の対応方針

「棄民政策」に対して、今後、市民の立場から「棄民政策」の要因を検証し、それを廃して、避難者、特に自主避難者の生存権、人間らしい生活を送る権利を保障する仕組みを作る政策への転換を政府に働きかけなければならない。そして、その法律・制度化を実現させてゆく必要が政府にあるのである。

住宅支援打ち切り：自主避難者切り捨て問題については、市民は避難者支援のために避難の協同センターにならい、以下のことを政府や自治体に要求するべきである。

①避難者の相談支援における窮状の実態の把握と概要の情報公開の要求

②経済的に困難な状態であり、雇用促進住宅などからの避難者の追い出しを含め今後の住まいが確定できない多くの避難者がいる状況の情報公開の要求

③経済的困難にある避難者が生活保護など公的福祉支援も困難な事の情報公開の要求

④二〇一二年一二月以降の避難者が何の住宅支援も受けられず、自力避難を強いられて、更なる困難状況にあり支援が必要な事の情報公開の要求

⑤避難者の無償住宅提供の打ち切りは間違いであり支援の再開が急務である事の国会議員などへの提言と広報

⑥避難当事者（支援）団体と復興大臣の面会を求める事の国会議員などへの要請

市民のこうした対応方針は原発事故被害者の訴訟団からの「広く被害者の救済を図る」ための以下の要求と統合されなければならない。

①政府は、二度と原発事故の惨禍を繰り返すことのないよう、事故惹起についての責任を自ら認め謝罪すること。

②政府は、中間指針等が最低限の賠償を認めたものにすぎないという原点に立ち、中間指針等に基づく賠償を見直し、強制避難、区域外（自主的）避難、滞在者など全ての被害者に対して、被害の実態に応じた十分な賠償を行うこと。

③政府は、被害者の生活・生業の再建、地域環境の回復及び健康被害の発生を防ぐ施策のすみやかな具体化と実施をすること。

④政府は、金銭による損害賠償では回復することができない被害をもたらす原発の稼働の停止と廃炉を行うこと。

さらに、市民の立場からは、各地に避難されている方が排除や、差別、いじめなどに悩まされずに、安心して暮らせるように、市民同士声を掛けて協力してできる限りの支援をし、また、二重の住民票や「被曝手帳」など、避難されている方たちの健康と生存権と避難・帰還の権利を保障する法律や組織・制度を整備して、生命と生活を保障する政策に転換することを、政府・行政に要請してゆくべきである。

また、市民は、原発事故による日本全国の被害・汚染状況を詳細に調査し公表することを、本来は政府の義務として早急に実施すべきと、政府・行政に要請すべきである。各所の土壌の放射能汚染を測定して土壌の放射能のベクレル数値を公表する体制、また、各所の放射性微粒子の分布状況などを調査して公表する体制を構築するよう、政府・行政に要請すべきである。こうした土壌汚染のデータは、特に、損害賠償裁判の資料や住民の要望と要請の議論の資料として必要なものである。こうしたデータは、チェルノブイリ法体制の先例があるように、本来政府が徹底的に調査して公表し、被害を評価し、対策をとる基礎としてゆくべきものなのである。

市民の調査として「みんなのデータサイト（ＭＤＳ）」（http://www.minnanods.net/）の三〇〇〇件以上の土壌データの調査と公表がある。市民に周知され、市民が承知しておくべき情報である。

三　子ども被災者支援法の骨抜きと産業と行政の復興政策からの棄民政策

子ども被災者支援法の欠陥と骨抜き、及び、20mSV/年未満の高線量地域の避難指示解除による帰還政策の棄民政策化の問題を概観する。本節では帰還政策の棄民政策化の概観と背景の指摘にとどまるが、当然ながら、政府はこうした政策の廃止と避難の権利と生存権を保障する制度への転換が必要である。

三－一　子ども被災者支援法の欠陥と骨抜き

＊子ども被災者支援法の三欠陥

子ども被災者支援法（略称）：「東京電力原子力事故により被災した子どもをはじめとする住民等の生活を守り支えるための被災者の生活支援等に関する施

3000件以上の土壌データ。そこから様々なものが見えてきます。

土壌プロジェクトでは、東日本17都県各地3000件以上の土壌を採取し、放射性セシウムの測定・データを登録しています。

また、2011年に遡った数値や、10・20・30年後、として100年後のデータも試算し、マップで確認できます。

これからも長く対処していかねばならない放射能汚染の一側面を、実測データマップでどうぞご確認ください。

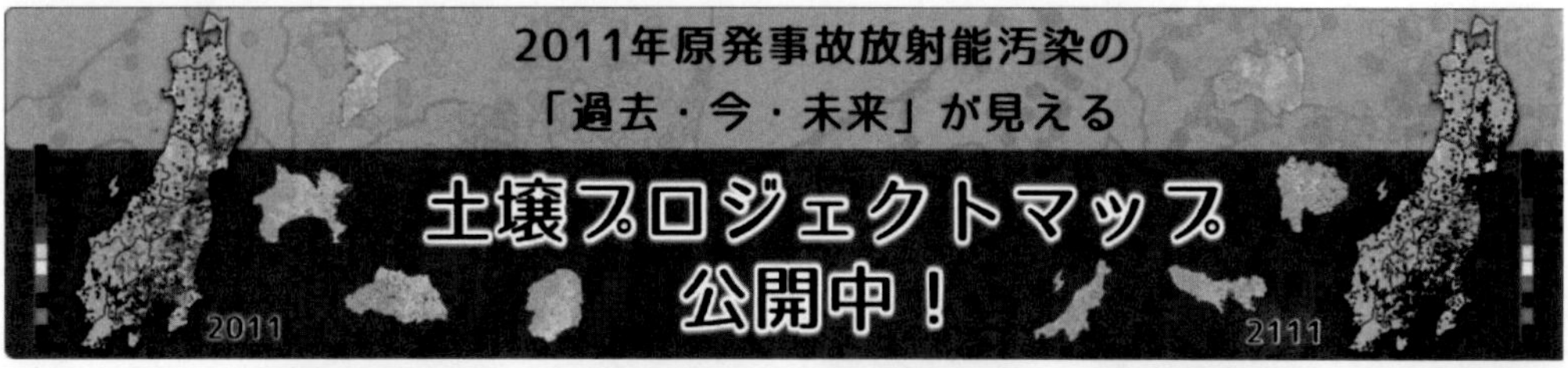

見たいマップのアイコンをクリックして下さい。
表示に幾分時間がかかります。
インターネットエクスプローラーでは表示できませんので別のブラウザでご覧ください。
解説ページはこちら

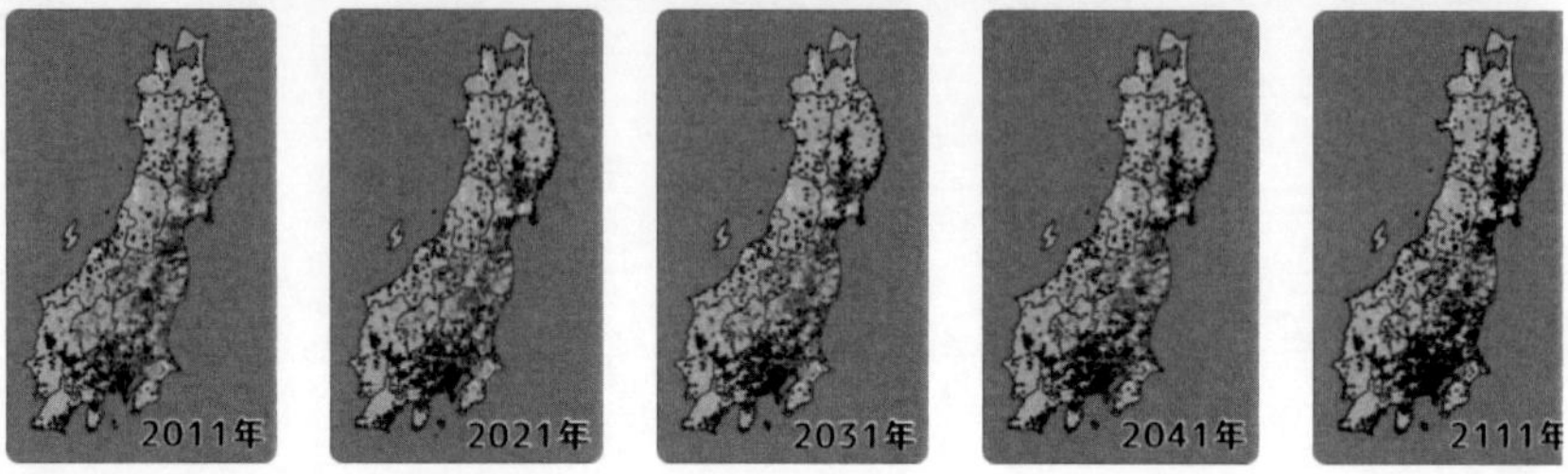

＊ MDS の東日本土壌ベクレル測定プロジェクト

東日本土壌ベクレル測定プロジェクト・測定結果

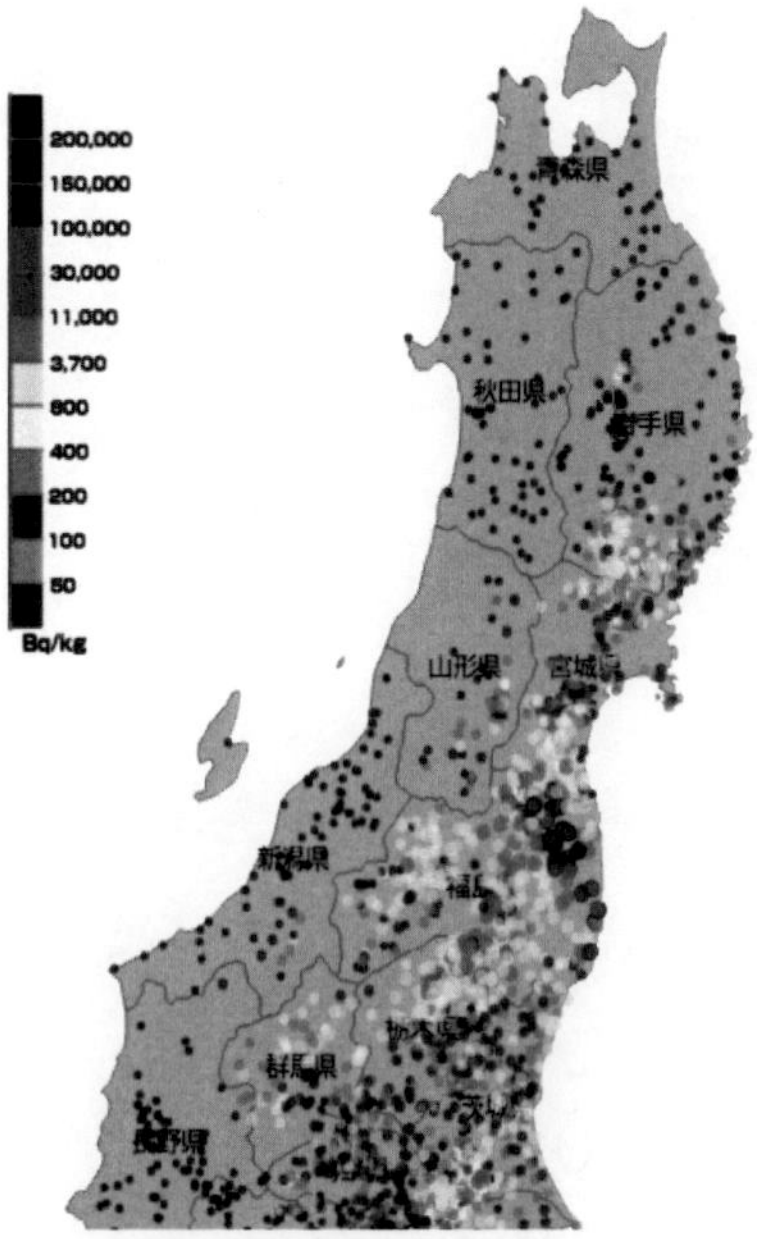

県別リスト表示

対象エリア：東日本17都県

(県名をクリック)

東北

青森 岩手 宮城 秋田 山形 福島

関東

茨城 栃木 群馬 埼玉 千葉 東京 神

甲信越・東海

新潟 山梨 長野 静岡

http://minnanods.net/soil#soil-top-tabs

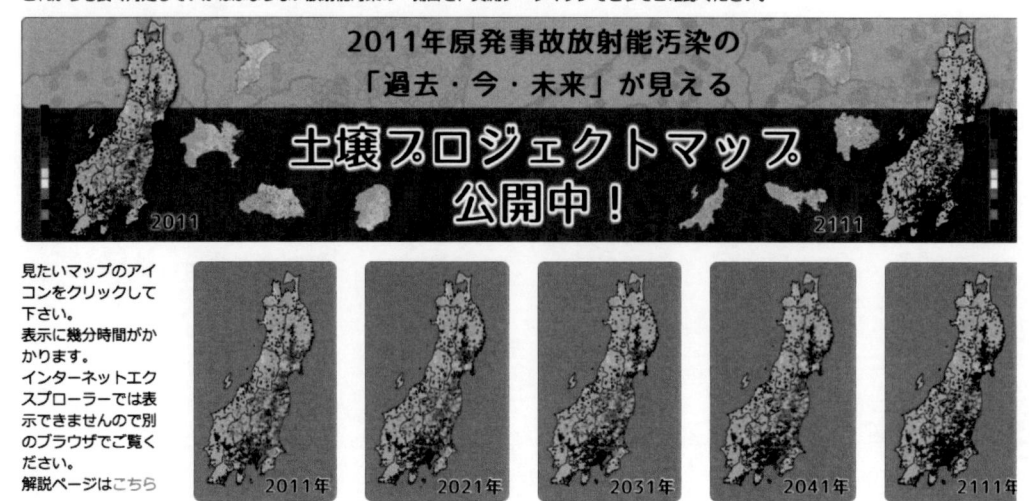

策の推進に関する法律」は、平成二四年六月二七日に施行された。

この法律の目的は第一条で規定されている。「東京電力原子力事故」による「被災者」が「健康上の不安を抱え、生活上の負担を強いられており、その支援の必要性が生じていること及び当該支援に関し特に子どもへの配慮が求められていることに鑑み」、「子どもに特に配慮して行う被災者の生活支援等に関する施策（以下「被災者生活支援等施策」という。）の基本となる事項を定めることにより、被災者の生活を守り支えるための被災者生活支援等施策を推進し、もって被災者の不安の解消及び安定した生活の実現に寄与すること」である。「被災者」とはすなわち、「一定の基準以上の放射線量が計測される地域に居住し、又は居住していた者及び政府による避難に係る指示により避難を余儀なくされている者並びにこれらの者に準ずる者」である。

国の責務は第三条で示されている。

「国は、原子力災害から国民の生命、身体及び財産を保護すべき責任並びにこれまで原子力政策を推進してきたことに伴う社会的な責任を負っていることに鑑み、前条の基本理念にのっとり、被災者生活支援等施策を総合的に策定し、及び実施する責務を有する。」

法制上の措置等は第四条で示されている。

「政府は、被災者生活支援等施策を実施するため必要な法制上又は財政上の措置その他の措置を講じなければならない。」

子ども被災者支援法は、このような目的・基本理念・国の責務・法制上の措置等を規定するのであり、以下の図のように概要が示された。

しかし、子ども被災者支援法の上述の目的と理念からすると、次の三点が欠けたことが大きな欠陥と言える。この法律には、①支援対象地域を示す土壌汚染の線量基準が規定されなかったこと、②支援地域が想定より狭められた場合の、支援地域外からの自主避難者の支援が想定されなかったこと、③チェルノブイリ法と異なり、原発作業従事者・事故対応関係者の権利保障が規定されなかったことが欠陥である。これらを、まず修正すべき重要な点として確認したい。

特に、①のことについては、（基本理念）第二条2で「被災者生活支援等

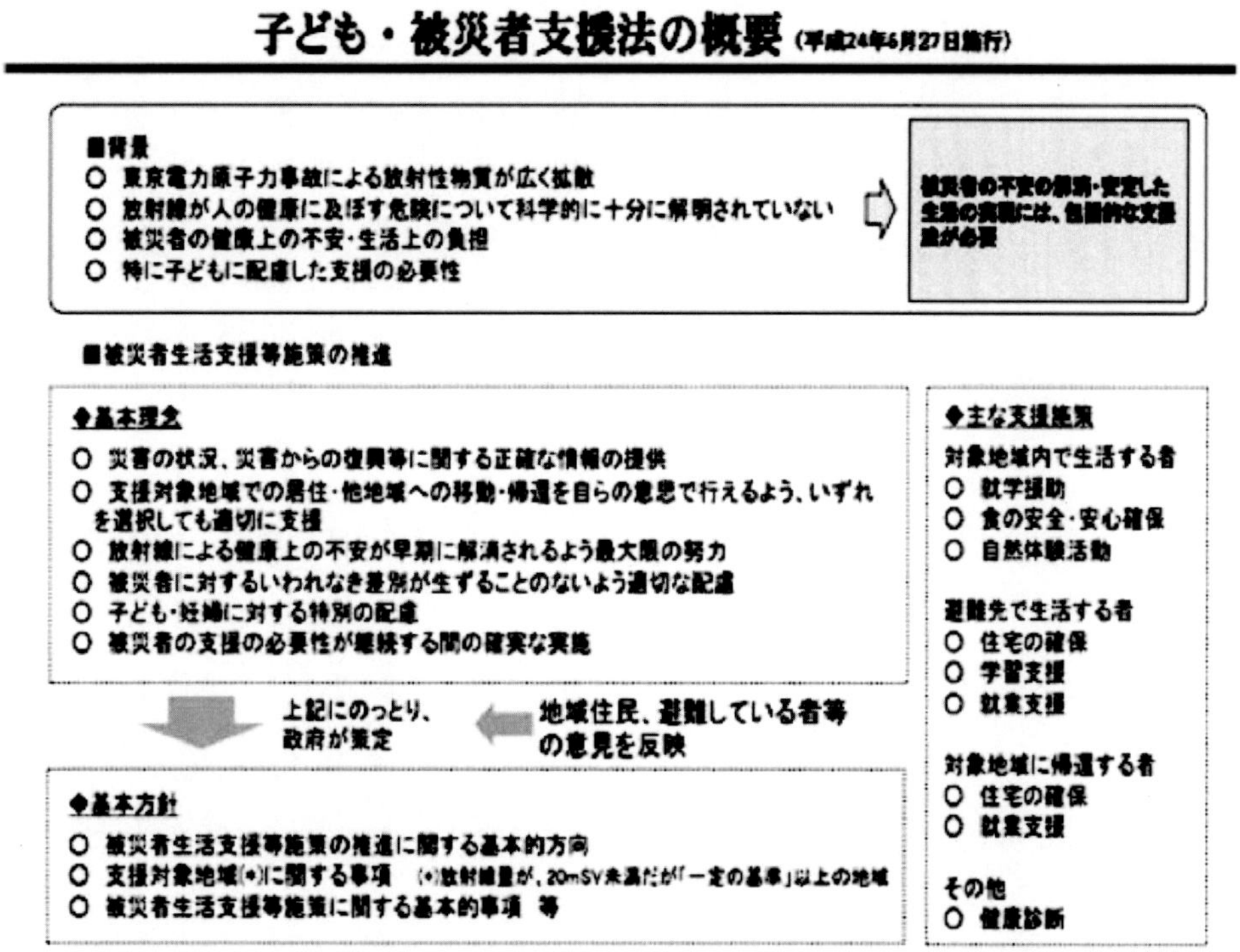
子ども・被災者支援法の概要（平成24年6月27日施行）
■背景
○ 東京電力原子力事故による放射性物質が広く拡散
○ 放射線が人の健康に及ぼす危険について科学的に十分に解明されていない
○ 被災者の健康上の不安・生活上の負担
○ 特に子どもに配慮した支援の必要性
被災者の不安の解消・安定した生活の実現には、包括的な支援が必要
■被災者生活支援等施策の推進
◆基本理念
○ 災害の状況、災害からの復興等に関する正確な情報の提供
○ 支援対象地域での居住・他地域への移動・帰還を自らの意思で行えるよう、いずれを選択しても適切に支援
○ 放射線による健康上の不安が早期に解消されるよう最大限の努力
○ 被災者に対するいわれなき差別が生ずることのないよう適切な配慮
○ 子ども・妊婦に対する特別の配慮
○ 被災者の支援の必要性が継続する間の確実な実施
上記にのっとり、政府が策定
地域住民、避難している者等の意見を反映
◆基本方針
○ 被災者生活支援等施策の推進に関する基本的方向
○ 支援対象地域(*)に関する事項　(*)放射線量が、20mSV未満だが「一定の基準」以上の地域
○ 被災者生活支援等施策に関する基本的事項　等
◆主な支援施策
対象地域内で生活する者
○ 就学援助
○ 食の安全・安心確保
○ 自然体験活動
避難先で生活する者
○ 住宅の確保
○ 学習支援
○ 就業支援
対象地域に帰還する者
○ 住宅の確保
○ 就業支援
その他
○ 健康診断

（http://www.reconstruction.go.jp/topics/main-cat2/20120627hougaiyou.pdf）

施」策は、被災者一人一人が第八条第一項の支援対象地域における居住、他の地域への移動及び移動前の地域への帰還についての選択を自らの意思によって、行うことができるよう、被災者がそのいずれを選択した場合であっても適切に支援するものでなければならない。」とされている。そして、第八条で「支援対象地域」を「その地域における放射線量が政府による避難に係る指示が行われるべき基準を下回っているが一定の基準以上である地域をいう」とした。それを概要では、「放射線量が 20mSV 未満だが「一定線量の地域」」としている。これにより、後の復興庁の子ども被災者支援法基本方針に「20mSV未満」の地域が帰還可能となる余地が作られたといえる。

　こうした支援策からの線量基準と生活被ばくと避難者の視点の欠落は、内閣の産業・行政復興方針を背景に、復興庁による、実質的行政・産業復興路線における地域支援に引き継がれた。一年半近くたってから、復興庁からだされた子ども被災者支援法の基本方針において骨抜きがなされたのである。

ベクレル（Bq）とシーベルト（SV）について

放射能の強さがベクレル

放射線を出している物質を放射性物質といい、放射線を出す能力のことを放射能といいます。物質を構成している原子の中心には原子核がありす。放射性物質ではその原子核が不安定なために、放射線を出して安定な原子核に変わります。このことを崩壊と呼んでいます。

　一秒間に原子核が崩壊する数で放射能の強さを表し、その単位がベクレル（Bq）です。

　一秒間に一個の原子核が崩壊すると1Bqになります。崩壊するときに出る放射線の種類やエネルギーの大きさには関係がありません。放射能の強さ（Bq）は、放射性物質の量を表すために用いられます。

放射線を受けた影響はシーベルト

ヒトが放射線を受けることを被ばくといいます。人体の外部から放射線を受ければ外部被ばく、呼吸や食物を通じて体内に取り込まれた放射性物質からの放射線を受ければ内部被ばくになります。

　被ばくによる影響を評価する場合は、先ず、放射線が当たる臓器などの組織が 1kg あたりに吸収する放射線のエネルギーを計算します。この値の単位をグレイ（Gy）といいます。次に放射線の種類によって影響が異なるので、放射線の種類ごとに定められた値（放射線荷重係数）を掛けます。また放射線の当たる組織によって放射線感受性に違いがあるので、組織ごとに定められた値（組織荷重係数）を掛けます。このようにして得られた値が一つの組織への影響の評価値です。最後に放射線が当る全ての組織についてその値を計算し合計した値が全身への影響の評価値（実効線量）で、単位はシーベルト（Sv）です。

http://www.ies.or.jp/publicity_j/mini/2006-01.pdf より

ベクレル（Bq）とシーベルト（Sv）の換算例

（例１）100Bq(ベクレル)/kgの放射性セシウム１３７が検出された飲食物を１kg食べた場合の人体への影響の大きさ

ベクレル（Bq）とシーベルト（Sv）の換算例

$100 \times 1.3 \times 10^{-5}$※＝0.0013mSv＝1.3μSv

（例２）100Bq（ベクレル）/kgの放射性セシウム１３４が検出された飲食物を１kg食べた場合の人体への影響の大きさ

ベクレル（Bq）とシーベルト（Sv）の換算例

$100 \times 1.9 \times 10^{-5}$※＝0.0019mSv＝1. 9μSv

※実効線量係数（mSv/Bq）：ベクレルからミリシーベルト（mSv）に換算する係数。

*復興庁の基本方針での三つの骨抜き

復興庁が平成二五年に策定した子ども被災者支援法の基本方針では、避難者と自治体の非難の声にもかかわらず、三つの骨抜きが強行された。基本方針における三つの骨抜きとは、①被災地域の３３市町村への限定、②「放射線量が、

20mSV 未満だが「一定の基準」以上の地域」とされ、「一定の基準」が限りなく20mSV/年の緊急事態基準に近づくこととなったこと、③被災地域外からの避難者：「自主避難者」の支援からの除外があげられる。

その後の平成二七年八月に復興庁から出された子ども被災者支援法基本方針改訂では、①支援対象地域と準支援対象地域の区分改定がなされ、②住宅の確保に関する支援として、福島県における応急仮設住宅の供与期間を、平成二九年三月末までに延長された。

三-二　二〇mSV/年未満の高線量地域の避難指示解除と帰還政策の棄民政策化問題

政府・復興庁は被災地復興のため、緊急時の原子力災害緊急事態宣言下の「政府による避難に係る指示」の放射線量20mSV/年をもとに、それ未満の被ばく線量を基準として据えた。二〇一三年以降20mSV/年未満の線量の福島県内地域の避難指示を解除し、福島県や原発周辺の避難指示が解除された自治体と共に「帰還促進政策」を行ってきた。しかしながら、20mSV/年は原子力災害緊急事態宣言下での避難時の緊急生活基準にあたり、チェルノブイリの避難の強制される地域の基準を超えるものである。こうした危険な高線量地域への半ば強制的な「帰還」による復興政策は、長期の生活の再建・復興の生存権保障制度に転換されなければならない。そうした制度は、チェルノブイリ法制度から学んで、追加被ばく年間1mSV、生涯被ばく100mSV以下の原則を保障する長期総合的な社会的避難制度となるものである。

政府・復興庁は、福島の復興施策体系にあるように、被災地復興のため、原子力災害緊急事態宣言下で避難時の緊急生活基準にあたる20mSV/年未満の被曝線量を基準とし、それ以下の線量の地域の避難指示を解除し、福島県や原発周辺の避難指示が解除された自治体と共に「帰還促進政策」を行ってきた。問題は、復興帰還政策の目的として、住民の生命と生活の保障でなく、産業と行政の復興政策を実施することを目的としていることである。

これは、追加被ばく線量1mSV/年以内の基準を無視し、20mSV/年の緊急事態基準の生活地域への根拠なきあてはめである。20mSV/年は、原発作業者でも、通常は、被ばくしてはならない、また、させてはならない被ばく量である。これは五年間で最悪100mSVに達する大きな被ばくを、帰還した居住者に強いるものである。さらに、現地では実際は汚染がもっと深刻だと言われていて、内部被ばくの可能性も大である。こうした帰還政策は、原発敷地内に住んで生活する以上のことで、予防原則を無視しており、半ば強制の帰還促進策は住民の生命と生活の権利を無視した策である。それは、産業と行政の復興のための住民帰還で、帰還者にとっては今後の大きな被ばく被害をもたらす、有害無用の棄民政策なのである。この解除区域内棄民策を促進するために、住宅支援打ち切り：自主避難者切り捨ての域外棄民策が実施されているのである。

◎政府の産業・行政復興路線と支援法（福島の復興施策体系より作成）
平成二四年三月三一日　福島復興再生特別措置法施行
平成二四年六月二七日　子ども被災者支援法議員施行
平成二四年七月三一日　福島復興再生基本方針：閣議決定
平成二四年九月四日避難一二市町村の復興と国の取組のグランドデザイン復興庁策定
平成二五年三月七日　早期帰還が可能な区域対象、早期帰還・定住プラン復興庁策定
平成二五年三月一五日　被災者支援（被災者支援施策ＰＫＧ）復興庁策定
平成二五年三月一五日　産業復興再生計画：福島県策定
平成二五年三月一九日　避難解除等区域復興再生計画：閣議決定
平成二五年一〇月　子ども被災者支援法基本方針策定：復興庁
平成二七年八月　子ども被災者支援法基本方針改訂：復興庁

四　政府の責任を隠蔽し国民負担を強める原発事故対応制度

政府が、福島の復興施策体系において行政と産業の復興を最優先し帰還を手段化したことは既に述べた。それに加えて、政府が国民の生存権を保障する責任を放棄して棄民政策を取るに至った大きな背景として、原発事故損害賠償責任を認めず、東電だけに賠償責任を押し付ける原子力損害賠償制度を制定した

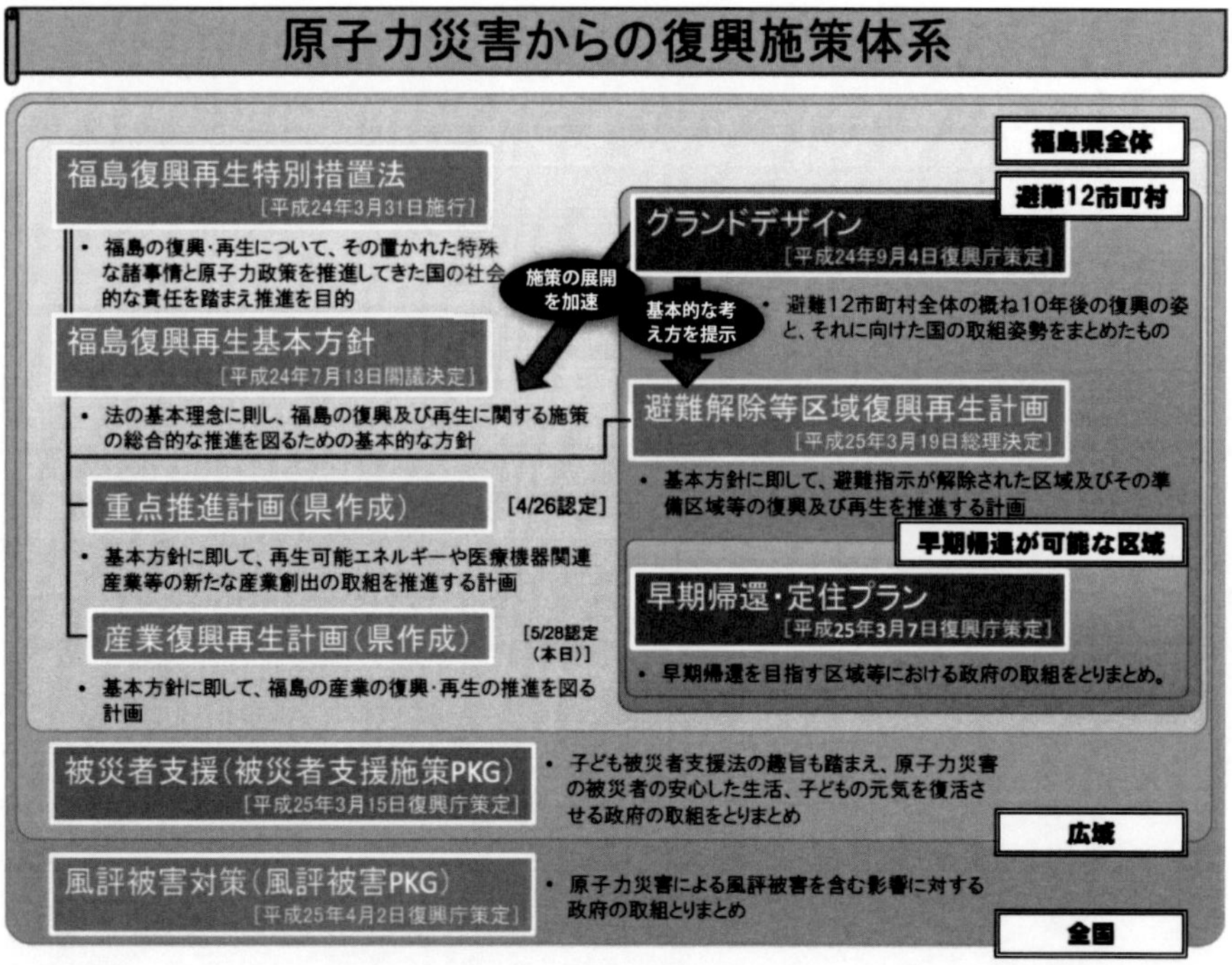
原子力災害からの復興施策体系
福島県全体
避難12市町村
福島復興再生特別措置法
[平成24年3月31日施行]
・ 福島の復興・再生について、その置かれた特殊な諸事情と原子力政策を推進してきた国の社会的な責任を踏まえ推進を目的
施策の展開を加速
グランドデザイン
[平成24年9月4日復興庁策定]
基本的な考え方を提示
・ 避難12市町村全体の概ね10年後の復興の姿と、それに向けた国の取組姿勢をまとめたもの
福島復興再生基本方針
[平成24年7月13日閣議決定]
・ 法の基本理念に則し、福島の復興及び再生に関する施策の総合的な推進を図るための基本的な方針
避難解除等区域復興再生計画
[平成25年3月19日総理決定]
・ 基本方針に即して、避難指示が解除された区域及びその準備区域等の復興及び再生を推進する計画
重点推進計画(県作成)
[4/26認定]
・ 基本方針に即して、再生可能エネルギーや医療機器関連産業等の新たな産業創出の取組を推進する計画
早期帰還が可能な区域
早期帰還・定住プラン
[平成25年3月7日復興庁策定]
産業復興再生計画(県作成)
[5/28認定(本日)]
・ 早期帰還を目指す区域等における政府の取組をとりまとめ。
・ 基本方針に即して、福島の産業の復興・再生の推進を図る計画
被災者支援(被災者支援施策PKG)
[平成25年3月15日復興庁策定]
・ 子ども被災者支援法の趣旨も踏まえ、原子力災害の被災者の安心した生活、子どもの元気を復活させる政府の取組をとりまとめ
広域
風評被害対策(風評被害PKG)
[平成25年4月2日復興庁策定]
・ 原子力災害による風評被害を含む影響に対する政府の取組とりまとめ
全国

＊避難指示区域のイメージ(平成29(2017)年4月1日時点)
[経済産業省公表の概念図をもとに作成]

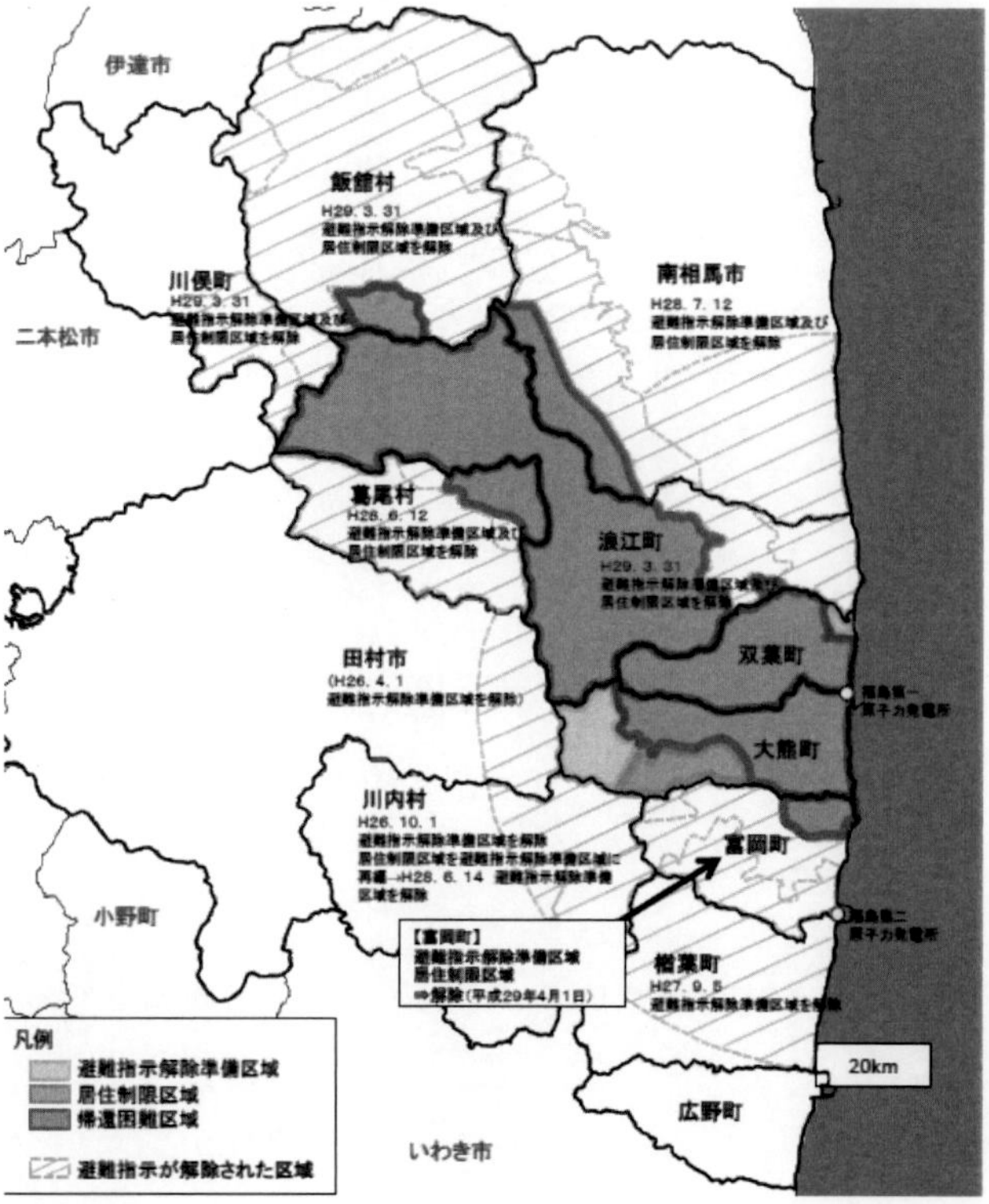
伊達市
飯舘村
H29. 3. 31
避難指示解除準備区域及び
居住制限区域を解除
川俣町
H29. 3. 31
二本松市
南相馬市
H28. 7. 12
避難指示解除準備区域及び
居住制限区域を解除
葛尾村
H28. 6. 12
避難指示解除準備区域及び
居住制限区域を解除
浪江町
H29. 3. 31
居住制限区域を解除
双葉町
田村市
(H26. 4. 1
避難指示解除準備区域を解除)
福島第一
原子力発電所
大熊町
川内村
H26. 10. 1
避難指示解除準備区域を解除
居住制限区域を避難指示解除準備区域に
再編→H28. 6. 14 避難指示解除準備
区域を解除
富岡町
小野町
福島第二
原子力発電所
【富岡町】
避難指示解除準備区域
居住制限区域
⇒解除(平成29年4月1日)
楢葉町
H27. 9. 5
避難指示解除準備区域を解除
20km
凡例
避難指示解除準備区域
居住制限区域
帰還困難区域
避難指示が解除された区域
広野町
いわき市

http://www.meti.go.jp/earthquake/nuclear/kinkyu/hinanshiji/2017/pdf/0401gainenzu02.pdf

ことがある。これまで政府は国策として原発設置を進め、立地自治体に多額の交付金をばら撒き、他方では原発設置反対の声を押し潰してきた。こうした政府による原発設置の責任からの政府の原発事故損賠償責任は東電だけの賠償責任の仕組みの形成により、国民の目から隠蔽されたのである。政府は原発事故損賠償責任を東電に押し付けて東電の責任を追及することで、国民の生存権を保障する政府の責任から国民の目をそらし、生存権を保障する政策をないがしろにした。政府はそうした状態で、産業と行政の原状回復という「復興」のため、避難者と被害者の救済や人権保障を二の次として、復興特別税などの税金を被災地の行政と企業の復興に流し込む政策を取ったのである。こうして、原発事故被災地の行政と企業の復興が優先され、住民と避難者の生活が二の次ないし前者の行政の復興の手段とされて、汚染地への帰還を促進する棄民政策として、復興策が実施されたと言ってよいであろう。

四-一　東電への原発事故損害賠償責任の転嫁と政府の生存権保障の責任の隠蔽

政府が形成した東電による原発事故損害賠償制度は、政府が本来果たすべき原発事故損害賠償責任を全て東電に負わせることで、政府の避難者の生存権保障の責任を国民の目から隠蔽する隠れ蓑となった。また、原発事故損害賠償制度の「新しいスキーム」により東電の負担の大分が国民に転嫁され、東電・株主・債権者は利益を享受することとなった。そのからくりを検討しよう。

除本理史氏は、『原発賠償を問う』（除本理史、二〇一三年）の中で、原発事故損害賠償において「東電の株主、債権者は応分の負担をしていない。他方、政府も、東電の背後に隠れ、前面に立って責任を果たそうとしていない」（除本、二〇一三、p. 7）という。

東電の延命の仕組み形成の経緯はこうである。

「事故を起こしたことで、東電は事実上、経営破綻の状態に陥った。今回の被害は非常に大規模であって、原発事故の収束や廃炉、保障などに要する費用が巨額にのぼるため、東電の自己資本をはるかに超えることが確実視されたのである。自らの資力では補償しきれず、国の援助が必要だとすれば、その前提として、東電は資産を全部吐きだすべきだろう。」（同上、p. 9-10）

しかし、「東電は資産を全部吐きだす」ことにはならなかった。東電と経産省の原子力損害賠償法の適用の「密約」について青木氏は以下のように述べる。同法では、「異常に巨大な天災地変」では原子力事業者は賠償責任を免責される。「原発事故後、経団連会長や、東電側が『この免責事項に当たる』と主張し……のちに東電は、自ら賠償する方針へと転換した」のである。東電に「免責を使われると、安全対策を怠りながらも原発を推進してきた経産省の責任が問われ、賠償問題が国に降りかかる。経産省が東電会長に『経産省が東電を守るので、免責事項に当たると言わないように』と約束した」のである。それは、「東電を守るための密約」であり、「経産省が事故の賠償責任を回避するための密約」であった。（青木、二〇一八年、p. 186）そして政府の賠償責任と生存権保障の責任が「新しいスキーム」により隠蔽されたのである。

こうして、東電解体と政府の全面的な賠償という「当たり前の方法とは正反対の法律が作られ、株主と債権者は守られた。二〇一一年八月、原賠法第一六条にある国の援助措置の具体化として、「原子力損害賠償支援機構法」が成立したのである。」同法で「原子力損害賠償支援機構（以下、機構と略）が設立された。機構は東電に対し、資金の交付や貸付、株式引き受けなどのさまざまな援助をすること」をし、「これによって東電の資金繰りを助け、破綻を回避」したのである。こうして事故を起こした直接の責任主体の「東電は資産を全部吐きだす」ことなく、「潤沢な資産をもったまま、国から資金援助を受け」、「大手金融機関など東電の株主、債権者」は「負担を甘受」することはなかったのである。「大手金融機関など東電の株主、債権者は、まったくの無傷ではないにせよ、守られることになった。」（除本、二〇一三、p. 10-11）

すなわち、内閣は、二〇一一年六月の閣議決定で「新しいスキームが（を）付け加え」て「原子力事業者を債務超過にさせない、こういう方向性をまず定めた」（大島、二〇一七、p. 62）のである。内閣、経産省は、東電を法的に整理せずに、東電、株主、融資銀行に事故責任の負担と金銭的負担をさせず、東電、株主、融資銀行の利益と収益を確保する仕組みを作り出して、それらの利害を温存したのである。その理由の一つは、以下のように、銀行業界と財務省からの経産省への法的整理反対の圧力があり、経産省が自分の守備範囲での収

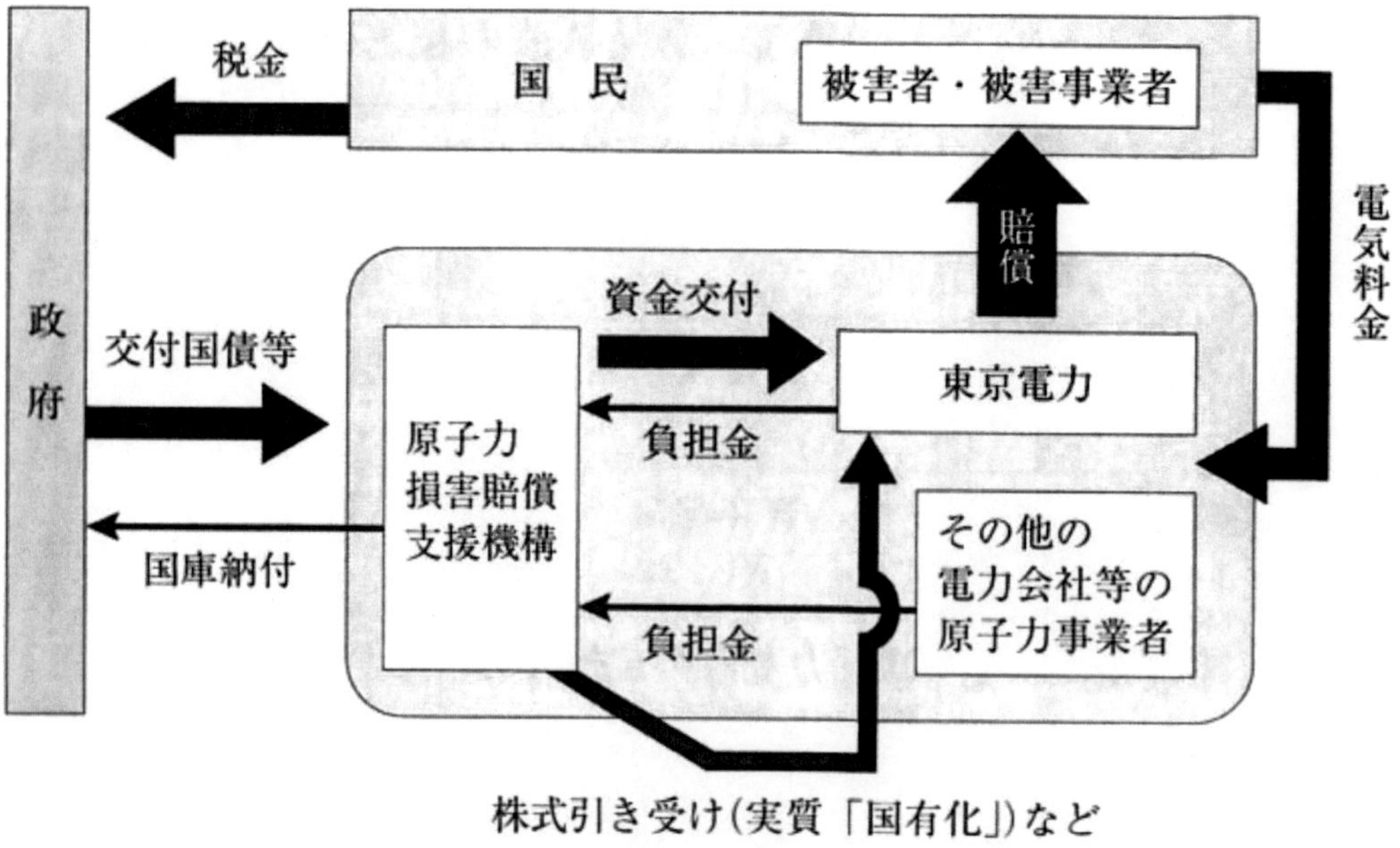

出所：大島堅一・除本理史『原発事故の被害と補償——フクシマと「人間の復興」』大月書店，2012年，128頁，図4-1を簡略化

図2　税金や電気料金を通じた「東電救済」の仕組み

支の収束を図ったことである。

「一一年の事故直後、東電を法的整理する案もあったが、銀行業界が『金融システム不安が起こる』と猛烈に反発。経産省の松永和夫事務次官が、全国銀行協会会長だった三井住友銀行の奥正之頭取（いずれも当時）に東電をつぶさないことを約束したとされる。政府が東電を法的整理して国有化すれば、事故処理は税金でまかなうことになるため、財務省が反対だったことも影響した。」（『エコノミスト』二〇一七・一一・七、二一—二二ページ）

東電の事故対応の費用の負担はどうなるか。「国民、利用者に負担が転嫁される」のである。「たしかに東電は、かたちのうえでは補償の責任を負い、被害者への支払いを行う。だが支援機構法により、その原資は、機構を通じて国が出すと決まった。これは東電が電気料金から返納することになっているので、税金か電気料金かといったちがいはあれ、つまるところは国民、利用者に負担が転嫁される」（除本、二〇一三、p. 11）のである（図2）。

大島堅一氏は、東電経由の事故リスク対応費用が国民負担に転嫁される仕組みや項目について、「原発の費用と負担問題」の中で明らかにしている。大島氏は、二〇一一年以降に形成された東電経由の原発事故損害賠償制度のからくりを分析して、原発事故損害賠償やリスク対応費用の「原発のコスト負担はどうなっているのか、どうすべきなのか」を問うている（大島堅一、二〇一七）。大島氏は、東電には「賠償責任があり、また事故収束、廃炉責任」があること、そして東電は「本来であれば破綻」しているという。

「東京電力は、本来賠償責任があり、また事故収束、廃炉責任があります。しかし最低でも一三兆円の費用が発生し、かつ超長期に及ぶ取り組みが必要となっています。東京電力は、現実には自力では支払きれなくなっています。本来であれば破綻は避けられません。」（同、p. 62）

福島原発事故は、福島原発事故以前の原子力損害賠償の一二〇〇億円の「限

度額を大きく超えてしまいました。そこで、新しいスキームが付け加えられたのです。」（同上）「日本の原子力損害賠償は、「原子力損害賠償法」に基づいて実施されます。事故前は、保険または補償契約で賠償資金が手当てされることになっており、いずれも一二〇〇億円が限度でした。」（同上）この「新しいスキーム」では、政府が新たに設置する「機構が原子力損害賠償のための資金が必要な原子力事業者に対して援助します。援助は、資金の交付、資本充実から」（同上）なり、これは「上限をもうけず、必要があれば何度でも援助し、損害賠償、設備投資等のために必要とする金額のすべてを援助」（同上）することであり、また、これは資金援助であって、債務ではないので、東電はいくら援助されても債務超過とならない仕組みである。

この「機構」からの資金交付の「その原資は、国が、原子力損害賠償機構に交付する交付公債」（同上）なので、結局は税金からの負担と言っていい。そして東京電力は損害賠償責任があるが、実質負担は特別負担金分しかせず、他の電力各社とともに一般負担金を電気料金から回収することで、国民に損害賠償支払を実質的に転嫁しているのである。負担金のうち「一般負担金は」、「電気料金を通じて一般負担金に相当する資金を回収」するので、東京電力は実質負担する「特別負担金」の残りを国民に「転嫁」したのである。（同上、p. 63）

「一般負担金は」「電気料金の原価にしてもよい」ので、総括原価方式により、東電と他の電力会社は、「一般負担金」を電気料金から回収するばかりか、それに応じた利潤をも電気料金として回収するのである。東電が「特別負担金」を実質負担するといっても、これも電気料金の利益部分からであって、利用者である国民の一部からの回収には変わらない。つまり、東電はほとんどの損害賠償支払を国民に転嫁しているのである。

さらに酷いことに、損害賠償支払以外の事故リスク対応費用が無原則的に税金と電気料金から支払われ、国民負担とされたのである。原発事故対応費用「一三兆円のうち、二、三割が東京電力負担ですが、その他は国民が支払うことになっています。本来は事業者が支払わなければならないのに、知らないうちに国民が払っているのです。現状では、費用負担原則について吟味しないまま、ほとんど無原則的に国民負担となって」（同上）いるという惨状である。

「損害賠償対応費用は、総括原価を定める算定規則が省令で定められているのですが、その運用で電力消費者に転化されています。損害賠償対応費用だけでなく、除染費用、中間貯蔵施設、事故収束・廃炉費用の「事故リスク対応費用の多くが事業者負担となって」おらず、最終的に国民負担となっているのである。除染費用は、「支援機構法」と「福島復興指針」において、支援機構が持つ東京電力の株式の売却益二兆五千億円をあてることにしています。本来国庫に戻すべき売却益を除染にあてるというのです。中間貯蔵施設については、支援機構法六八条を適用し、国費から出すことにしてしまいました……事故収束・廃炉費用についても、その一部が電気料金に転嫁できるように運用しています。つまり、事故リスク対応費用の多くが事業者負担となっていません。」（同上）

こうして、事故リスク対応費用の多くが「ほとんど無原則的に国民負担」となっている。すなわち、事故リスク対応費用「一三兆円のうち、二、三割が東京電力負担」だが、「損害賠償対応費用は、総括原価を定める算定規則…の運用で電力消費者に転化され」、「事故収束・廃炉費用についても、その一部が電気料金に転嫁」され、「その他は国民が支払」うことになる。すなわち、除染費用、中間貯蔵施設についても「現状では、費用負担原則について吟味しないまま、ほとんど無原則的に国民負担」（同上）となっているのである。大島氏の議論から原発事故損害対応の費用と負担は以下の表のようにまとめられる。

以上要するに、東電は、まず、①政府が交付する公債を原資とする、原子力損害賠償機構からの資金援助として、「上限をもうけず、必要があれば何度でも援助」してもらい、「損害賠償、設備投資等のために必要とする金額のすべてを援助」してもらう。②義務として原子力損害賠償機構に納付する負担金のうち、東京電力は「一般負担金は」、「電気料金を通じて一般負担金に相当する資金を回収」し、実質負担の「特別負担金」は利益から補填することで、損害賠償支払の負担をおおむね「国民に…転嫁」する。また、③「事故収束・廃炉費用

原発事故損害対応の費用と負担

支払者		項目	一次負担者	二次負担	実質負担者
東電		損害賠償費用	原子力損害賠償機構		国民
東電		1200 億円の損害賠償	自己責任分：保険から	保険会社	電気利用者
東電		事故収束・廃炉費用	一部電気料金から回収、利益から	電気料金	電気利用者
東電	総括原価方式	一般負担金	原価回収＋利益獲得	電気料金	電気利用者
東電		特別負担金	利益から	電気料金	電気利用者
政府		中間貯蔵施設	国税		国民
政府		除染費用	原子力損害賠償機構	東電株式の売却益	国民

についても、その一部が電気料金に転嫁」されている。

さらに、政府は、事故リスク対応費用のうちの除染費用、中間貯蔵施設の費用を「ほとんど無原則的に国民負担」に転嫁しているのである。

以上のように、事故対応費用は、ほとんど実質国民負担で、そのおかげで、事故責任のある東電・株主・銀行が電気料金を値上げしつつ利益を得続けているのである。さらにそのかげで、政府は生存権保障の義務を隠蔽しているのである。

四・２　託送料による事故対応費用の電気料金転嫁

二〇一六年、増大する損害賠償などの事故対応費用や廃炉費用を送電線使用の「託送料」に上乗せして電気料金として国民から徴収する、さらなる国民負担の制度が経産省から提案された。これは、総括原価方式が発送電分離制度では廃止される見込みなので、その代わりに、新旧の電力会社の電力使用者に自己負担すべき費用を転嫁する制度ともいえる。

経産省は二〇一六年一二月、福島第一原発事故の処理費用が、二一・五兆円（内訳：廃炉八兆円、賠償七・九兆円、除染四兆円、中間貯蔵一・六兆円）に倍増すると試算し、「東電による費用負担がはるかに限界を超える中、政府は新たに国民に負担を求める「東電改革案」をぶち上げた。」（『エコノミスト』二〇一七、二、七、p.18-19）「経産省は賠償費七・九兆円のうち二・四兆円を『原発を保有する電力会社が事故に備えて積み立てておくべきだった』と主張。二〇年度から四〇年間、大手電力だけでなく、電力自由化で新規参入した新電力を含めた消費者が支払う託送料に上乗せして負担を求める方針」（同上、p. 19）を示した。「賠償費の「過去分」のほか、福島第一原発以外で廃炉が決まっている関西電力美浜一・二号機など老朽原発六基の廃炉費用も託送料に上乗せされることになっている。今後、他の老朽原発の廃炉が決まれば、さらに上乗せ額が増えるのは確実だ」（同上、p. 18-19）。また、「送配電に関係のない費用が既に託送料に上乗せされて回収されている。それは、使用済み核燃料の再処理費用（バックエンド費用）だ。」（同上、p. 20-21）つまり、家庭用電気料金の請求金額には、託送料金相当額が含まれている。その託送料金を算出する平均単価には、すでに「法律で定められた使用済燃料再処理費用等既発電費相当額（〇・〇六円（税込）/kWh）が含まれ」（電気ご使用量のお知らせ）ているのである。また、「今後、今回の案が前例となり、他の費用も託送料に上乗せすることは十分考えられる。最も可能性があるのは今回も託送料への上乗せが検討されていた福島事故の廃炉費用だ。現時点では東電が負担する事になっているが、年間五〇〇〇億円規模の資金を確保することが前提となっている。」（『エコノミスト』二〇一七、p. 21）

こうして電気料金は、電力会社に利益をもたらす「税金となる」のである。

『エコノミスト』では、「未曾有の事故の廃炉や賠償、除染などには莫大な資金が必要なのは明らかだった。民間企業で手に負えないのは目に見えていたにもかかわらず、あやふやな根拠で算定して国費投入を見送った政府の責任は重い」（同上）として、「そもそも東電を存続させたまま負担を負わせようとしたことが、費用の膨張を招いた」と、費用膨張の要因を東電が存続したことに求めている。確かに、東電が存続して、東電の利益分と資産分が事故処理に使われずに温存され、その分事故対応費用がかさみ、さらに国民負担に転嫁されたのは事実である。しかし、東電が存続して事故処理の「費用の膨張を招いた」のではなく、当初の損害額と事故対応費用の算定が、そして今の算定も、原発事故の被害者と避難者の支援と社会的な避難の制度の必要性の無視もあって、もともと過小な費用算定であった。当初の損害額と事故対応費用の過少な算定から「費用膨張」が毎年のように行われるのも当然の事であるし、そのことは事故当初から予想されていたのである。官邸自体は膨大な除染費用を把握していたようであるが、しかし、「新しいスキーム」での東電への損害賠償費用の支援にあたって、できるだけ過小に損害額と事故対応費用を算定し、国民負担に転嫁される支援額を少なく見せかけたと言える。支援額が次第に、実際に必要な損害額と事故対応費用に近づいてきて、増額・増枠が続いて終わりが見えないのが実情である。

託送料の目的と負担（エコノミストの解説から）

支払者		項目	一次負担者		実質負担者
電力会社		バックエンド費用	託送料（現状）	電気料金	電気利用者
電力会社		損害賠償費用	託送料（2020年度から）	電気料金	電気利用者
電力会社		一部の廃炉費用	託送料（現状）	電気料金	電気利用者

託送料は新電力含む電力会社が一次負担

バックエンド費用：使用済み核燃料の再処理費用

東日本大震災による原発事故発災時の政府関係者の動向を伝えるブログによると、当時政府が試算した除染費用は四〇〇兆円であった。「除染ができるのか官邸の中であらかたの数字を出したのが四〇〇兆かかる」(https://blog.goo.ne.jp/jpnx05/e/a9a6b4d441d2cec16bf74eb07d521fe4)

チェルノブイリ原発事故災害で医療支援にあたった、現松本市長の菅谷昭氏によると除染は実質的に不可能である。

「福島県は土地の七割が山林であり、その山を完全に除染するためには木を根こそぎ切り落とし、岩肌がすべて見えるほど徹底して行う必要がある。そんなことは無理だろう」(http://lnnl.blog81.fc2.com/blog-entry-4757.html)

「福島の子どもたちを避難させない方がおかしくて、何回も何回も官邸の中で何プランも上がっているんです。それをやらないんです。で、やった方が経費がかからない、除染するよりも。なのにそんな単純な判断も(当時の菅首相は)しないんです。」「移動費用として一家族あたりに四〇〇〇万円を払ったとしても、災害復興費用の二三兆円には到底届かない。除染よりも強制移住にお金を使った方が遥かに効果的」なのである。

(http://blog.goo.ne.jp/jpnx05/e/a9a6b4d441d2cec16bf74eb07d521fe42012-06-11)

この例では、一家族に四〇〇〇万円移住費を払い、五〇万家族被災しているとすれば、四〇〇〇万円×五〇万家族＝二〇兆円となり、必要な除染の費用四〇〇兆円をはるかに下回るのである。

政府は、そもそもの過小な費用算定を深く自覚し反省して、国民負担のもとに利益を上げる東電を法的に整理すべきである。そして、国税、すなわち、国民負担で、透明性を確保した事故対応、被害者の完全な支援、避難の都市建設などを実行すべきである。こうして政府は、即時に損害額と事故対応費用の算定と原発事故の被害者と避難者の支援を生存権保障の制度に改め、避難の都市を含む社会的な避難の制度を構築してゆくべきである。

国民の正義にかない権利の保障が可能なまともな政策を行うには、今からでも遅くはないので、東電に責任を取らせる法的整理の国有化が必要である。東電を解体し、株主に株式を放棄させ、銀行や企業に融資や社債の放棄をさせ、残存資産を整理して、原発事故損害賠償と避難者支援に当てる。原子力以外の事業体も当座は国営となろう。当然ながら東電の残存資産だけでは損害賠償対応費用、除染費用、中間貯蔵施設、事故収束・廃炉費用の事故リスク対応費用の支払に不足するので、残りを政府が原発推進の責任を果たして国費投入をする。そして、国民の同意を得ることができる透明性のある方法による国民負担で、原発事故損害賠償と避難者支援と震災被害者の生存権の保障の費用と、除染と廃炉の事故リスク対応費用を賄うべきである。それにより、日本版チェルノブイリ法による生存権保障の制度と法律が財政的に裏づけられ、それは必然的に避難の社会的制度を裏づけるのである。

四-3 再生可能エネルギーへのシフトと社会的避難の制度

日本の経済にとっては、再生可能エネルギーへのシフトが開発コストに比してイノベーションが進展し、経済成長がもたらされうる適切な方向である。事故対応費用はもとより、その維持や社会的費用のコストが高くリスクが大きい原発や核燃料処理の原子力システムは廃されるべきである。しかしながら、現実には財界と政界と官界との要請で、東電・株主・銀行の利害と儲けを確保するために、政府が事故責任を隠して国民の税金を注入して東電を延命させており、関連の原子力ムラがそうした国民負担の上にたって存続し、イノベーションの可能性を損なっている。政府の原発事故責任を確認して、東電を法的に整理し、こうした税金の流れを直接、事故対応と被害者に振り向け、そしてエネルギーシフトへの投資に振り向けることができれば、事故対応と被害者の生存権保障と避難の社会的制度を充分なものにでき、将来の成長可能性を確保できるであろう。

五　棄民政策を廃止して人間復興政策へ転換を

政府の責任を隠す原発事故損害賠償制度と、市民の声を無視した原発再稼働政策は転換されなければならない。また、住宅支援廃止による自主避難者切り捨て政策、産業・行政優先の復興政策による、チェルノブイリの避難地域に等しい、土壌のベクレル値の高い高線量地への半ば強制的な棄民的「帰還」政策を即刻廃止すべきである。そして民主的に、被災者の意見を尊重して、被災者の生命と生活の権利を保障し社会の持続可能性を実現する、生存権保障の政策や制度を実施しなければならない。

そうした生存権保障政策や制度は、事前と短期の避難計画、中期の被災者自立策、長期的な被災地再建策を統合した社会的対応計画から構成すべきものである。それは、原子力システムからのリスクに対応して設定せざるをえない、必須の社会的対応制度であり、チェルノブイリ法制度と経験に学ぶものである。

高線量地域への「帰還」を半ば強制する「棄民的」産業・行政復興政策は、企業の復興を目指そうが、高齢者の故郷への望郷の思いに答えるものであろうが、放射性物質の長期の半減期を考慮すれば、現状のように行われてはならない。チェルノブイリ法にならい〈年間の追加被ばく量を1mSV以下〉の予防原則に基づき、避難者の移住・帰還・通いの生命と生活の権利を保障する、長期避難の政策・法律・制度に転換されなければならないのである。

追加被曝線量1mSV/y以内の基準を有する、ウクライナのチェルノブイリ法（チェルノブイリ原子力発電所事故により放射性物質で汚染された地域の法制度に関するウクライナ国家法）の第一条と第二条と各ゾーンの定義を確認しよう。

＊チェルノブイリ原子力発電所事故により放射性物質で汚染された地域の法制度に関するウクライナ国家法

第I章　一般規定

第一条　チェルノブイリ原子力発電所事故により放射性物質で汚染された地域の定義

ウクライナ領内において、チェルノブイリ原子力発電所事故により放射性物質で汚染された地域とされるのは、事故前のレベルを超える、放射性物質による環境の持続性汚染が生じた地域にして、個別地域の自然気候及び複合的環境特性を考慮に入れて、住民に年一・〇ミリシーベルト（〇・一レム）超の被曝をもたらし、チェルノブイリ原子力発電所事故による住民の追加的被曝を防ぎ、その通常の経済活動を確保することを目的とする住民の放射線防護及びその他の特別な措置を必要とする地域である。

第二条　放射性物質により汚染された地域の区分の定義

1）立ち入り禁止区域：一九八六年に住民の避難が実施された地域
2）無条件（強制）移住区域
3）保証された自発的移住区域
4）放射線モニタリング強化区域

（衆議院チェルノブイリ報告書より）

チェルノブイリ法で土壌のBq基準による避難と移住のゾーン定義

各ゾーンのセシウム換算の土壌汚染

2ゾーン：無条件（強制）移住区域：
15.0キュリー/km^2 ＝5550億Bq/km^2＝555000 Bq/m^2ゾーン：保証された自発的移住区域：
5.0～15.0キュリー/km^2
＝1850億～5550億Bq/km^2 ＝185000～555000 Bq/m^2
4ゾーン：放射線モニタリング強化区域：
1.0～5.0キュリー/km^2
＝370億～1850億Bq/km^2＝37ooo～185000 Bq/m^2

＊キュリー：キュリー（curie, 記号 Ci）は放射能の古い単位である。国際単位系では、放射能の単位にはベクレル（Bq）を用いる。1キュリーは厳密に3.7×10^{10}ベクレル（37ギガベクレル、370億ベクレル：Bq）に等しい。

（衆議院チェルノブイリ報告書より）

＊日本政府の取るべき法律と制度

日本政府の取るべき法律と制度として、チェルノブイリ法体制から指針を得ての長期的避難・移住・帰還の社会的避難制度を形成する必要がある。

チェルノブイリ法とウクライナの現地を調査した尾松亮氏は、調査結果の分析に基づき以下のように、被災地／被災者支援制度を提案している。

1、被災地域の法的な定義、法律で基準を定めることが必要
2、全員移住と全員残留の二者択一を超える「移住権」の設定
3、チェルノブイリ法にない「帰還権」を「避難の権利」とともに規定する
4、被災地と移住先を結ぶ「行ったりきたり」モデルの実現
5、実際の被害の有無を前提しない「移住リスク」の低減のための保養や健康診断の制度
6、被災地のノウハウや技術への投資促進

（尾松、二〇一六）

さらに、日本版チェルノブイリ法体制のインフラ構築の一環として、避難の都市の建設が必要である。避難者たちの移住と帰還を含む生活再建制度のため、避難の都市建設を制度化しなければならない。

尾松氏の提案も考慮し、日本版チェルノブイリ法体制として、採用すべき法律と制度の要点は次のようになる。

1、政府の損害賠償と事故収束と生存権保障の責任の明示
2、法による権利確認と財政による支援
3、被災地域の法的な定義、法律で基準を定める
基準：住民の年間の追加被ばく量を1mSV以下に抑える土壌汚染度
・被災者の現実的定義（住民、公的従事者、作業従事者）
・被災地の土壌のBq基準による定義（前掲の定義に準ずる）
・政府の支援の基準を〈子どもの生涯の被曝量を累積100mSV以下に抑え、被災者の年間の追加被ばく量を1mSV以下に抑える〉ものとする
4、「帰還権」を「避難の権利」と移住権とともに規定する
被災地と移住先を結ぶ「行ったりきたり」モデルの実現
5、実際の被害の有無を前提しない。「移住リスク」の低減のための保養や健康診断の制度：二重の住所認定と住民票作成と「被ばく手帳」の交付
6、被災地のノウハウや技術への投資・雇用促進
7、避難・移住・帰還・医療・教育・研究・再建の都市建設

六　結び：生命と生活の復興の社会的総合的避難の制度

これまで検討してきたように、原発再稼働政策、自主避難者切り捨て政策、高線量（Bq）地への即時「帰還」による産業・行政復興政策は、棄民政策であって、即時に廃止し、被災者の生命と生活の権利を保障する政策・法・制度に転換されなければならない。原子力事故損害賠償の制度も、政府が責任を持って被害者の生活を保障する原則で実施しなければならない。そのため被災者は市民や自治体と協力して、政府に直接的・間接的交渉によって、すべての被災者の生存権を保障して、社会の持続を可能にする法・制度の構築とそれへの転換を要求しなければならない。こうした政策は、事前と短期、中期、長期の避難計画を整合的に統合した原子力システムリスクへの社会的対応計画を基準とする。この社会的対応計画は、原子力システムの被ばくリスクを低減するため必須なものである。

まず、事前と短期の避難防災計画には、市民が自治体や原発事業者と話し合い、事業者の協力を前提する余裕のある実効的な避難計画が必要である。市民参加と情報公開と行政と事業者との協力関係を前提とし、自治体と原子力事業

者が協力して情報公開し、更に市民が参加する共同作業によって、事業者が「メルトダウンを避ける対策を何重にも備え」ることが前提として必要である。そうして「事業者がどれくらいの時間を稼いでくれるかを確認」して、事業者の「努力を取り入れた余裕のある実効的な避難計画を作」らなければならないのである。

　中期、長期の避難計画の喫緊の課題は、チェルノブイリ法体制の日本版として立法されたが、政府の産業と行政の復興路線のうちにその後骨抜きにされてしまった、子ども被災者支援法の理念通りの実効化への体制整備と自治体条例における実現となろう。実効化された子ども被災者支援法は中長期避難計画の核となる可能性がある。

　こうした中長期避難計画による支援制度の先例となるチェルノブイリ法制度では、〈政府が事故の責任を認め、被災者と被災地を法律で認定し、年間追加被ばくを1mSV/年以内に制限する制度・体制を政府財政により構築し、被災者の市民的権利・生存権を保障する〉という原則である。

　そこには子供の年間追加被ばく限度を1mSV/年以下に制限し、また、平均寿命から計算して、生涯の追加被ばく量を累積100mSV以下に限定して子供の命と生活を守ろうとする基本理念が込められており、日本の制度もそれを受け継がなければならない。また、被災地の再建策の基準となる、中長期の避難計画は、現時点ではチェルノブイリ法制度の〈年間追加被ばく量1mSV/年以上を避けること〉を予防原則としなければならない。一定の被ばくをもたらす土壌汚染のBq（ベクレル）値の汚染基準で被害地を把握・区別しなければならない。これらの予防原則と汚染基準により被害地域と被害住民を定義し、また、原発事故対応者と従事者を定義する。そうした被害を受け、また、被災した人々に避難・医療・教育・移住・所得補償・帰還の権利を確認して被災者の生命と生活を保障しなければならないのである。

　避難者支援は、具体的には、この避難の権利を保障するための二重の住民票と「被爆者」手帳などの制度化と、避難者コミュニティを単位とする避難・防災・研究・復興のための都市の建設があげられる。

　このような支援と再建の政策の基準となる、原子力リスクへの社会的対応計画の作成は、原発事故後の社会の課題として、原子力システムの廃棄と脱原発社会に向けて、まず実施すべき第一歩なのである。

◎参考文献・資料

・日野行介『原発棄民』、毎日新聞出版、二〇一六年
・『新潟日報』二〇一七年八月二三日
・福島県庁ＨＰ：http://www.pref.fukushima.lg.jp/uploaded/attachment/227598.pdf
・http://www.pref.fukushima.lg.jp/site/portal/ps-minchin-shien.html
・新潟県庁ＨＰ：http://www.pref.niigata.lg.jp
・http://www.reconstruction.go.jp/topics/main-cat1/sub-cat2-1/20170829_hinansha.pdf
・日野行介、『福島原発事故　被災者支援政策の欺瞞』、岩波新書、二〇一四年
・青木美希、『地図から消される街』、二〇一八年、講談社
・平井茂雄、「統計から消える自主避難者　福島原発事故、無償住宅打ち切り影響」、朝日新聞デジタル、二〇一七年八月二八日
・避難の協同センター：https://www.facebook.com/hinankyodo/、http://hinan-kyodo.org/
・原子力損害賠償群馬弁護団ＨＰ：http://gunmagenpatsu.bengodan.jp/
・『生業（なりわい）を返せ、地域を返せ！』福島原発訴訟原告団・弁護団Webサイト：http://www.nariwaisoshou.jp/activity/entry-753.html
・岡田広行「「子ども被災者支援法」が骨抜きの危機　原発事故被災者や自治体が、国に〝異議申し立て〟」二〇一三年一〇月〇七日、http://toyokeizai.net/articles/-/21068
・http://www.reconstruction.go.jp/topics/main-cat1/20120627hougaiyou.pdf
・https://www.reconstruction.go.jp/topics/main-cat1/sub-cat1-4/20130528_keikakugaiyou.pdf
・http://www.meti.go.jp/earthquake/nuclear/kinkyu/hinanshiji/2017/pdf/0401gainenzu02.pdf
・除本理史、『原発賠償を問う』、岩波書店、二〇一三年
・大島堅一、「原発の費用と負担問題」、『財政と公共政策』第三九巻第二号、

二〇一七年一〇月
・『エコノミスト』二〇一七・一一・七、毎日新聞社
・http://lmnl.blog81.fc11.com/blog-entry-4757.html
・http://blog.goo.ne.jp/jpnx05/e/a9a6b4d441d11cec16bf74eb07d521fe42012-06-11
・衆議院チェルノブイリ報告書：http://www.shugiin.go.jp/internet/itdb_annai.nsf/html/statics/shiryo/cherno15.pdf/$File/cherno15.pdf
・尾松亮『新版 三・一一とチェルノブイリ法』、二〇一六年、東洋書店新社

（長岡工業高等専門学校　名誉教授）

●論文

中国経済の台頭とアジア経済圏

パックス・アメリカーナの変容と中国経済の成長

Makoto DOHI 土肥　誠

序論

一九八七年の改革開放政策の採用以来、中国経済の成長は目を見張るものがある。とりわけ一九九〇年代からの中国の経済成長は、中国自身の内的発展という側面があったことはもちろんのこと、世界経済、とりわけアメリカを中心とする経済のグローバル化が進展したことが大きい。

一九八九年、中国は深圳を初の経済特区に指定した。深圳は香港と密接な関係を保ちつつ、外国資本や技術を積極的に導入した。その後、経済特区は珠海、汕頭、厦門、さらに海南省へと拡充され、この他に沿岸開放都市も作られた。（表序参照）

中国は、一九九〇年代になると一〇％以上の成長を遂げ、二〇一〇年にはついに日本を抜いて世界第二位のGDPをたたき出すまでになった。そして、中国は「一帯一路」構想によりアジアからヨーロッパまで、さらにオセアニアにまで経済圏を確立しようとしている。

二〇四〇年にはアメリカを抜いてGDP世界第一位になると予想されている中国は、習近平によって打ち出された「一帯一路」によって、独自の経済圏を確立しようとしているように見える。同時に、政府主導の工業化によって、中国に累積している過剰資本の処理も喫緊の課題となっている。（三浦 2013）

しかしながら、近年中国の対外政策に対する反発が強まる中、中国主導の「一帯一路」に対する反発も現れてきており、中国がアジアやオセアニアに経済圏

表序　中国の経済特区と沿岸開放都市

経済特区

市	省
深圳	広東
珠海	広東
汕頭	福建
厦門	福建
海南全市	海南

沿岸開放都市

市	省
広州	広東
湛江	広東
北海	広西チワン族自治区
福州	福建
温州	浙江
寧波	浙江
上海	直轄市
南通	江蘇
連雲港	江蘇
青島	山東
煙台	山東
天津	直轄市
大連	遼寧
秦皇島	遼寧

＊筆者作成
＊経済特区の海南は、
海南省全部が経済特区。

を作るという構想は困難が予想されようし、ましてやアメリカに代わり「パックス・シノニカ」を確立することは、〝画餅〟であるという意見もある。（姫田2017）（ロイター二〇一八年七月五日付）中国は、アメリカの世界経済編成を組み替えつつパックス・シノニカを構築できるのであろうか。また、中国は独自の世界経済編成を構築することは可能なのであろうか。また、その意思を有しているのであろうか。

本論では、まず戦後アメリカを中心とする世界経済を概観する[1]。次に、改革開放以来躍進しつつある中国経済に光を当てて分析する。最後に中国政府の描く「一帯一路」を対象としつつ、中国経済の変容を考察してみたい。

一　アメリカ経済の変容
——戦後資本主義の世界経済編成——

戦後、最大の資本主義国となったアメリカは、第二次世界大戦終結より一九七〇年代初頭までは大戦で疲弊したヨーロッパ諸国や日本など一部アジア地域の復興援助を行いつつ、ドルを基軸通貨として世界経済を編成する力を有していた。具体的には、アメリカがその広大な市場を開放し、大規模な復興援助を行いつつ世界に撒布されたドルが順調にアメリカに還流する限り、世界経済は順調に発展した。戦後の世界経済は、ドルを中心とする通貨体制と自由貿易を原則とするＩＭＦ＝ＧＡＴＴ体制、すなわちパックス・アメリカーナのもとで先進国を中心に経済が拡大していった。第二次大戦後の世界経済は、パックス・アメリカーナのもと、アメリカドルを基軸通貨としながら自由貿易体制を維持しつつ、アメリカが自らの市場を開放し、ヨーロッパなどの先進国はアメリカからの援助体制にバックアップされながら、アメリカへの輸出によって資本蓄積が可能となる体制であった。こうして、ヨーロッパや日本は高度経済成長を実現し、戦争で疲弊した経済を立て直すことができたのである。

アメリカ本国に関しては、以下の点が指摘できる[2]。第二次世界大戦による戦時体制から平時転換するに至り、自動車産業を中心とするアメリカの産業構造は、フォードやＧＭなどのビッグビジネスを基礎として高水準の賃金の保障やセニョリティールールを確立し、戦後の企業体制が確立された。耐久消費材部門を中心としたアメリカの戦後企業体制は、高い賃金水準を背景に消費を拡大し、広範な中間層の形成に大きな役割を果たしたと言ってよい[3]。一方、アメリカの持続的成長に第二次大戦後の軍需産業も中心的な役割を果たした。軍需産業は、「戦後パックス・アメリカーナの直接的な体制維持コスト」（河村2003、一七八頁）としての機能を有していた。戦後のアメリカは、耐久消費財部門を中心とする戦後企業体制と軍事と産業が結びつく軍産複合体により、政府に多額の税収を保障し、国民の生存権を国家が保証する福祉国家体制が成立した。

対外的なものとしては、ＩＭＦ＝ＧＡＴＴ体制が重要である。自由貿易を基調としつつ、金とリンクした基軸通貨ドルが世界に撒布され、ドルが順調にアメリカに還流する限り、世界経済も順調に発展した。

しかし、ドルが世界に撒布される量が増えるに従い、次第にドル不安が高まっていき、ついに一九七一年、当時のニクソン政権は金—ドル交換停止を発表するに至り、ＩＭＦ＝ＧＡＴＴ体制は限界を露呈した。さらに一九七三年に第一次オイルショックが起こり、ドル不安はますます高まっていった。こうして、ついに世界経済は変動相場制へと移行したのである。

変動相場制に移行するに伴い、世界経済は不安定化の様相を呈するようになった。特に、スタグフレーションの出現はこれまでのアメリカ戦後企業体制を変容させるものであった。一九七三年の第一次オイルショックは、あらゆる商品の価格を一挙に引き上げた。しかし、戦後アメリカ企業の「成熟した寡占体制」のもと賃金は下方硬直性を示し、生産の海外移転が進んだ。生産の海外移転は、とりわけＮＩＥｓ諸国の経済発展を促し、アメリカのサービス経済化が進んだ。八〇年代のレーガン政権で「強いアメリカの再生」という掛け声のもとに展開された「レーガノミックス」は、弱体化したアメリカ産業の復活を目指し、さらなる持続的成長を指向するものであった。「小さな政府」と「規制緩和」を目指したものの、福祉関係予算の削減は容易ではなく、「軍事ケインズ主義」による軍拡体質により財政赤字は拡大した。

戦後企業体制も変容を余儀なくされた。多くの企業においてリストラクチャリングやダウンサイジングが行われ、M&Aが盛んに行われた。

さらに重要なことは、戦後アメリカを中心とする戦後世界経済編成が変容をきたしたことである。具体的にはG7が年一回サミットを開催し、世界経済の諸問題を話し合うようになった。それに伴い、アメリカは国際協調を先進国に要請するようになり、先進国は「世界体制維持コスト」（樋口 1999、一六～一八頁）の分担を余儀なくされたのである。すなわち、戦後世界経済はアメリカを中心とした世界経済編成という「自律性」をも失ったということであり、世界で出現する問題に対し、世界が共同で対処する時代に入ったことを意味した。(4)

冷戦の終結は、世界経済に大きな変化を与えることになった。アメリカでは「平和の配当」として軍事支出が削減された（表1）。企業もIT革命により合理化が進行した。とりわけIT革命はヨーロッパや日本のような先進国はもちろん、アジアや南米の途上国にも工業化の可能性をもたらした。さらに、金融もグローバル化していき、やがてニューヨークのウォール街、ロンドンのシティー、日本の東京を世界の三大金融センターとしながらグローバル化していった。これにIT革命による情報化が結びつき、ME技術の発展によって世界経済はグローバル化に拍車がかかることになったのである。

世界経済のグローバル化は、生産の国境を下げる役割を果たした。特に八十年代以降、ME化が進行し、熟練技能の解体が進んだ。一方、経済発展の結果労賃の上昇を招いた先進諸国は、繊維産業や雑貨組み立てなどの労働集約産業を中心に生産拠点を海外の新興国に移すようになってきた。新興国も安価な労賃を基礎としつつ輸入代替型の工業化を指向した。こうして韓国や台湾といった後進地域の工業化が進展した。(5)こうして新興工業経済圏（NIEs）は、資本蓄積が進行し、やがて輸出志向型の工業化へと転換していく。

金融の面では、一九七一年の変動相場制移行に伴い、金融市場の変動が増大し、様々な金融商品が開発された。世界三大金融中心地、とりわけニューヨークを中心に金融もファイナンシャリゼーションをテコにしてグローバル化していった。かかる金融のグローバル化（ファイナンシャリゼーション）は、投機の増大を生むことになり、世界中にバブル経済を起こしてはその国を不況に落

表1　冷戦終結後の連邦軍事支出　　単位：100万ドル

年	1989	1990	1991	1992	1993	1994
支出計	303,559	299,331	273,292	298,350	291,086	281,642

年	1995	1996	1997	1998	1999
支出計	272,066	265,753	270,505	268,456	274,873

出典：U.S.O.M.B(2000) pp.50-54, Table3.2より筆者作成。
土肥（2001）表7も参照のこと。

表２ 中国、アメリカ、日本のGDP の推移　1990ー2017年　　単位：百万USドル

	1990	1995	2000	2005	2006	2007	2008	2009	2010	2015	2016	2017
アメリカ／GDP	5,979,575	7,664,050	10,284,750	13,093,700	13,855,900	14,477,625	14,718,575	14,418,725	14,964,400	18,120,700	18,624,450	19,390,600
順位	1	1	1	1	1	1	1	1	1	1	1	1
日本／GDP	3,132,817	4,833,714	4,887,519	4,755,411	4,530,376	4,515,264	5,037,909	5,231,383	5,700,098	4,394,977	4,949,272	4,872,135
順位	2	2	2	2	2	2	2	2	3	3	3	3
中国／GDP	398,623	736870	1214915	2308800	2774293	3571451	4604285	5121681	6,066,351	11,226,186	11,221,836	12,014,610
順位	11	8	6	5	4	3	3	3	2	2	2	2

出典：グローバルノート(2018)より筆者作成

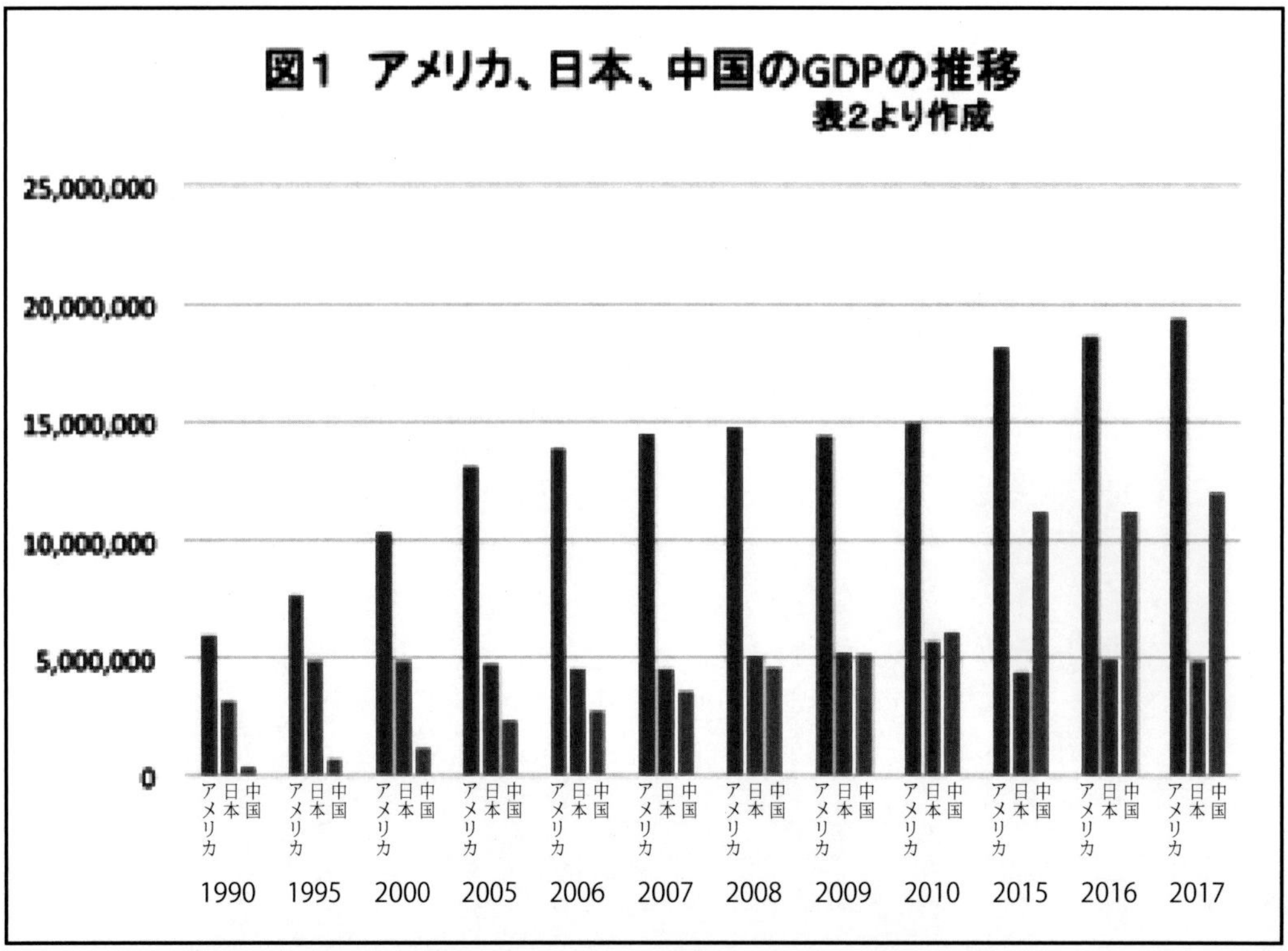
図1　アメリカ、日本、中国のGDPの推移
表2より作成
25,000,000
20,000,000
15,000,000
10,000,000
5,000,000
0
アメリカ
日本
中国
1990
1995
2000
2005
2006
2007
2008
2009
2010
2015
2016
2017

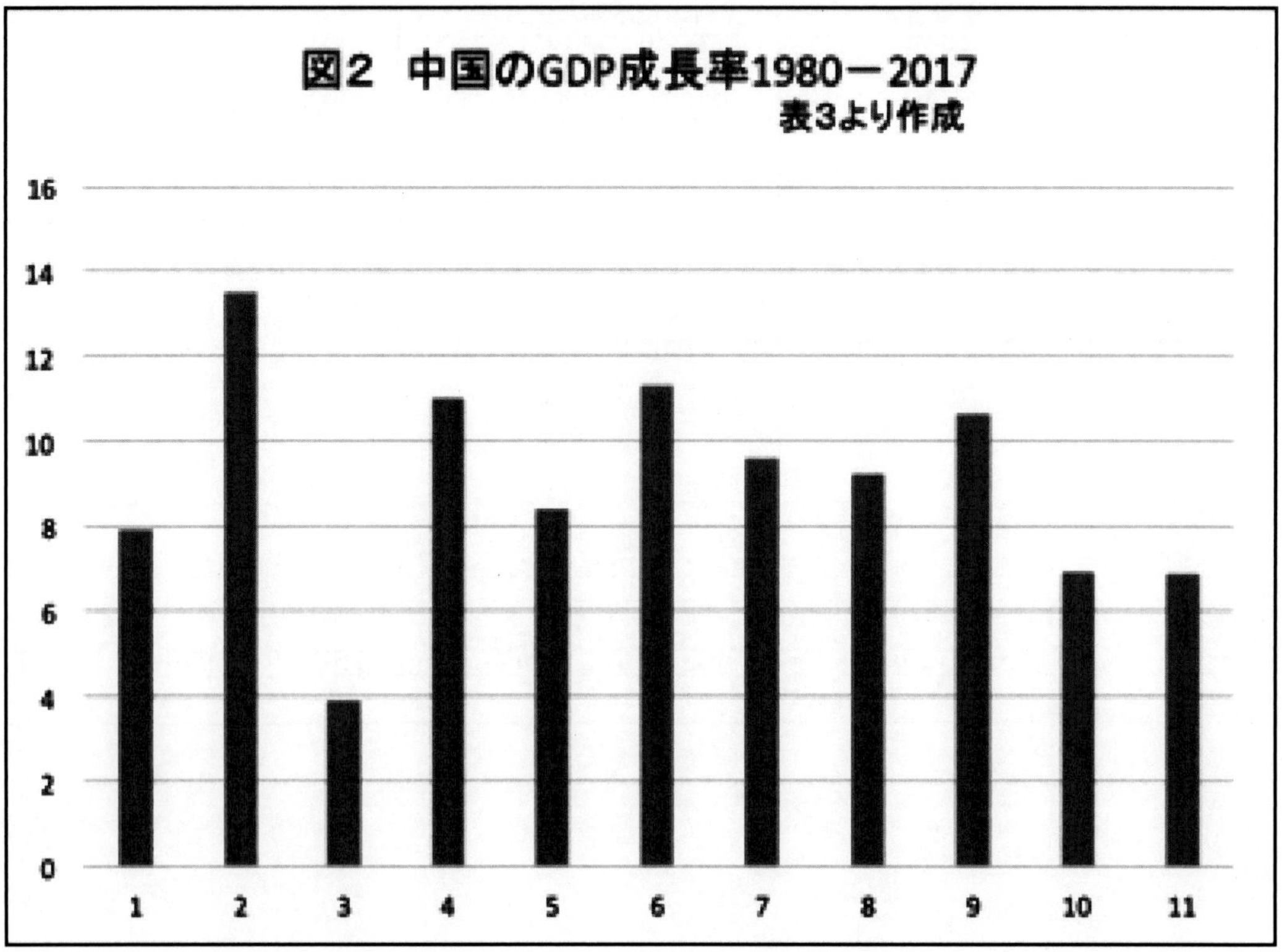
図2　中国のGDP成長率1980－2017
表3より作成
16
14
12
10
8
6
4
2
0
1
2
3
4
5
6
7
8
9
10
11

とし込み、やがてリーマンショックに始まる世界的同時不況を惹起することになる。(6)

これらの現象は、とりわけ一九七〇年代以降、変動相場制への移行に伴い、戦後パックス・アメリカーナの蓄積体制、言い換えれば戦後の世界的高度経済成長を実現した持続的な資本蓄積体制（グローバル成長連関）の変質であり、新たな世界的な資金循環（新帝国循環）が形成され、世界経済はいっそうグローバル化を進展させていくのである。(7)そして、リーマンショック後の世界で先進国が不況にあえぐ中、中国は着実に自国の経済を発展させたのであった。

二　中国経済の台頭

中国は一九七八年に改革開放政策が決定されて以来、高い経済成長を実現してきた。表2と図1は、一九九〇年から二〇一七年までのアメリカ、日本、中国のGDPを表したものである。いずれの国も順調にGDPが上昇してはいるものの、二〇〇八年のリーマンショック以降、とりわけ二〇一〇年以降の中国の伸びが著しいことがわかる。次に表3と図2であるが、八〇年代以降の中国のGDP成長率であるが、改革開放以来高い伸び率を示しつつも、九〇年代初頭の世界的なバブル経済の崩壊、リーマンショックとそれ以降の二〇〇八年、二〇〇九年には若干下がっている。リーマンショックとそれに続く世界同時不況で、中国は若干の成長鈍化を伴いながらも順調な経済成長を遂げ、二〇一〇年以降、過剰資本の存在が足を引っ張ることになる中国の経済成長は、どのような過程を経て発展してきたのだろうか。

改革開放初期の中国は、外資を積極的に受け入れて製品を組み立て、それを外資に提供するという来料加工貿易(8)が中心であった。「引進来」といわれるこの方法では、例えば広東省では外資はまず香港に支社や合弁会社を設立し、深圳に貿易特区にある企業に組み立てを発注した。さらに、広東省独特の制度であった「転廠取引」により、複数回の税関通過を前提とせずに製品の受け渡しができた。

中国は九〇年代より順調に資本を蓄積していき、二〇〇二年にWTOに加盟を果たした。市場経済化のもと、沿岸部を中心に順調な発展を遂げた中国ではあるが、旺盛な投資を背景として、九〇年代半ばから資本不足の状態から次第に資本過剰の状態へと変わっていった。

特に中央政府による地方政府の官僚の出世に対する評価として、その省の経済発展に重点を置いたため、そこに住民の便益を保障するというより高速道路などのインフラ投資や国有企業への投資に多くの税金が投入されたのである。さらに企業の高い内部留保と低い労働分配率、不完全なセーフティーネットゆえの高い貯蓄率などの要因が存在した。(9)銀行の貸付も国有企業中心であり、その他の企業はシャドーバンクなど「影の銀行」からの貸し出しに依存していた。このような背景を基礎として、九〇年代から二〇〇〇年代中盤までの中国経済は高い成長が可能であったし、それに伴う過剰資本も増大していった。しかし、二〇〇八年にリーマンショックが起こり、世界経済が不況になると、軽重の差はあれ、中国もこの不況に無縁ではいられなかったのである。

表4と図3は、中国の貿易の推移の概略である。九〇年代から貿易は順調に伸びて来てはいるものの、リーマンショックによる影響から、二〇〇八年以降の貿易額が減少していることがわかる。二〇一五年以降の輸出の伸びは、中国経済の好調なパフォーマンスにより、投資熱が高かったことに加え、アメリカを中心とする世界経済の持ち直しと、中国で顕在化した過剰資本の処理の結果として中国の輸出の伸びが高くなった。二〇〇八年のリーマンショックにより、中国最大の貿易相手国であるアメリカ経済の失速を契機として中国に過剰資本が増加したため、中国政府は四兆元の資金を投入し、インフラ整備や不動産投資を行って中国経済が不況になることを防止しようとした。(DBJ2015)二〇一五年以降の輸出の増加は、同時にアメリカとの間で貿易摩擦を引き起こすことになった。リーマンショック後の不況は、中国にとって単なる不況ではなかったのである。九〇年代からの中国の高度成長による過剰資本の蓄積が問題なのであった。そして、この傾向は国有企業に顕著であり、習近平は、二〇一三年一二月の「中央経済工作会議」の席上において中国企業の過剰生産を指摘したうえで、強力な企業の合併や再編を推進することを明確にした。

表3　中国のGDP成長率　1980－2017											
年	1080	1985	1990	1995	2000	2005	2008	2009	2010	2015	2017
成長率(%)	7.91	13.5	3.9	11.00	8.40	11.3	9.60	9.20	10.61	6.90	6.86
出典：IMF(2018)より筆者作成											

表4　中国貿易の推移　1997-2016					単位：100万ドル		
年	1997	2000	2005	2008	2009	2010	2015
貿易総額	325,162	474,297	1,421,906	2,563,255	2,207,535	2,974,001	3,953,033
輸出総額	182,792	249,203	761,953	1,430,693	1,201,612	1,577,754	2,273,468
輸入総額	142,370	225,094	659,953	1,132,562	1,005,923	1,396,247	1,679,565
差額	40,422	24,109	102,001	298,131	195,689	181,507	593,904

出典：中国国家統計局、年次データより筆者作成
＊貿易総額＝輸出総額+輸入総額　　差額＝輸出総額ー輸入総額
＊小数点以下は、四捨五入してある。

図3　中国貿易の推移1997-2016
表4より作成

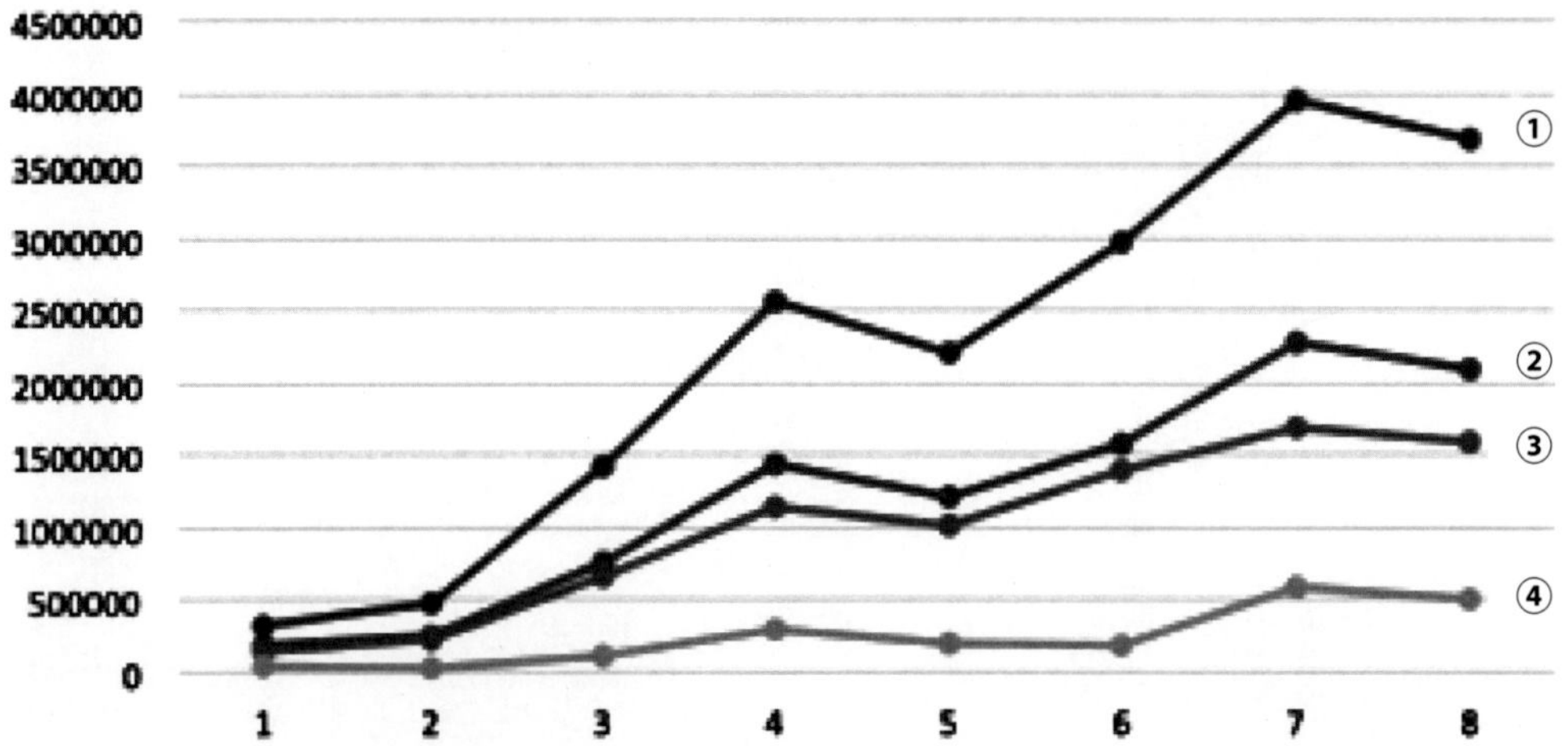

① 貿易総額　② 輸出総額　③ 輸入総額　④ 差額

（伊藤 2013）

中国経済の成長鈍化に対応するものとして、習近平は「新常態（ニューノーマル）」の経済という新機軸を打ち出した。「新常態」とは、中国社会科学院の李揚によれば、「歴史を貫く戦略概念」かつ、中国に「新たな挑戦をもたらした」考えであり、①投資・成長・過剰のパラドクスを投資メカニズムが働く環境へと変え、②債務状態の悪化の防止と合理的で持続可能な地方政府による資金調達のメカニズムを構築し、③住民の立場で都市化を行い土地利用の効率を高め(10)、④不動産市場の「トップダウン設計」を早急に進めながら不動産の適正価格を維持し、⑤金融の混乱を処理する政権運営のメカニズムを改革する考えだとしている。（李 2015）

中国経済の高度成長は同時に資本の過剰をもたらし、「ニューノーマル（新常態）」の経済へと移行するのであるが、「ニューノーマル」の経済は、輸出主導型の経済の行き詰まりを内需主導型経済へと転換し、さらなる経済発展を目指すという側面が極めて強い。「新常態」は、九〇年代から二〇〇〇年代のように中国が成長する見込みは薄く、といってこのまま成長の鈍化が続くと社会の不満が高まり混乱も避けられないが故の政策の転換であろう。しかし、大きな経済格差が存在する中国での内需転換は容易ではなく、内需主導型経済への転換が容易でないとなれば、中国経済は過剰な資本をできる限り内需の発展で処理しつつも、同時に処理しきれない過剰資本を国外で処理し、安定した経済発展を目指さなければならない。また、輸出主導型の経済発展で伸びてきた中国経済をただちに内需主導型へと変換することは現実的ではないであろうし、内需だけでは早晩経済は行き詰まるであろう。ここから、恒常的かつ安定的に外需を作り出し、中国経済を安定的に維持するための方法として「一帯一路」が構想されたのである。

三　「一帯一路」とアジア経済構造の変化

二〇一三年、「中国の夢」というスローガンを掲げて登場した習近平が提唱する「一帯一路」の概略は、以下のようである。(11)「一帯一路」は一帯＝陸と一路＝海に分け、まず中国の都市を起点にする。そのうえで、「一帯」は中央アジアを通り、中東を経ながらヨーロッパに至る「シルクロード経済ベルト」、「一路」は中国の沿岸部都市から海上でアセアン諸国を通りつつヨーロッパに至る「21世紀海上シルクロード」が構想されている。（図4）他に、中国の昆明からベトナムなどのインドシナを通り、マレーシアからシンガポールに至る「汎アジア鉄道構想」がある。

「一帯一路」は、中国国内に（表5）のように沿岸部から内陸部までさまざまな拠点を設け、バランスの良い発展を考えているようである。かいつまんで説明すると、新疆を中央アジア（一帯）進出の拠点としつつ、青海や甘粛といった北方の内陸部の都市を重要なルートと位置づけている。アセアンへの拠点（一路）は福建、広東、江蘇、浙江などの沿岸部の都市を指定しつつ、海南を重要な拠点と位置付けている。さらに陸の一路として広西や雲南など、南方の内陸部の都市からベトナムやタイへ進出し、タイやシンガポールから海上でアセアンと接続するという構想もある。(12)

「一帯一路」を経済面で支えようとするのがアジアインフラ投資銀行（Asian Infrastructure Investment Bank：ＡＩＩＢ）である。ＡＩＩＢは、二〇一三年一〇月に開かれたアジア太平洋協力会議（ＡＰＥＣ）で習近平が打ち出した。ＡＩＩＢは「一帯一路」と一体となるもので、「一帯一路」を資金面で支えることを意図している。五七か国が創設メンバーとなって設立されたＡＩＩＢであるが、この中にカザフスタン、タジキスタン、ウズベキスタン、キルギスなどの中央アジア諸国が入っていることが特徴である。資金の拠出額は、中国が約二九八億ドル、インドが約八四億ドル、ロシアが約六五億ドル、韓国が約三七億ドルと続き、その下には軒並み先進国が並んでいる。（上原 2015、図表2を参照）ＡＩＩＢに資金を拠出するとはいえ、中央アジア諸国が満足に資金を拠出できるとは思われず、ロシアやインドの資金をあてにしつつ中国が中心となって拠出するであろうことは想像に難くない。そのうえ、ＡＩＩＢは常設の事務局を置かないことになっており、中国がその資金力を背景にヘゲモニーをとることも予想されるであろう。

ＡＩＩＢは、「一帯一路」による中国の過剰資本の処理を円滑に行うサポー

図４　中国の「一帯一路」構想
（ロイター　2017年５月10日付けより掲載）

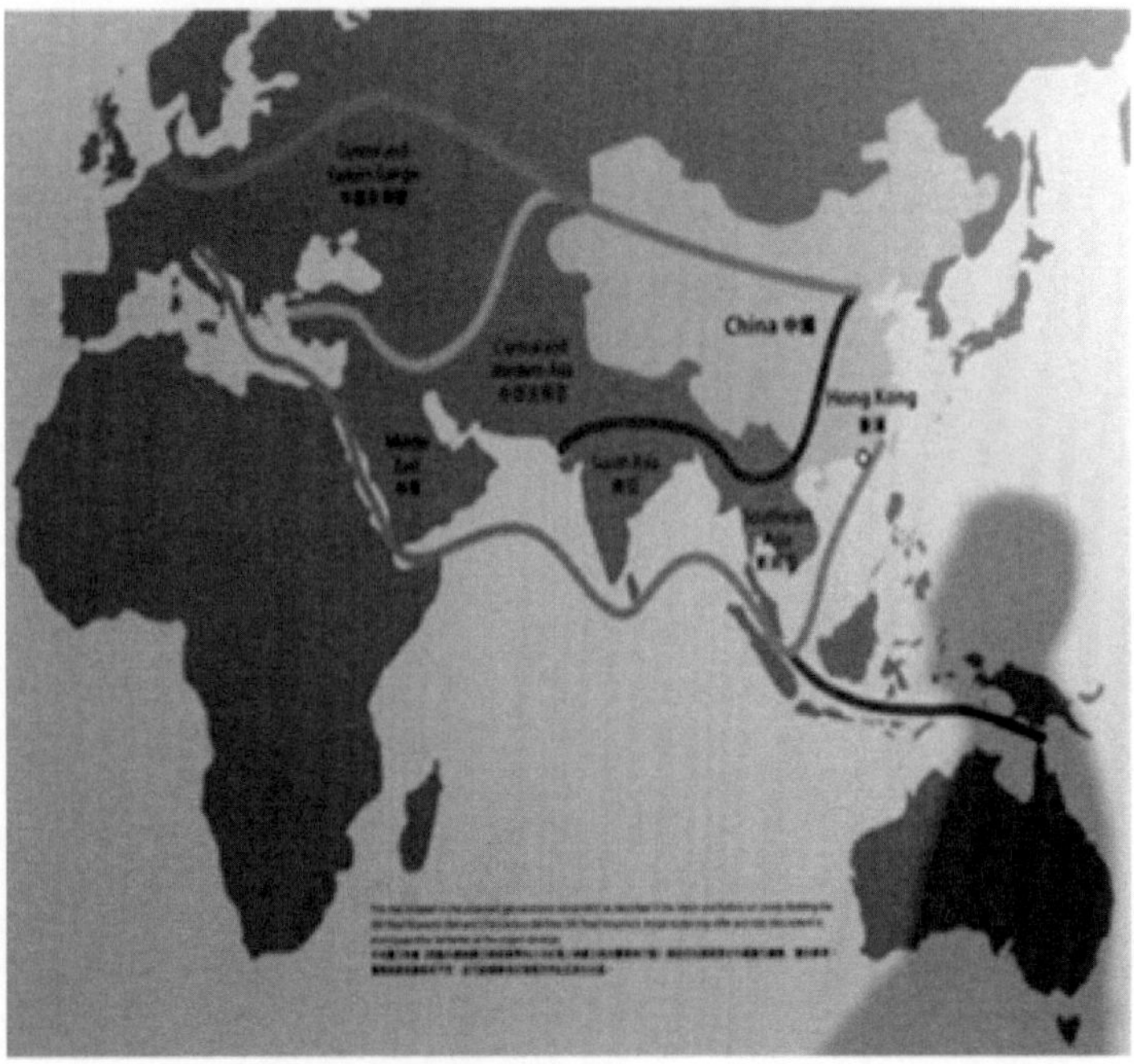

表5　一帯一路　各地方の位置づけ

	省	機能させるための都市	機能
A.一帯	新疆ウイグル自治区	ウルムチ、カシュガル	「一帯」の中心エリア
8省1直轄地	甘粛	蘭州、白銀、酒泉	「一帯」のゴールデン区間
	寧夏		「一帯」の戦略支点
	雲南		戦略拠点、ルートターミナル
	広西チワン族自治区		重要拠点、戦略接続点
	陝西	西安	重要支点
	青海	西寧、海東、ゴルムド	西方へ広げるための主要陣地
	四川		「一帯一路」の重要交通ターミナル、 および内陸経済の要地
	重慶		長江上流の総合交通ターミナル、 内陸を発展させるための重要地
B.一路	福建	福州、厦門(アモイ)、 泉州、平潭	「一路」の中心エリア
5省	広東	広州、深圳、恵州	「一路」の前線基地
	江蘇	徐州、連雲港	「一帯」と「一路」の合流地点
	浙江	杭州、寧波、温州	「一帯一路」戦略の経済貿易協力先行エリア、 オンライン・シルクロード試験区、 貿易物流ターミナルアリア
	海南	海口、三亜	「一路「の拠点戦略支点

＊重慶は直轄市である。
出典：(王2015)より。なお、掲載にあたっては邦訳を参考にし、一部表現を変えた。

トという側面が強いであろう。「走出去」という輸出主導型経済発展を推し進めてきた中国は、リーマンショックによ世界同時不況による世界経済の変化の中、この戦略を修正させざるを得なかった。だからといって、内需で自国経済をけん引できるほど中国経済は大きくはない。（表６）は、二〇一六年の中国省別ＧＤＰであるが、広東省だけでトルコやオランダとほぼ同じくらいのＧＤＰを生産する地域から南米のエクアドルとほぼ同じくらいのＧＤＰ規模であるチベット自治区まで、実に幅広い格差が存在する。[13]中国の場合、外需を内需に転換する場合、大きな格差がネックになることは想像に難くない。豊かな沿岸部の内需だけで過剰資本を処理することは、相当な無理があろう。こうなると、過剰資本の処理は海外へと向かわざるを得ないことは必然であろう。

　では、中国がこのまま「一帯一路」を推進していくと、どのような世界になるのであろうか。とりわけ、アジアが強い影響を受けることが予想されるであろう。すでに中国から中央アジアを通り、ヨーロッパまで鉄道で貨物列車が走るようになったし、インドネシアでの高速鉄道建設やバングラディシュの港湾整備も進んでいる。[14]また、アフリカ、ケニアでは、インド洋に面したモンバサから首都のナイロビまで中国が鉄道を補修した。さらに、エチオピアの首都、アジスアベバでの地下鉄建設、タンザニアでの鉄道の補修など、多くの中国資本が投下されている。アフリカでの鉄道網の整備は、「インド洋とアフリカの内陸国を結ぶ物流の動脈となる」（読売新聞、２０１７年６月２日付）可能性があり、ヨーロッパからアフリカへというルートを構築することも可能となる。

　このように、「一帯一路」は、インドなどを巻き込みながら中央アジア、アセアンに巨大な経済圏を作り、さらにヨーロッパを目指すという構想である。そのうえでアフリカ市場の開拓も視野に入れることも可能であろう。二〇一六年、ＩＭＦは中国元を特別引き出し権（ＳＤＲ）の構成通貨に加える決定をした。（三尾 2016）すなわち、中国は人民元を国際化し、ＡＩＩＢで資金調達を可能にしながら「一対一路」で過剰資本の処理を行う。しかも、「一対一路」で一度インフラが整備されて動き出すと、それは単なる過剰資本の処理にとどまらない。「一帯一路」で周辺諸国を巻き込み、国際的に過剰資本の処理を行う中国の新たな経済体制といっても良いであろう。特に二〇一一年以降、中国の経済成長は鈍化傾向を見せ、「新常態」の経済に移行したとされている。中国の高度経済成長が終焉を迎えるなか、中国は資本の投資先が減少し、中国国内に累積する過剰資本の恒常的な処理をする必要にせまされることになった。このような「新常態」の経済に対応するために、中国は「一対一路」による独自の経済圏の構築をもくろんでいるのではないだろうか。[15]中国は、今後の高度成長が見込めない中、他国の資金をあてにしつつも自ら膨大な体制維持コストを支払い、独自の経済圏を作ろうとしているとすれば、「一対一路」は、単なる過剰資本の処理にとどまらず、まさしく中国の命運を握る政策として存在していると言っても過言ではないであろう。すでに中国経済の高度成長を見込めないなか、中国の経済構造をイノベーション型に転換し、経済の成長を継続していくということが「新状態」の政策であり、これを軸とする各種政策に、「一帯一路」イニシアティブを、ポリシーミックスとして採用し、言い換えれば中国の新たな経済政策としていくのではないだろうか。

　そうなると、戦後アメリカが構築してきたパックス・アメリカーナはどのような影響を受けるのだろうか。アメリカを中心とする「グローバル成長連関」と、資金の流れである「新帝国循環」は、変容を受けるのだろうか。これは経済学から離れる課題になるが、パックス・アメリカーナの形成は、アメリカ自身にソフト・パワーが備わっていたことが成立の大きな理由の一つであった。[16]翻って中国の外交はシャープパワー[17]だと言われている現在、「一対一路」がどれほど周辺国、関係国に受け入れられるか、未知数と言わざるを得ない。アメリカを中心とする「グローバル成長連関」や「新帝国循環」を変容させてまで中国がアジア経済圏を構築できるかどうか、慎重に見守っていく必要があろう。[18]

四　結　語

八七年の「改革開放」以来、中国は驚異的な経済成長を遂げてきた。さらに習近平政権以降、中国は「大国としてのふるまい」を旗印としつつ、ＧＤＰで

表6　中国省別GDP　2016年　　単位：億元

順位	省、直轄地	省別GDP
1	広東	80854.91
2	江蘇	77388.28
3	山東	68024.49
4	浙江	47251.36
5	河南	40471.79
6	四川	32934.54
7	湖北	32665.38
8	河北	32070.45
9	湖南	31551.37
10	福建	28810.58
11	上海	25000.00 *2
12	安徽	24407.62
13	遼寧	22246.90
14	北京	21330.80 *
15	陝西	19399.59
16	天津	18600.00 *
17	江西	18499.00
18	内蒙古自治区	18000.00 *
19	広西チワン族自治区	16803.12 *
20	黒竜江	15386.09
21	雲南	14788.42
22	吉林	14776.80
23	重慶	14265.40 *2
24	山西	13050.41
25	貴州	11776.73
26	新疆	9400.00 *
27	甘粛	7200.37
28	海南	4053.20
29	寧夏回族自治区	2900.00 *
30	青海	2572.49
31	チベット自治区	1026.39 *

出典：中国国家統計局（各年）より筆者作成　、中国まるごと百科事典で補足した。
＊は、2014年のデータである。　＊2は、2014年のデータであり、推計値である。

アメリカを追い抜こうとしている。しかし、中国の権威主義的な政治体制はシャープパワーを基本とする外交であり、隣国を中心に様々な軋轢を引き起こしているし、「一帯一路」イニシアティブの投資もかかる近論諸国に集中している。[19]かかる現状で、中国が「一帯一路」を推進し、アメリカをしのぐような国家になることは極めて困難であろう。言い換えれば、「グローバル成長連関」の側面では近隣諸国にとどまり、「新帝国循環」の側面ではＡＩＩＢなどいくつかの金融機関を設立したものの、その影響は限定的である。

中国が目指すアメリカをしのぐ大国になるという「中国の夢」は、中国が掲げる長期目標とはうらはらに、依然不透明であろう。一方のアメリカも経済が後退傾向であり、特にトランプ政権は内向き志向である。アメリカと中国が世界の二大大国であるということは事実であるとしても、政治経済の構造が全く異なる二つの国家が恒常的に二大大国として存在しうるかどうか、慎重に見極める必要があろう。

注

＊本論を執筆するにあたって、マルクス経済学の現代的課題研究会（ＳＧＣＩＭＥ）のメンバー諸氏、ならびに社会理論学会会員諸氏の適切なアドバイスを得た。記して感謝する。なお、本論の誤り等は、すべて筆者の責任である。

（1）中国経済を分析するのにアメリカ経済の概観から始めるのは、奇異に映るかもしれない。しかし、もともと経済の発展は一国だけでなし得るものではなく、世界経済の編成の中で発展していく。第二次世界大戦後の世界経済はアメリカを中心に編成され、パックス・アメリカーナ体制として先進資本主義諸国を中心として世界的な高度経済成長を主導し、その結果、世界的なリセッションが引き起こされ、さらに経済のグローバル化が推進されたのである。改革開放以来の中国の経済発展も、アメリカを中心とする世界経済編成が無ければ発展の条件を満たすことがなかったと言ってよい。戦後世界経済は、アメリカを基軸としつつ先進資本主義国を中心とする経済が存在し、その周辺部として中国をはじめとする途上国経済がある。

現在の中国はルイス転換点を超えたという説もあり、必ずしも途上国とは言えない側面があろう。しかし、中国の経済発展はアメリカを中心とする世界経済の中、新興経済という位置にあったからこそ発展が可能だったのであり、中国はアメリカを中心とする世界経済編成の中に自らを位置づけ、先進国に、その方法はどうあれ、学んできたという側面が大きいのではないだろうか。なお、戦後アメリカ経済に関しては。(河村 2003)(河村 1995)に多くを負っている。

(2)戦後アメリカ経済をもれなく詳細に記述することは、紙幅の関係からも本論のテーマの関係からも不可能である。戦後のアメリカ経済に関しては、(河村、2003)を参照されたい。

(3)河村哲二は、これを「成熟した寡占体制」(河村 2003、第3章③)と定義している。

(4)このことは、世界経済がアメリカ一国で世界経済を編成する能力を喪失したということを意味する。

資本主義の自立性自体は宇野弘蔵のいう帝国主義段階の到来とともに喪失し、次第に国家が重要な役割を果たすのであるが、とりわけ第二次世界大戦後の資本主義は福祉予算などの福祉国家にかかる経費、社会主義封じ込めのための軍事予算などの世界体制維持コストを負担する必要があった。特に、福祉国家にかかる経費は、資本の要求をある程度抑えながら国民の最低限の生存権を保障するという政策を採らざるを得なかったのである。また、一九七七年に出された「機関車論」は、国際的なマクロ経済政策への共同対処の一つの事例である。(樋口 1994、第二章)を参照。

(樋口 1999)は、日本の財政の国際化を視座として書かれたものであるが、財政の国際化について書かれた数少ない成果であろう。財政の国際化に関しては、(Mendez 1992)を参照されたい、なお、(樋口 1999)の「補論」に Mendez の国際財政論の紹介がある。

(5)当時は、NICs(新興工業経済圏)の中でもアジア地域の発展が顕著であった。とりわけ韓国や台湾などは、冷戦の最前線に位置し、権威主義的な体制を採ることで安定した体制を維持し、安価な労賃を背景にすることで、外国企業が不安なく投資できたということも大きな理由である。(岩崎 2017、三三〜三四頁)に簡便な説明がある。

(6)金融のグローバル化の破綻と世界同時不況に関しては、(河村 2017)を参照。

(7)「グローバル成長連関」「新帝国循環」という用語は、河村哲二が初めて使用した用語である。本来ならこれら用語を詳細に説明するのが筋ではあるが、紙幅の関係で以下の文献に譲らざるを得ない。ぜひ、以下の文献を参照されたい。(河村 2015)、(河村 2017a)、(河村 2017b)、(岩崎 2017)。その他(SGCIME 編2015b)序章〜四章も参照。

(8)ごく簡単に説明すると、来料加工貿易は、外資から部品等の提供を受け、外資が示す設計図などに基づき製品を組み立て、外資に販売していわば「手間賃」を稼ぐという方式である。この場合、組み立てた製品は基本的にすべて外資が引き取ってくれるため、中国企業にとって歩留まりがないという長所がある。経済の発展に伴い、やがて中国は来進加工貿易へと変化するのであるが、これは、中国企業が自ら部品を調達する方式であり、ここに中国企業が利益を増やせる基礎がある。さらに、広東省では「転廠取引」という制度が存在した。普通、ある製品を組み立てる場合、いくつかの工程を中国企業に発注することが一般的である。しかし、例えば五つの工程を中国企業五社に発注する場合、香港と深圳にある中国本土の税関を、最大五回往復しなければならない。そうなると、関税や税関通過にかかる手数料などがかさみ、外資にとっては利益圧迫の要因となる。「転廠取引」とは、外資が香港から製品を発注した場合、深圳の税関を通過した後、税関を経ずに別の工程の会社に回すことができる制度である。こうすることで、香港と深圳の税関を一回往復するだけで済み、外資はその分の利益を確保でき、製造期間も短縮できる。「転廠取引」に関しては、(増田 2003)の「2.再輸入と転商制度」を参照。

(9)この部分は、(梶谷 2015)に多くを負っている。

(10)ここで言う「住民の立場」での「都市化」とは、「市場を失う」都市化を改めつつ、「土地利用の効率を高めるという基本的な立場を確立し、長期の持続可能な発展にとってより重要な産業の集積、人的資源の蓄積、知識のスピルオーバーなどといった供給に関わる要素の結合を重視し、都会と農村の一体化を必ず最終目標としなければならない」(李 2015)ということである。筆者の李楊、ひいては中国政府がどこまで自覚しているかは、(李 2015)からうかがい知ることはできないが、都市化は単なる経済力を強化する手段ではない。新たな経験や優秀な頭脳が集まるような快適な住環境の提供も重要な要素である。これに関しては、(Florida 2008)を参照。現在、中国で(Florida2008)の考えに最も近い都市は、深圳ではないだろうか。

（11）「中国の夢」は、「中華民族の偉大なる復興」というスローガンとセットで語られることが多い。「中国の夢」とは、どうやらこれからの中国の理念のようであるが、具体的な政策として語られたということは寡聞にして知らない。しかし、中国国内で「中国の夢」は「高速鉄道建設」や「一帯一路」とセットで紹介されることが多く、穿った見方かもしれないが、政策的にはどうやら内需と外需の拡大と捉えて良いのではないかと思われる。さしずめ、（王 2015）「序文」を参照されたい。「一帯一路」と高速鉄道に関しては、（王 2016）「第四章の一、一六七～一七五頁）を参照されたい。

（12）「一帯一路」における中国国内の各都市の位置づけは、（王 2015、三五～三八頁、邦訳五三～五六頁）に簡便な表がある。

（13）中国が発表する統計は信用できないということがよく言われる。中国人民大学の趙錫軍副院長は、「各地方合計のGDPの合計が全国のGDPを上回る状況は、ずっと存在してきた」（中国恒例〈GDPの怪〉…省別合計が全国値を「軽く超過」）、（Searchina 二〇一四年四月四日付記事）、中国国家統計局の馬建堂局長も「地方のGDPの合計が全国よりも大きいことについては、正常な誤差の範囲を超えている」（同上）と言っている。中国内部の関係者が言う以上、少なくとも統計の不備は存在すると考えてよいと思うのであり、中国国家統計局のデータも、直轄地のデータがないなどのことがある。従って、（表6）は、参考程度に参照してほしい。

　なお、AIIBに関しては、（真壁 2015）（上原 2015）を参考にした。

（14）高速鉄道と「一対一路」に関しては、（王 2016）の一六七～一七五頁を参照。

（15）残念ながら、本論で「新常態」の経済を詳しく分析する余裕はない。「新常態」の経済に関しては、（関 2015）を参照。

（16）もちろん、これは筆者が考えているに過ぎない。確たる証拠のある話ではないことに、注意されたい。

（17）シャープパワーとは、「独裁国家が外国に自国の方針をのませようと強引な手段に出たり、海外の世論を操作したりするためのもの」とされている。（日本経済新聞、二〇一七年一二月二〇日付）を参照。また、（ウォーカー 2018）に詳しい説明がある。ジョセフ・ナイの言う「ソフト・パワー」に関しては、（Nye 2004）、（Nye 2011）を参照。

（18）本来なら、「グローバル成長連関」や「新帝国循環」に引き付ける形で中国が目指す「一対一路」という経済政策と関連付けて考察しなくてはならないのであるが、これに関しては別稿を予定している。

（19）例えば、（姫田 2017）、（ロイター 2018）、（CNS AFP2018）等を参照。

参照文献

＊日本語文献は五〇音順、中国語文献はピンイン順、外国語文献はアルファベット順、ホームページ、新聞等は五十音順、もしくはアルファベット順に並べてある。

・邦語文献

伊藤信吾（2013）「「2つの過剰」に苦しむ世界の工場・中国」、https://toyokeizai.net/articles/-/14129

岩崎哲也（2017）。「世界経済の歩み」（SGCIME 2017）第1章所収

ウォーカー、クリストファー（2018）、「民主主義に挑戦するシャープパワーという毒牙」、『中央公論』二〇一八年七月号、

SGCIME 編（2017）、『現代経済の読解――グローバル資本主義と日本経済――』第三版、御茶の水書房

――（2015a）『グローバル資本主義と中心部経済（グローバル資本主義の現局面Ⅰ）』日本経済評論社

――（2015b）、『グローバル資本主義と新興経済（グローバル資本主義の現局面Ⅱ）』日本経済評論社

上原啓一（2015）、「アジアインフラ投資銀行設立に向けた動きについて――アジアのインフラ投資をいかに推進していくのか――」、『調査と立法』（参議院事務局企画調整室）一〇月、No. 369

梶谷懐（2015）「投資過剰経済の不確実性とダイナミズム」、（丸川、梶谷 2015）第一章所収

河村哲二（2017a）「グローバル資本主義の現局面」、（SGCIME 2017）序章所収

――（2017b）「アメリカ発のグローバル金融危機とパックス・アメリカーナの変質」、（SGCIME 2017）第二章所収

――（2015）「グローバル資本主義の展開と新興経済」、（SGCIME 2015）序章所

収
――(2003)、『現代アメリカ経済』有斐閣
――(1995)、『パックス・アメリカーナの形成――アメリカ「戦時経済システム」の分析――』東洋経済新報社
グローバルノート(2018)、『世界の名目GDP国別ランキング　推移』、https://www.globalnote.jp/post-1409.html
DBJ(2015)、「中国経済の「投資から消費」への構造転換」、『今月のトピックス』No. 233-1、六月一八日(日本政策投資銀行)
関志雄(2015)、『中国「新常態」の経済』、日本経済新聞社
土肥誠(2001)、「アメリカ経済の構造変化と軍事の変容――冷静の終結を軸として――」『社会理論研究』(社会理論学会)第三号
樋口均(1999)、『財政国際化トレンド――世界経済の構造変化と日本の財政政策――』学文社
姫田小夏(2017)、「中国の「一帯一路」にインドが反旗、アジア2大国の壮絶バトル」、ダイヤモンドオンライン、https://diamond.jp/articles/-/153089
真壁昭夫(2015)、『AIIBの正体』祥伝社新書
丸川知雄、梶谷懐(2015)『超大国・中国のゆくえ第四巻――経済大国化の軋みとインパクト――』
増田耕太郎(2003)、「中国の「対中国」輸入にみる華南の生産品――(ITT財別国際マトリックス二〇〇三年版より――)、『季刊　国際貿易と投資』No. 53
三浦祐介(2013)、「中国経済を苦しめる生産能力過剰――資本ストック循環が示唆する調整圧力の強まり――」、みずほ総合研究所、file:///C:/Users/mkt_d/Documents/研究/SGCME/アジア経済圏/中国経済/中国経済を苦しめる生産能力過剰(三浦祐介)/中国経済を苦しめる生産能力過剰(三浦祐介).pdf
三尾幸吉郎(2016)「図表で見る中国経済(人民元国際化編)(ニッセイ基礎研究所)、http://www.nli-research.co.jp/report/detail/id=54099

・中国語文献
李楊(2015)、中国社会科学院「世界経済は本格的な調整とリバランスの「ニューノーマル(新常態)」に入った」、大和総研、https://www.dir.co.jp/report/research/economics/china/cass/20150216_009445.html
「全球経済进入深度调整与再平衡的〝新常态〟」中国社会科学院金融研究所、http://ifb.cass.cn/zxgd/201501/t20150111_2166923.shtml)
王雄(2016)、中国速度――中国高速鉄路発展記実――、北京、外文出版社(王雄〝中国速度――中国高速路发展纪实――〟、北京、外文出版社)
王義桅(2015)、〝一帯一路〟奇遇と挑戦、北京、人民出版社(王义桅　〝一帯一路〟机遇和挑战)(邦訳:『一帯一路」詳説――習近平主席が提唱する新しい経済圏構想――』、二〇一七年、日本僑報社

・外国語文献
Florida, Richard (2008), WHO's YOUR CITY?, New York Basic Books(邦訳『クリエイティブ都市論――創造性は居心地の良い場所を求める』、井口典夫訳、二〇〇九年、ダイヤモンド社
IMF(2018), World Economic Outlook Databese, April 2018, International Monetary Fund, http://jp.knoema.com/IMFWEO2018Apr/imf-world-economic-outlook-weo-database-april-2018
Mendez, Ruben P.(1992), International Public Finance, A New Perspective on Global Relations. New York: Oxford University Press
Nye, Jr., Jhoseph, S.(2004), The Future of Power, U.S.A., Public Affairs(邦訳『スマート・パワー二一世紀を支配する新しい力――』、日本経済新聞社、二〇一一年)
――. (2004), SOFT POWER, The Means to Success in World Politics, U.S.A., Public Affairs(邦訳『ソフト・パワー――二一世紀国際政治を制する見えざる力――』、日本経済新聞社、二〇〇四年)
Sassenn, Saskia (1991), The Global City. Yew York, Ronndon, Tokyo ―New Jersey Princeton University Press(邦訳『グローバルシティ――ニューヨーク・ロンドン・東京から世界を読む――』伊豫谷登士翁監訳、大井由紀、高梨華生子訳、二〇〇八年、筑摩書房)
U.S.O.M.B,(2001), Budget of the United States Government: Historical Tabke, Fiscal year 2001, U.S Office of Management and Budget, U.S.G.P.O

・ホームページ、新聞記事等

中国国家統計局、年次データ（中国国际统计局 国家数据）
http://data.stats.gov.cn/easyquery.htm?cn=C01

中国まるごと百科事典（2014）、「二〇一四年各省のＧＤＰ」、
http://www.allchinainfo.com/trivia-of-china/5780

日本経済新聞（2017）、「中国の「シャープパワー」に対抗せよ」、一二月二〇日付、朝刊六面

読売新聞（2017）、「「一帯一路」布石か……ケニアに新鉄道が完成」六月二日付
http://www.msn.com/ja- jp/money/news/%e3%80%8c%e4%b8%80%e5%b8%af%e4%b8%80%e8%b7%af%e3%80%8d%e5%b8%83%e7%9f%b3%e3%81%8b%e2%80%a6%e3%82%b1%e3%83%8b%e3%82%a2%e3%81%ab%e6%96%b0%e9%89%84%e9%81%93%e3%81%8c%e5%ae%8c%e6%88%90/ar-BBBNAB4?ocid=spartanntp

ロイター（2018）、「中国一帯一路に暗雲、「待った」をかけたマレーシア」、七月五日付、
https://jp.reuters.com/article/column-malaysia-china-idJPKBN1JV0NN

CNS AFP（2018）、「中国の「一帯一路」投資、近隣国に集中」、三月五日付、
https://headlines.yahoo.co.jp/hl?a=20180305-03166175-clc_cns-cn

（中国　東莞理工学院大学）

●批評

茹で上がったカエル

Gohei NISHIDA　西田吾平

序章　安重根義士記念館での疑問

韓国ソウル駅の正面から東を望むと、小高い南山がある。その中腹の公園には、安重根義士記念館（ソウル特別市中区素月路九一）が立っている。二〇一〇年にリニューアルオープンした館内には、安重根に関する当時の資料が数多く集められている。

安重根は周知のように、一九〇九年一〇月二六日午前九時三〇分、北満州ハルピン駅構内で伊藤博文をピストルで狙撃した犯人である。

犯行後、彼はその場でロシア兵士に逮捕され、そのまま日本憲兵に引き渡された。旅順監獄所に収監された安重根は、明治維新の功労者、伊藤博文を殺害した凶悪なテロリストとして世間に知れ渡った。しかし、韓国では今でも抗日民族運動の英雄として称えられている。

安重根は朝鮮総監であった伊藤博文の殺害動機を、以下のような罪状により実行したと証言した。

伊藤博文の罪状一五ケ条

一　一八九四年、日本の兵隊を皇宮に突入させ、大韓帝国皇后陛下を殺害した罪

二　一九〇五年、大韓帝国の皇帝陛下を脅迫して五ケ条を結んだ罪

三　一九〇七年、強引に大韓帝国、皇帝閣下を廃位した罪

四　山林、鉱山、鉄道、漁農商工業権をすべて収奪した罪

五　いわゆる第一銀行券を強制的に発行して、大韓国の財政を枯渇させた罪

六　国債一千三百万円を大韓国に強制して引き受けさせた罪

七　大韓国学校の書籍を焼却し、また内外の新聞を国民に伝わらせない罪

八　国権回復のために蜂起した大韓国の義士たちとその家族十余万人を殺害した罪

九　大韓国青年の海外留学を禁止した罪

一〇　五賊、七賊と一進会が結合し、韓国人は日本の保護を欲すると言わせた罪

一一　一九〇九年、さらに五ケ条を強制的に結んだ罪

一二　大韓国があたかも日本の属邦であるかのごとく宣伝する罪

一三　二千万人の泣き声が天地を震わせているのに、大韓国が太平無事であるとして明治天皇を欺いている罪

一四　これより東洋の平和は永久に破れ、幾億人がまさに滅亡を免れ得ない罪

一五　一八六七年、大日本明治陛下の父親、孝明天皇を殺害した罪

＝安重根義士の生と国を愛するストーリー「獄中自叙伝」（社）安重根義士崇慕会より

以上は一九〇九年一一月六日、日本官憲に渡した漢文書状の翻訳内容である。

清楚な記念館の中で、ぼんやり罪状を読み終わろうとしていた私は、最後の一五項目に行き着いたとき、その文字に釘付けになった。

「伊藤博文が孝明天皇を殺した？　なんだ、それは」――。伊藤博文殺害の理由のひとつに、天皇暗殺があることに、私は驚いてしまった。安重根は日本憎しで、このような虚偽情報を作り上げたのか。あるいは天皇暗殺というスキャンダラスな話をねつ造して日本社会を混乱させようとしたのか。

彼の殺害行為は法廷で裁かれることになった。取り調べにあたり、安重根から殺害理由を聞き終わった溝渕法務官は、その堂々とした政治的主張に感服し、「おまえは韓国にとって実に忠君愛国の士である。東洋の烈士である」と敬意をはらったという。

安重根は溝渕法務官に応えて、こう述べた。

「どうして世の中の出来事はこのように不公平なのか。隣の国を強引に奪い、人の命を残酷に殺すものがこのように天地を横行しながら威張っているのに、素直で弱いわが民族は、このように苦しい羽目におちいらねばならない……私が伊藤におこなった行為の意義を早く、日本の天皇陛下にお伝えください。そして伊藤の正しくない政略を改めて、東洋の危急な形勢を正すように、ひとえに望みます」

安重根は明治天皇を憎んでいたわけではないようだ。伊藤の政策が許せなかったのである。

彼は決行前に同志とともにナイフで左手の薬指を切り、血で国（大極）旗に誓っている。

熱心な天主（キリスト）教徒の彼が、「殺すなかれ」という神の教えに背いてでも成し遂げたかった伊藤博文の暗殺である。覚悟のうえの死罪であった。

一五項目の罪状すべてに、彼は確固たる根拠を持っている、とわたしは確信した。

安重根は一八七九（明治一二）年、朝鮮慶尚南道で誕生している。孝明天皇の死去は彼が生まれる一三年前（一八六六年）のことである。しかも彼の経歴にロシアへの亡命はあるが、日本への渡航はない。日本に一度も足を踏み入れたことのない安重根が、どうして伊藤博文が孝明天皇を殺害したと確信するに至ったのか。

そして、日本で教育を受けたわたしが、なぜ今まで孝明天皇の死因が暗殺だったことを知らなかったのか。帰国後、関連する書物を探してみた。

第一章　孝明天皇の死因

「孝明天皇の暗殺」の真相を確かめるうえで、まず公式の歴史書がどのように孝明天皇の死を扱っているか調べてみた。

ねずまさし著『天皇家の歴史』（三一書房、一九八八年）によれば、「宮内省編纂の『孝明天皇記』では、病死の根拠として『非蔵人日記』『二条家記』『御疱瘡之記』『中山忠能日記』『土山武宗日記』などを引用し、まったく疑惑のおこらないように説明している。」と病死の文献を紹介している。

さらに孝明天皇の病死は、福地重孝『孝明天皇』（秋田書店、一九八八年）によると、

「慶応二年十二月二十五日午後十一時過ぎに、天然痘のために崩御」と妻の中山慶子から報告を受けた父、忠能は病死にいたる経緯を『中山忠能日記』に記述している。

それによると孝明天皇は宮中奉仕の児藤丸から天然痘を伝染され、病死したことになっている。

このように、孝明天皇は疱瘡による「病死」が、歴史家の通説になっていた。

佐々木克著『幕末史』（ちくま新書）には、次のようにある。

「死因は『紫斑性痘瘡と出血性膿庖疱瘡の両者を含めた出血性疱瘡』で、発病から死亡までの経過を記した記録を検討した、大学の医学研究の方々の結論で

ある。この成果は原口清氏の論文『孝明天皇は毒殺されたのか』と題して《日本近代史の虚像と実像」（大月書店）で発表された。」

医学的に「疱瘡」による病死に、少しの疑いもないと主張しているのである。

ただ、状況的にみると、幕末動乱の中で、孝明天皇の病死の半年前に不可解なことが起こっている。孝明天皇と大変に仲の良かった徳川家一四代将軍、徳川家茂が、京都滞在中に死亡している。家茂の死因が急病による「病死」と世間に発表されたが、京都界隈では、「毒殺による暗殺だ」という噂が広がっていた。

京都市出身の国際法学者、蜷川新（あらた）は、一九五二年に『維新正観』（千代田書院）という幕末秘話を出版した。その中に興味深い記述があるので、要約して引用する。

「筆者の父、蜷川左衛門尉親賢は当時小姓組頭であり、はじめから将軍に従って長州征伐に従軍し、つねに将軍に近侍していた。それ故にこの極秘事をよく知っていた。その当時それを筆者の母に伝え、母から秘話として、筆者の幼時に話された事実である。将軍の遺骸は、筆者の父、親賢に守られて、江戸城に帰った。……和宮は遺骸に礼拝することを希望されたけれども、毒殺の痕跡は将軍の顔面に気味悪く現れていた為に、老中は遺骸をおさめてある棺の蓋を開くことを許さなかったということである。この毒殺は固く秘された。毒殺されたのは慶応二年（一九六六年）七月二十日であったが、八月二十日に至ってその死が発表された。」

この将軍というのは、徳川家茂のことである。死因は脚気になっている。まだ二一歳であった。

京都で家茂が客死し、その半年後に孝明天皇が突然、他界する。孝明天皇も家茂とおなじように暗殺された、と京都人が疑うのは当然である。明治維新政府になるまでのわずか数年間だが、世間の噂になっていたようだ。

それを裏付ける著作があった。幕末期、日本に長期滞在した英国外交官アーネスト・サトウが一九二〇年に英国で出版した、回想録『一外交官の見た明治維新Ⅰ・Ⅱ』（坂田精一翻訳　岩波文庫）である。その文中に、次のような記述がみられる。

「噂によれば、孝明天皇は天然痘にかかって死んだということだが、幾年かのちに裏社会に精通している日本人から、帝はたしかに毒殺されたのだと教えられた。アジアでは毒殺は珍しいことではないらしい。」

アーネスト・サトウは英国公使パークスの部下として、明治維新前後の二十五年間、日本で武器商人グラバーとともに暗躍している。したがって『外交官の見た明治維新Ⅰ・Ⅱ』は、当時の外国人の視点から、明治維新の動乱を記録した貴重な資料である。

しかし、不思議なことに、明治政府はこれを禁書に指定した。全文が日本語に翻訳されたのは四〇年後の一九六〇年である。戦前の政府がこの書を国民の目から遠ざけたかった理由は何だったのか。

さて、ねずまさしは前著で、孝明天皇の病死説を紹介したあと、すぐ毒殺説の疑いにも言及している。

「昭和十七年四月七日頃、京都府史蹟名勝天然記念物調査委員の赤松俊秀氏（京都大学名誉教授）は、寺宝調査のため立命館大学教授奈良本辰也、京都府嘱託田井啓吾、奈良学芸大学教授岩城隆利諸氏とともに真言宗の誓願寺をたずね、その大雲院において、当時天皇の加持祈祷に招かれた上乗坊の日記を発見した。十二月二十五日の条に「天皇の顔には紫の斑点があらわれて虫の息で、血を吐き、また脱血」云々という記事がかかれており、赤松氏ら一同は非常に驚き、天皇の死が尋常のものでない、という強い印象をうけた。」

孝明天皇の暗殺者

では誰が孝明天皇を暗殺したのか。蜷川新は『維新正観』の中で、孝明天皇の死因を毒殺と断言して、犯人は家茂を暗殺した同一グループであると述べている。

「孝明天皇の暗殺については、明治維新史資料編纂係の人は、いずれもよく知っていた。

植村澄三郎氏は、同係りの一人であったが、此の事件に関し筆者に語って云うに、『岩倉具視は、この暗殺を行った人であるが、はじめは失敗し、二回目に成功した。』と。由来世人は、案外この事件を知っているのである。岩倉は、その妹を宮中に入れ、女官となし、その女官に命じて天皇を暗殺せしめた。そして、その女官は、薩人につれられて、何処かで殺害せられたと伝えられている。

『従来の虚偽史はそのままとしておき、総ての極秘の事実は、これを別の書物に編みて、秘密に、宮内省の倉庫に納めておくことにした。』と語った。」

蜷川は幕臣、小栗上野介の義理の甥で、しかも京都府知事を二七年間務めた蜷川虎三氏の親戚筋にあたるらしい。根拠のないことを軽率に記述することは考えにくい。（『維新正観』は、二〇一八年四月に復刻版が批評社から刊行されている）

ねずまさしも、岩倉具視の妹が当時、宮中勤めをしていたので、岩倉の指示で、彼女が天皇の湯飲みに毒をもったのではないかと推測している。

このように、暗殺説を主張する者の考える暗殺方法は毒殺である。その主犯、下手人は岩倉具視とその関係者が有力視されている。

ただ、毒殺説を語る記述のなかに、わたしが探している伊藤博文の名前がない。安重根は、天皇暗殺に伊藤博文がかかわっている、と訴えた。伊藤博文による孝明天皇暗殺は、誤報だったのだろうか。

伊藤博文の刺殺説

私は鹿島昇共著『明治維新の生贄』（新国民社）を入手した。その中で宮崎鉄雄（一八九九～一九九九年）が、伊藤博文が孝明天皇を刺殺したという記述を見つけた。以下に要約して引用する。

「私（宮崎鉄雄）の父、渡辺平左衛門は嵯峨天皇の末裔で、幕末、大阪城定番（家老に次ぐ役職）であった。私は父から孝明天皇の暗殺の次第を教えられ、この事実を天下に明らかにするという遺命を受けた。

慶応二年（一八六六年）一二月二五日の孝明天皇暗殺はまぎれもない事実であり、北朝というひとつの王朝の消滅であった。

その日、孝明天皇は妾の堀河紀子邸を訪れていた。場所は現在の京都市下京区岩滝町（三ノ宮通り上の口上ル）である。夜の宴がおわり、孝明天皇は女官とともに便所に入った。

長州忍者であった伊藤博文は、そのとき便所の床下に隠れていた。そうして、秘蔵の忍者刀で天皇のお尻の中央を突き上げて肋骨の真下の左から心臓へと突き刺し、刀の先端を回して臓器をえぐり、サーッと抜いた。手慣れた早業であった。

はばかり係りの女官が天皇を抱きかかえ、穴から下へ降ろし、力士忍者が受け取って、前もって用意した箱へソーッと寝かせて血を洗い流し、再び穴から上へ押し上げ、さらに女官が隣の浴室で十分に洗ったあと、着替えさせて御座所に運んだ。

伊藤は落ち着き払って、便所の手水鉢で天皇の血がついた自分の手と刀を洗い、共犯者の力士たちも敷地に流れ込む小川で体を洗った。すべてが終わったのは夜明け方で、絶命した天皇は長崎帰りの外科医によった傷口を縫い合わされ、病死したことを一同に確認させてから遺体は御所へ運ばれた。」

驚くべき記述である。安重根が指摘した伊藤博文の孝明天皇暗殺がここにあった。宮中にいた岩倉具視の妹（姪）が手筈を整え、伊藤博文が決行したということだろうか。

ただ、このような重大な暗殺の秘話を、安重根は誰から教えられたのだろうか。岩倉主犯の毒殺説は朝鮮半島の日本人から得られても、伊藤主犯の刺殺説は京都人でさえ認知されていなかったので、きわめて不可思議である。

第二章　明治天皇の疑惑

毒殺説あるいは刺殺説のいずれにせよ、徳川家茂と孝明天皇が同時に暗殺されたのであれば、つぎに深刻な疑念が湧いてくる。

それは残された孝明天皇の皇子、睦仁の立場である。孝明天皇の崩御にともない、睦仁は世継ぎとなり、明治天皇として即位した。そして国家元首として四五年間、君臨し、六十歳で生涯を閉じた。

しかし、小心者のわたしが睦仁なら、天皇職は恐ろしくてやってられない。周囲を取り巻く明治政府高官が、父・孝明天皇が「朝敵」と指弾した元長州藩士ばかりであるからだ。

父（孝明天皇）と叔父（家茂）が突然、他界した後、毎夜、睦仁の枕元に亡き父が現れ、睦仁はその亡霊に苦しんだ、といわれている。まるでハムレットのようだが、睦仁は父と叔父が倒幕攘夷派に「殺された」と勘づいたはずだ。

睦仁は、母方の中山家に預けられ伝統的な皇族教育を受けて育った。母の弟、中山光明は過激な尊王攘夷派であった。孝明天皇崩御の一年前に長州藩士からおびき出され、長州の地で暗殺されている。

睦仁は、親と親戚がつぎつぎと死んでいくので、生きた心地がしなかったであろう。わたしは睦仁の心情を察するのである。

しかし、明治になってからの明治天皇は、そんな同情を払しょくするほどの強靭さがある。

華奢な睦仁の印象が、明治天皇には見られない。この違和感にわたしは困惑する。

この素朴なわたしの疑問に、伝記本がヒントを与えてくれた。

日本学者のドナルド・キーンは『明治天皇 上・下』（新潮社）という明治天皇の伝記を執筆した。その資料集めの際、明治天皇のエピソードを集めた『明治天皇を語る』（新潮社文庫）を出版している。その中でキーンは理解不能な明治天皇のキャラクターを下記のように指摘している。

「明治天皇は自分の書いた字を人に見せたくなかったようです。自信がなかったかどうかわかりません。短歌を詠むとき、まず紙切れに歌を書いて、誰か字の上手な女官に命じて、きれいな紙に書かせた後、自分の原稿は破り捨てていました。それだから、ご自分の歌稿はひとつも残っていないのです。伝記を書こうとする私は大変困りました。」

「明治天皇の話される言葉は京都弁であったのか、わからないのです。」

「（英国人）パークスら外国人の記録を読みますと、明治天皇がまだ若いころの声は非常に弱い声でした。全然聞き取れないほど囁きに近い弱い声ですから、いつも人が横に立って大きな声で同じことを言った、と。……ところが日本人が書いたものによりますと、明治天皇の声は非常に強く、よく響く声でした。まったく正反対の印象で、これはどう解釈すればいいのか、よくわかりません。」

「明治天皇は側近に怒った後に、謝ることがよくありました。他国の皇帝などは、大抵、自分には誤りはないと思っているものですが、彼は違います。再び自分が誤ったことをしたら、ぜひ意見してくれ、というのです。彼は大変、愛すべき君主ではないですか。」

明治天皇の日常生活は、どうだったのか。

「食べ物では刺身が大嫌いでした。花見も嫌いでした。風呂も嫌いでした。夏以外、ふろに入ることは、まずありませんでした。……明治天皇は酒が大好きでした。その飲みっぷりは、侍臣たちの悩みごとのひとつとなりました。……侍従日野西の回想録によれば、明治天皇はテーブルの上の酒がなくなるまで席を離れることがなかった。」……好きなのは日本酒で、いわゆるコップ酒です。」

睦仁（明治天皇）は一八六四年に禁門の変に遭遇した。そのときのことが、こうある。

「翌日の夜三百人近くの輩が御所内に侵入したとの情報が流れ、御所はパニックになります。あまりの恐怖のため女官らが泣き叫んだりする中、幼少の明治天皇も驚きのあまり発作を起こして気を失ってしまいます。」

長州藩の御所乱入に卒倒してしまったようだ。

「明治天皇に対する幼少期教育はどのようなものだったかというと、典型的な貴族の教育でした。……一番大切なことは書道。二番目に大切なことは漢文。数えで八歳になった際、これまでの軽い手習いに代わり、書の師範がつき、皇子教育がはじまっています。」

写真 A：即位直後の写真　満 14 歳

写真 B：戊辰戦争(1868 年ごろ)の集合写真。中央に狩衣姿の明治天皇が立っている。16 歳。

ここまでながながと引用したのは、お読みいただいた方に、明治天皇のキャラクターの違いについて判断してもらいたかったからだ。

さて、まずは写真Aを見てほしい。即位直後の明治天皇は一四歳の少年であるから、まだからだは小さく、細い。

写真Bは、一六歳であるが、あまり背は伸びていない。顔は小さく、つるんとした顔立ちである。

ところが次の写真をご覧いただきたい。

写真Cは、写真Bのわずか五年後である。写真嫌いで、一般に知られているのは肖像画である。明治天皇になってから、撮影された写真はわずか二枚なので、写真Cは貴重な一枚である。

身長や体重を測ることを嫌い、崩御したときに、ようやく身長を計ることができたという。背は一七〇cm以上あり、体重は約九〇kgぐらいあった。力自慢で従者に相撲で挑みかかったこともあるという。

写真A、B、Cの写真を見比べて、三枚とも同一人物と見えるだろうか。幕末の睦仁と明治に入ってからの睦仁、明治天皇が別人に見えるのは、わたしだけだろうか。

これは、明治天皇の筆跡である。宮廷教育では幼年時代から厳しく書道を教えこむ。しかし、これは、そのような人の筆跡だろうか。あまりに武骨すぎるではないか。

弁護すれば、明治天皇は左利きであった。たしかに左利きに毛筆は不向きだ。左利きでは「とめ」や「はらい」は難しい。日本文字は左から右、上から下に書き、文字は少し右肩上がりになる。左手に筆を持つと逆に右肩下がりになる。左手の筆運びに書道の美しさはない。宮廷教育で左利きを、右利きに矯正できなかったのだろうか。

哀れであるが、このような野太い字で、和歌を書きとめていたのだろうか。明治天皇はいつも女官に和歌を代筆させ、天皇が書いた紙は天皇がその場で破り捨てていたという。わたしが推測するに、明治天皇のそばにいた女官は代筆だけではなく、天皇が書いた歌まで作り直していたのではないだろうか。明治

写真Ｃ：1873年21歳の明治天皇
（内田九一氏撮影）

資料A：明治天皇の自署

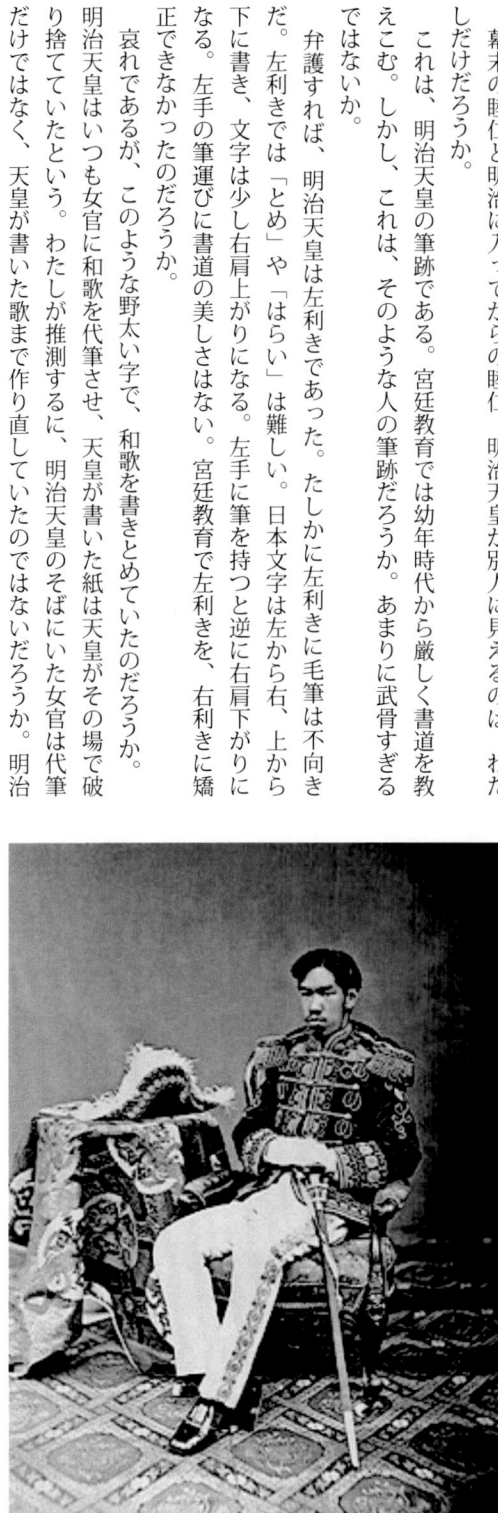

天皇は名歌を大変多く創作されて有名だが、その女官は歌の師匠であったのではないか。

明治天皇は乗馬が大好きだったそうだ。宮廷では球蹴りはあったが、乗馬教練はなかったと思う。いつ、どこで覚えたのだろう。明治二七年（一八九四年）の日清戦争の出陣式に、明治天皇はさっそうと馬に乗って現れている。

このように、ドナルド・キーンが不思議がるように、わたしたちも明治天皇の振る舞いに疑問を抱く。

宮崎鉄雄は、睦仁の少年時代について、このように記述している。

「睦仁は宮中の慣例にしたがって女装して女言葉を話すなど、十六歳にしては体格も悪くて、華奢な少年で、かつて岩倉具視のオチゴさんであった孝明天皇の血筋を引く幼帝であった。睦仁は女形の子役のようなひ弱な体であったが、生まれながらの皇子で、先帝に似て強情であった。自分の叔母様が縁付いた徳川家を討とうとする勤王家を憎み、公武合体を主張した亡父の志を継ごうとして倒幕に反対した。」

だから、睦仁の毒殺は易々と実行されたのだ。宮崎鉄雄は、さらにこう続ける。

「大室寅之祐が睦仁とすりかわって明治天皇になったという事実を、維新の革命家は知っているが、国民のほとんどは知らない。『忠節なる臣民』とか『赤子』などとおだてられて、犬か豚のように、とことん酷使され、鉄砲玉となってあの侵略戦争の犠牲になった国民のほとんどは、明治、大正、昭和と続いた奇妙な教育で、みずから考えることができない理性を失ったロボット人間に改造されていた。」

鬼塚英昭著『日本の本当の黒幕』（成甲書房）によると、三浦芳聖（よしまさ）なる人物が一九七〇年に刊行した『徹底的に日本歴史の誤謬を糺す』のなかで、土佐藩士であり、明治の宮内大臣を勤めた田中光顕が「明治天皇は孝明天皇の皇子ではない。……現代此の事を知っているものは、私のほかには、西園寺公望公爵おひとりが生存していられるのみで、みな故人となりました。」と、大胆に語っている。

鬼塚は「西園寺公望は、孝明天皇実子睦仁親王の幼なじみであった。当然のことながら、長州奇兵隊出身の大室寅之祐を本物の睦仁親王と認めろと、強く迫られる。そして、ついに兄の徳大寺実則とともに長州藩の軍門に降るのである。」

つまり、睦仁も暗殺され、明治天皇は大室寅之祐という人物と入れ替わった、というのだ。

第三章　明治天皇の南朝正統論

孝明天皇はなぜ暗殺されたのか。その理由を調べていると、明治維新の本当の目的がわかってきた。

鹿島昇、宮崎鉄雄、松重楊江共著『裏切られた三人の天皇』、鹿島昇著『明治維新の生贄』新国民社）、松重楊江著『二人で一人の明治天皇』（たま出版）など各著作には、長州藩士の野望が丹念に探索されている。

鹿島や松重が、孝明天皇や睦仁が、なぜ殺されたのか、独自の調査で詳しく解明している。ふたりの主張を要約すれば、明治維新の目的は「南朝の王政復古」であった。

長州藩士、吉田松陰は水戸藩の会沢正志齋に会い、思想的感化を受けた。徳川光圀にはじまる水戸学派の南朝正統論を、松陰は松下村塾で、討幕運動の大義名分として子弟に伝授した。

長州藩にいた南朝の末裔を明治天皇として擁立するためには、北朝の孝明天皇親子は抹殺されねばならなかったのだ。

これに関連して思い出したが、皇居外苑に楠正成の銅像があるが、なぜ南朝の武将、楠正成なのだろうか、と頭をひねったことがある。

皇居はかつての江戸城である。徳川を追い出し、替わりに王政復古を実現した天皇（北朝）にとって、まさに権力を象徴する場所である。その場所に南朝の武将、楠正成の像を明治二三年にわざわざ建立している。南北朝の過去の恩譬を持ち出して不思議がるわたしの頭が堅いのか。

考えてみれば、明治時代になって南朝に関係する不可解な事件がいくつかある。

江戸時代までは、神仏習合で寺の敷地内に神社が併存していた。しかし明治政府が「神仏分離令」を発令すると、多くの仏教寺院や仏像、経典などが破壊され、僧侶は還俗させられた。いわゆる「廃仏毀釈（はいぶつきしゃく）」運動である。これは大和時代から続いた日本の仏教文化の破壊であった。

たとえば廃仏毀釈が徹底された鹿児島県（薩摩藩）では、一六一六の寺院が廃院となり、三千人の僧侶が還俗した。岐阜県（美濃藩）では藩主の菩提寺までが破壊された。寺の梵鐘はことごとく没収され、大砲に形を変えられた。

水戸学では神道尊重、神仏分離を説いていた。その影響をうけた長州、薩摩の政治家が明治維新直後にとった神道国教化政策に走った。明治政府は国家神道で国民を統合しようとした。

そして、創建神社と呼ばれる新しい神社を、全国各地につぎつぎと建立したのである。

国民統合の装置として国家神道を利用する理由は理解できる。ただ、注目したいことがある。

創建神社の中に「建武中興十五社」というものがある。建武中興とは、南朝の御醍醐天皇が、武家から政治権力を取り戻そうとしたことをいう。

その南朝系の皇族、武将を主神とする神社を明治政府が十五社も創建したのである。建武中興十五社（主祭神）は以下のとおりである。

吉野神社（後醍醐）、鎌倉宮（護良親王）、井伊谷宮（奈良親王）、八代宮（懐良親王）、金崎宮（尊良、恒良親王）、小御門神社（藤原師賢公）、菊池神社（菊池武時、武重、武光公）、湊川神社（楠正成）、名和神社（名和長年公）、阿武野神社（北畠親房公）、藤島神社（新田義貞公）、結城神社（結城宗広公）、霊山神社（北畠親房、顕家、顕信、守家公）、四条畷神社（楠成行公）、北畠神社（北畠顕能、親房、顕家公）　※以上、出典はWikipediaから

近代社格制度によれば、神社の格式は官社、諸社、無格社に等級分けされていて、国家待遇の序列をあらわす。

その中で官幣社がもっとも格式が高く、天皇、皇族、功臣を祀っている。全国に約八万神社のうち、官幣神社は九三社しかなく、日本神道の最上位に位置付けられている。

建武中興十五社では、吉野神社（御醍醐天皇）が唯一、官幣大社である。鎌倉宮、井伊谷宮、八代宮、金崎宮の四社が官幣中社である。残りの十社は別格官幣社である。つまり建武中興十五社すべてが、官幣神社である。

北朝と争った南朝の建武中興十五社が、明治時代に復権したばかりではなく、すべて最上位の官幣神社になっている。日本史の研究者は、これをどのように解釈しているのだろうか。

また、明治四四（一九一一）年、南北朝問題が国民的議論に発展したことがあった。それは小学校の歴史教科書記述を巡り、帝国議会で国を二分するような大きな議論がおこった。いわゆる「南北朝正閏（せいじゅん）論」である。

その加熱ぶりをみかねた明治天皇が、水戸学派の「大日本史」を根拠にして、三種の神器を持っている「南朝こそ正統だ」と公言してしまった。

予期しない天皇の発言に国民は驚愕してしまった。なぜなら孝明天皇につづく明治天皇は北朝系であるからだ。国論は静まり、国定教科書は明治天皇が結論づけたように、南朝が正統な天皇系譜とする記述にかわった。

このようにして明治四四年、明治天皇の南朝正統宣言により、御醍醐天皇の南朝は公式に復権した。したがって明治二三（一八九〇）年、皇居に建立した楠正成像も、その後、疑われずに済んでいるのだろう。

では、偽天皇である北朝系天皇はどうなるのか。北朝系である明治天皇が北朝は正統な天皇ではないと言い放ったのだ。万世一系の純潔を重んじる天皇信奉者は、このねじれ現象をどのように解釈しているのだろう。明治天皇が三種の神器を持っていなければ、大正、昭和、平成とつづく天皇も三種の神器を持っていないことになる。しかし平成天皇が持っていたら南朝系天皇と呼ばなければならない。

皇位継承の時期が近づいている。近代史のねじれを解く時期ではないのか。

第四章　長州閥の近代日本支配

安重根が告発した伊藤博文の孝明天皇暗殺の真相を調べていたら、明治天皇のすり替え疑惑に行きついた。国民にとって天皇暗殺よりも重大な近代史の疑惑である。

長州藩の明治天皇すり替えは、明治維新体制の肝であった。そういう意味で長州藩の明治維新での功績は大変に大きい。大逆事件に匹敵する長州藩の悪辣ぶりに、わたしは仰天している。参考までに、幕末の長州テロリストが明治政府でどの役職を得たか、以下に列挙する。

途中で死亡した者も、明治時代まで生きていれば、政府高官になっていただろう。

もともと人を殺すことを躊躇しない武士階級の出身である。薩摩藩も頻繁にテロを行っていたことを考えると、明治政府がテロリストによって編成されていたことになる。

そもそも長州藩は、藩主の毛利元就（もとなり）が「鉢屋」という忍者部隊を使いこなし、ゲリラや奇襲、毒殺、替え玉など忍術（テロ）に精通していた。武士道とは違った必勝戦法である。

そういえば、長州藩士、大村益次郎に率いられた官軍の戦さだが、戊辰戦争では情け容赦や手加減がなかった。官軍兵士は会津藩士ばかりか、領内の女、子供、老人を見さかいなく殺戮した。「武士道」では説明できない掟破りの暴虐性は、京都守護職時代の恨みがあったとしても、あまりに凄惨である。生き残った藩士は着の身、着のまま、極寒の下北半島へ追放された。

長州藩士に、「武士の情け」はなかった。

そのために、司馬遼太郎がいう「明るい明治」の陰で、会津出身者は後世まで、差別と迫害に苦しめられたではないか。今日なお収束していない福島原発災害の放射能汚染と重ね合わせると、言語に尽くせぬものがある。為政者に裏切られた者たちの悲鳴に、心が痛む。

長州藩テロリストにより暗殺された者一覧

長州藩士	明治時代の役職	殺害者および事件	備考
吉田松陰	死亡	間部詮勝(まなべ　あきかつ)	未遂
桂小五郎	死亡	佐久間象山	指示
伊藤博文	総理大臣	英国公使館焼き討ち　宇野八郎　塙次郎　孝明天皇	実行
高杉晋作	死亡	英国公使館焼き討ち	実行
久坂玄瑞	死亡	英国公使館焼き討ち、禁門の変	実行
井上　馨	大蔵大臣	英国公使館焼き討ち	実行
品川弥二郎	内務大臣	佐久間象山	計画
松浦虎太郎	大審院判事	佐久間象山	計画
安藤源五郎	大審院検事	佐久間象山	計画
山尾庸三	東京大学工学部	塙次郎	実行
来島又兵衛	死亡	島津久光	未遂
松浦末洞	死亡	長井雅楽	未遂

余談だが、わたしが高千穂の山脈を歩いていたときのことである。偶然、西南戦争時の「官軍の墓」に出会った。興味半分、その墓場に足を踏み入れたとき、目の前の光景にわたしは息を呑んだ。五〇基ほどある墓柱の上半分が、ことごとく叩き切られているのだ。わたしはその異様さに恐怖を感じ、慌てて墓場から逃げ出したことがあった。

西郷軍を支援する民が官軍の墓にまで、その怨念をぶつけていたのだ。

話をもとにもどそう。

明治天皇のすり替え説が真実であれば、秘密保護のために、宮中や側近に長州藩がぴったり寄り添っていたはずだ。

伊藤博文は明治天皇である大室寅之助と同郷（山口県熊毛郡田布施村）である。伊藤は幕末期に奇兵隊の力士隊を編成して、大室寅之助をその配下に入れて面倒をみた。

田中光顕は「宮内大臣を伊藤博文、土方久元、田中光顕が途切れなく勤めたのは、明治天皇こと大室寅之祐の自由を奪い、人形のように操るためであった。」と告白している。伊藤にとって明治天皇は、操り人形であったのだろう。

明治一八（一八八五）年に組閣され立憲政治が始まったが、以下の歴代総理大臣の顔ぶれをみると、長州藩閥の国家支配が、よく分かる。

明治一八年から明治四五（一九一二）年までの二七年間のうち、出身地別に総理大臣の在任期間を計算すると、長州藩閥が二〇年間、薩摩藩閥は四年間、肥前藩閥は四カ月、土佐藩閥はなし、公卿が三年間である。いかに長州藩閥が日本の政治権力を牛耳り、同時に明治天皇と固く連携したかが分かる。

伊藤博文は一八九〇年に明治憲法を制定、発布し、同年、山縣有朋は「教育勅語」を発布した。長州藩による天皇制国家形成の礎を構築したのである。

歴史観を見直せば、明治維新とは長州藩による政権転覆クーデターであり、

代	総理大臣	出身地	在任期間	在任日数
初代	伊藤博文	『長州藩』	1885-1888	861
第2代	黒田清隆	薩摩藩	1888-1889	544
第3代	山縣有朋	『長州藩』	1889-1891	499
第4代	松方正義	薩摩藩	1891-1892	461
第5代	伊藤博文	『長州藩』	1892-1896	1,485
第6代	松方正義	薩摩藩	1896-1898	482
第7代	伊藤博文	『長州藩』	1898-1898	170
第8代	大隈重信	肥前藩	1898-1898	132
第9代	山縣有朋	『長州藩』	1898-1900	711
第10代	伊藤博文	『長州藩』	1900-1901	204
第11代	桂太郎	『長州藩』	1901-1906	1,681
第12代	西園寺公望	公卿	1906-1908	920
第13代	桂太郎	『長州藩』	1908-1911	1,143
第14代	西園寺公望	公卿	1911-1912	480

水戸学に共鳴して長州藩が仕立てた傀儡天皇による独裁体制であった。明治維新直後からはじまる台湾、朝鮮、満州、中国などへの継続的な侵略は、幕末に佐藤信淵が「混同秘策」で提起した「皇国世界征服」の実践であり、長州忍者外交の骨頂であった。

関良基は新著『赤松小三郎　もうひとつの明治維新』（作品社）のなかで、明治維新体制を長州レジームと呼んでいる。わたしはその意味を理解し賛同する。

関は幕末に、立憲主義をいちはやく提案した上田藩士、赤松小三郎に着目した。その研究成果が目を引く。関の長州レジームの認識はこの稿に重要なので、以下に引用する。

「長州の神官たちによる国家改造計画の最初の具体的な実践活動が、元治元年（一八六四年）に山口明倫館で斎行された楠公祭であった。楠公祭では、吉田松陰、村田清風、来原良蔵から、無名の庶民に至るまで十六名の長州志士たちを『招魂』した。天皇のために死にさえすれば、身分の分け隔てなく、皆が平等に招魂され、神となって祀られるという、後年の靖国神社に至る、それまでの日本には存在しなかった新興宗教の誕生であった。山口県の郷土史家である堀雅昭氏によれば楠公祭は、『北朝末裔・孝明天皇の否定』を意図する『国家転覆神事』だった。すなわち「吉田松陰の遺志を継いだ楠公主義者たちは、北朝体制を根底から否定する国家改造論者になっていったのである。実際、楠公祭に扇動された長州家老の福原越後や国司信濃らは、京都に進撃し、孝明天皇を拉致せんとして、京都御所を武力で襲撃し、京都を火の海にするという禁門の変を引き起こした。……勝算がなくても、玉砕してもよいからと、精神論で戦争をしたがるのは楠公主義者（松陰主義者）の特質である。それは禁門の変、下関戦争、松陰と同門の乃木希典の旅順攻撃と繰り返され、ついに太平洋戦争に帰結した。」

そして関は、招魂社をつぎのように断じている。

「長州が生んだ『招魂社』は、『共同体』の仲間たちに死を強要する装置であった。」

靖国神社は明治二年（一八六九）年、長州藩士戦没者を慰霊する東京招魂社として創建された。

戊辰戦争、奥羽列藩同盟戦争、西南戦争、日清戦争、日露戦争、日中戦争そして太平洋戦争へと国民を煽り駆り立て、その戦没者を神に祀り上げてきた戦争装置である。いわば靖国神社は長州レジームが生み出したテロリズムの象徴といえる。

もっとも「招魂」という儀式は、日本の伝統的な神道の弔い方ではない。たたりを恐れて霊を鎮め、邪気をお祓いすることはあっても、死んだ霊を呼び寄せ、ひと塊の神（英霊）として留め崇める思想は、長州神社にしかない。

終章　暗殺の歴史はつづくのか

安重根記念館で見つけた伊藤博文暗殺の罪状からわたしの読書は始まり、「近代の暗殺」に関する書物を読み繋いでみた。

明らかになってくることは、わたしたちの歴史や社会の真相は権力者によって恣意的に隠ぺい、ねつ造されている可能性が高いことだ。そして、その歴史修正や隠蔽、改ざんは、誰かの指示があるからこそ、そうなるのであり、指示者不明の忖度（そんたく）と、曖昧にしてはいけない。

政治家と官僚が結託して、真実を国民に知らせず、最後の最後まで国民をだまし続ける体質は、戦時中の大本営発表がある。戦争報道のねつ造は、軍事独裁体制の下で行われた。

国民に何を知らせるか。また、何を知らせてはいけないか。統制下で政治家が判断する。だが、ウソにウソを重ね続けていると、そのうち何がウソで何が真実なのか、混乱してくる。

昭和天皇がある日の大本営発表を聞いて、「その米国戦艦はすでに二回、太平洋に沈んでいるよ。また沈めたのかね。」と呆れたという。ウソの記録をつづけるには、高度な記憶能力が求められる。

そのようにして、連戦連勝の記録のもとでＢ29が飛来し、無防備の各都市に焼夷弾に落とされる。数時間にして焦土に化すと、さすがに恭順な国民も「なにかおかしい。」と気づき始める。

カエルを熱湯の中に入れるとその熱さに跳ねあがって逃げるが、冷水の中にカエルを入れ、しだいに熱くしていくと、逃げ遅れて茹であがり、そのまま絶命してしまう。

異変に気づくのが遅すぎるのだ。


二〇一八年三月、国会前で野党の小西博之議員が、自衛隊の若い隊員から「お前は国民の敵だ。」と敵意むき出しの罵声を、数分間にわたって浴びせられた。武力行使が可能な自衛隊員が国会議員に向かって、言葉ではあるが「襲撃」行動に出たのだ。

このような「襲撃」行為は戦後七〇年間で、はじめてではないだろうか。見逃せない危険な兆候を感じる自衛官罵声事件であった。

かつて「五・一五事件」、「二・二六事件」など、青年将校による政治家「襲撃」事件があった。政治の不満が暗殺の引き金になった。そして日本の軍事独裁体制は加速した。

今日、集団的自衛権で海外任務を命ぜられる自衛官に「遺書」を書かせて見送る政治家に、その想像力はないのか。不穏な空気が流れはじめているのを感じるのは、わたしだけであろうか。

再び、武力決着の欲望を抑制できない社会に、すり寄っているのではないか。

アーチストは時代の予兆を感じ取る感性が鋭敏である。二〇一三年の紅白歌合戦でサザンオールスターズの桑田佳祐は、ヒトラーのちょび髭顔で「ピースとハイライト」（平和と最右翼）という曲を披露した。ファシスト安倍首相を揶揄した、とわたしは受け取った。案の定、彼は叩かれてしまった。

さて、政治に絡んだ「自殺」「事故死」「殺人」「行方不明」のなかに、明らかに不審死と疑われるものが散見される。第一次、ならびに第二次安倍政権下でニュースになった不審死を次の表にまとめてみた。

亡くなられた方々の冥福を祈り、一日も早く真実の解明が進むことを願うば

第一次安倍政権下(2006-2007)で発生した不審死

	年	職業	氏名	関連疑惑
1	2006	大阪高裁総括判事(裁判長)	竹中省吾	住基ネット違憲判決
2	2006	朝日新聞論説委員	鈴木啓一	りそな銀行自民党献金
3	2006	朝日新聞社会部次長	齋藤孝治	「安晋会」献金問題
4	2006	読売新聞政治部記者	石井誠	郵政民営化、NTT 解体
5	2007	緑資源機構元理事	山崎進一	森林開発公団談合
6	2007	農林水産大臣	松岡利勝	BSE 米国産牛輸入反対
7	2007	元厚生労働省事務次官	山口剛彦	年金制度政策

第二次安倍政権下(2013-2018)で発生した不審死

	年	職業	氏名	関連疑惑
1	2013	内閣情報調査室参事官	加賀美正人	ロシア政策
2	2013	消費者庁審議官	神宮司史彦	法案策定
3	2014	報道ステーションディレクター	岩路真樹	冤罪追求
	2014	内閣府職員	未公表	韓国で国際会議中
4	2015	防衛官房付内閣参事官	神原紀之	特定秘密保護法
5	2016	自民党山田賢司議員秘書	野田哲範	山田議員の裏金告発
6	2016	UR 国交省職員	未公表	甘利大臣の賄賂
7	2017	田中造園土木社長	秋山肇	森友学園ごみ処理
8	2018	近畿財務局上席国有財産管理官	赤城俊夫	森友学園国有地売却
9	2018	財務省国有財産係長	青木隆	森友学園国有地売却

かりだ。

石井紘基議員の暗殺

最近の暗殺で、わたしが最も問題視しているのは、二〇〇二年一〇月二五日に石井紘基参議院議員が右翼テロリストに殺害された事件である。

民主党の石井紘基は、モスクワ大学留学時代からソ連体制の崩壊を予見していた。彼は日本もソ連と同じように、権力者と官僚が結託して国民を欺き、国家を食い物にしていると国会で鋭く追及した。

一般会計を隠れ蓑にして膨大な税金が、特別会計を経由して特殊法人や公益法人に流れ込んでいる。国民の目に触れることなく無審査で、会計検査院の手が届かない民間企業に、国税が消えている。誰も見抜けなかった複雑な国家の闇金融システムを発見した石井紘基は、その証拠をつきつけた。

特別会計の予算額	(単位: 億円)
1960年度	35,491
1970年度	169,889
1980年度	897,706
1990年度	1,754,857
2000年度	3,364,896

一般会計から特別会計への繰越額	(単位: 億円)
1960年度	5,412
1970年度	38,501
1980年度	213,013
1990年度	411,600
2000年度	546,192

（出典：石井紘基著「日本が自滅する日
——官制経済体制が国民のお金を食い尽くす」
PHP研究所）

二〇一八年、国の負債総額は約一一〇〇兆円に膨らんでいる。一般会計が年間約一〇〇兆円だから約一一倍の借金である。ここで驚くことは、特別会計が約四〇〇兆円あり、しかも一般会計からもその三〇%以上の資金が特別会計に流れ込んでいる。国民の目が届かないところで自由に税金を動かす特権階級が存在している。特権階級である特殊法人や公益法人を全廃すれば、国の借金三〇〇～四〇〇兆円はものの見事に減るのではないだろうか。一般会計は毎年赤字だが、特別会計は金余りで、利権業者の食い物になっている。わずかな一般会計だけで国民の生活を賄えるわけがない。一方で社会保障の財源がないといいながら、外国には無制限に金払いがいいのはなぜか。国民はなにかおかしいと察知しなければならない。

「税金や社会保険料として集めた『きれいなお金』を使うにあたって、その大半を特別会計という裏帳簿に入れる。つまり『汚染』させて使うのである。」と石井議員はその狡猾さを指摘する。逆マネーロンダリングといえる。これは国家的な詐欺行為ではないのか。

石井議員は、「このままでは日本は旧ソ連のように国家経済が破綻してしまう」と警告した。

さらに石井議員は「国政調査権」を使い、国家金融システムの暗部深くに潜入していった。

そしてついに「政府が転覆する新しい情報」を彼は入手した。だが、それを国会で暴露する寸前の一〇月二五日、自宅前の駐車場で右翼活動家、伊藤白水に左胸を刺され、殺されてしまった。

伊藤被告はいったん姿を隠しながら、すぐに警察に出頭し「金銭トラブルだ。」と犯行を自供した。この殺害動機を家族は疑問視したが、裁判では「動機不明」のまま伊藤被告は無期懲役になった。

ところが、その数年後、テレビ取材記者の追及を受けたとき、「じつは暗殺を依頼された」と獄中で告白したのだ。誰の依頼だったのか、伊藤被告はそれ以上を語らない。

石井議員のカバンの中から国会発表資料が持ち去られ、いまだに発見されていない。石井議員は最期まで鞄から手を離さなかったのだろう。彼の左中指が切られていた。

愛娘ターニャが石井議員の残した六三箱の膨大な資料のなかから、「政府が転覆する新しい資料」を孤立無援で探しているが、いまだにその資料は見つかっていない。

この稿の最後に、石井紘基議員が暗殺される半年前に、友人に出した手紙の一部を紹介したい。

「これにより不都合な人はたくさんいますので、身辺には注意しますが、所詮、身を挺して戦わなければ努まらないのが歴史的仕事でしょうから、覚悟はしていますが、それにしても、こんな国のために身を挺する必要があるのかな、と自問葛藤も無きにしもあらず。」

日本の現状を憂い、果敢に挑戦しながらも不本意に暗殺されていった人の無念さが、悲しく胸に伝わってくるではないか。

明治以来、国民の知らない闇の支配構造があるのではないか。長州レジームともいえる明治体制復活が水面下で醸成され、その妖怪たちが闇夜にまぎれて水面に顔を出す。緊急事態条項をしのばせた二〇一二年自民党改憲草案が、そのひとつだ。第九八条、九九条の緊急事態条項は、国民が手も足も出せなくなる絶大な政治権力の独占である。詳しくは『ナチスの手口と緊急事態条項』（長谷部恭男、石田勇治共著、集英社新書）、あるいは長井幸寿著『憲法に緊急事態条項は必要か』（岩波ブックレット）をお読みいただきたい。ジョージ・オーウェルの小説『一九八四年』が、日本で再現するかもしれないという切迫した危機感を覚える。桑田佳祐の予感は的中するかもしれない。

この独裁権を欲する現総理大臣、安倍晋三は山口県（長州）出身である。彼の尊敬する人物は吉田松陰という。連綿とつづく長州人脈にひきづられ、安重根が後世に託した「東洋平和」から、再び「軍拡の時代」に逆行する懸念がある。

その兆候を見過ごしていると、茹で上ったカエルを、いたるところで見ることになる。

（文中、敬称略）

参考文献

・『安重根自叙伝〈安重根義士の生と国を愛するストーリー〉』　華山文化社
・『安重根　Ⅰ・Ⅱ』韓碩青　作品社
・『天皇家の歴史』ねずまさし　三一書房
・『孝明天皇』福地重孝　秋田書店
・『維新正観』蜷川　新　千代田書院
・『天皇』蜷川　新　光文社
・『明治天皇』蜷川　新　三一新書
・『幕末の朝廷』家近良樹　中央公論新社
・『一外交官の見た明治維新　上・下』アーネスト・サトウ　岩波文庫
・『幕末　維新の暗号　上・下』加治将一　祥伝社文庫
・『京都守護職始末　Ⅰ・Ⅱ』山川　浩　東洋文庫
・『水戸学と明治維新』吉田俊純　吉川弘文館
・『松下村塾』古川　薫　新潮選書
・『日本思想体系　佐藤信淵』島崎隆夫　岩波書店
・『明治維新の生贄』鹿島　昇・宮崎鉄雄・松重正　新国民社
・『裏切られた三人の天皇』鹿島　昇　新国民社
・『二人で一人の明治天皇』松重楊江　たま出版
・『日本の本当の黒幕』鬼塚英昭　成甲書房
・『伊藤博文はなぜ殺されたか』鹿島海馬　三一新書
・『伊藤博文の青年時代』泉　三郎　祥伝社新書
・『幕末の長州』田中　彰　中央新書
・『高杉晋作と奇兵隊』田中　彰　岩波新書
・『長州奇兵隊』古川　薫　創元社
・『偽りの明治維新』星　亮一　だいわ文庫
・『明治維新という過ち』原田伊織　毎日ワンズ
・『明治天皇　上・下』ドナルド・キーン　新潮社

・『明治天皇を語る』ドナルド・キーン　新潮新書
・『歴史ドキュメント　戊辰戦争』星　亮一　教育書籍
・『会津人の書く戊辰戦争』宮崎十三八　恒文社
・『大本営発表』辻田真佐憲　幻冬舎新書
・『赤松小三郎　もうひとつの明治維新』関　良基　作品社
・『「神道」の虚像と実像』井上寛司　講談社現代新書
・『国家神道と日本人』島薗　進　岩波新書
・『靖国史観』小島　毅　ちくま学芸文庫
・『日本が自滅する日〈官制経済体制が国民のお金を食い尽くす〉』石井紘基　ＰＨＰ研究所
・『ナチスの手口と緊急事態条項』長谷部恭男、石田勇治　集英社新書
・『憲法に緊急事態条項は必要か』長井幸寿　岩波ブックレット
・『一九八四年』ジョージ・オーウェル　ハヤカワ文庫

（社会理論学会会員）

●批評

障がい児療育から見る社会分業の有機的連帯について

Katsuo Ikeda　池田　勝雄

一　現代社会のまだら模様

はじめに

アジア的共同体、あるいはそれが実体的なものであれ精神的なものであれアジア的共同体的なものが、現代社会にどのよう形態で「残存」しているのかという論点は、従来の史的唯物論を中心とした西欧中心史観からは総じて見えにくいものなのかもしれない。この問題に関して現代日本社会にも様々な領域で大きな影響をもつと思われるアジア的共同体もしくはアジア的共同体的なものが存在していることを、『社会理論研究』第一四号に掲載された拙稿「共同体論からみる日本型カースト制度」のなかでも述べてきた。社会分業の領域で言えば、アジア的共同体もしくはアジア的共同体的なものの存在、あるいはそれらに特有の共同体間分業が当然存在すると考えられ、わが国では一般的にはムラ社会の閉鎖性として語られている。これは我が国の歴史や社会経済が西欧中心史観から一律に論じられるものではない事を示している。同様の視点をもって世界史も論じられるべきで、その基礎となる要因はアジア的共同体もしくはアジア的共同体的なものがどのような形態で生成消滅し「残存」しているのかということだと推察する。

　ところで残存ではなく「残存」とカッコ付きで表記している。これはアジア的共同体あるいはアジア的共同体的なものが歴史の進展とともに消滅していくものとする史観に疑問を持っているからだ。多様な歴史の進展があってよいように思えるのである。

　このレポートは福祉と教育の有効な連携をめざしており、それが共同体間分業の弊害を克服するような有効な社会分業の連携となることを論ずるものである。そのため（i）アジア的共同体もしくはアジア的共同体的なものの「残存」形態が多様であること（ii）アジア的共同体もしくはアジア的共同体的なもの特有の共同体間分業を有効な社会分業とするための連携が必要であること、について根拠立てしていかねばならないと考える。

これまでの調査・研究から

共同体研究者の大塚久雄氏は、「歴史」のなかの共同体についてその物質的基礎を共同体が占取する「土地」とする。その上で以下のように共同体を規定している。

　その根底になお長きにわたって「原始共同態」という「原型からもちこされた諸特徴」すなわち「共同組織」を何らかの形で残すことになるのであって、この「共同組織」を根底にもつ社会組織こそが「共同体」なのであり、また、そうしたいわば原始的形態を残している限りにおいて、「共同体」は「共同体」でありうるのである。（大塚久雄『共同体の基礎理論』、大塚久雄著作集第七巻二一頁　岩波書店、一九六九年）

共同体の生活やその再生産活動を対象化していく第一の前提は、言語や習俗などの共同性である。大塚は共同体の形態をとっている限り、何らかの形の「共同組織」となっており、集団としての「外枠」を形づくっているとしているとし、共同体自身はその社会的諸関係が言語、習俗、血族などの経済外的性格を形成するとしている。

共同体の基本形態は一般的な世界史観では，アジア的、古典古代的、ゲルマン的（封建的）として段階的に発展してきたとされている。こうした伝統的共同体は、社会分業の進展や私的所有の拡大によって最終的に解体する。共同体の解体はマックス・ヴェーバーの用語でいうデーミウルギー（村がかえ　共同体に奉仕する農業以外の勤労）の進展、共同体内分業の発展によって促進される。デーミウルギーが奉仕から賃仕事の形となり、やがて商品生産にいたり貨幣経済的デーミウルギーへと質的変化をとって、伝統的共同体を解体していく。デーミウルギーの職種はさまざまだが、今でいう大工、鍛冶工、靴工、皮革工、洗濯人などの職人が中心である。つまり彼らの存在によって伝統的共同体はその共同体内での自給自足が可能となっているということである。

しかし大塚は、とりわけアジア諸地域では伝統的共同体に関する社会分業が共同体内分業でなく共同体間分業が支配的になったとし、「アジアの諸地域においてはあるいはその萌芽のまま展開を阻止されつづけるか、あるいはインドにみるように独自な発展を示すことになる」（『マックス・ヴェーバーのアジア社会観』、大塚久雄著作集第七巻、一九〇頁、岩波書店、一九六九年）と世界史における多様性を示唆している。これは共同体間分業が共同体を強化し家産制国家の政治的支配を安定させるからである。古代国家でいえば、中国では氏族制的自治を維持する村落共同体を土台とした文人的家産官僚群を擁した家産制国家が形成され、インドでは徹底した部族間分業の展開がギルドの形成さえ押さえつけ、社会の全構造を包むカースト制をつくりあげた。大塚は西洋、オリエント、日本についてのヴェーバーの研究業績を通して以下のように述べている。

「共同体間分業」の展開とそれの保守的な作用は、西洋史の流れのなかにも、もちろんある程度まで見出される。けれども、オリエント、とりわけアジア諸地域のばあいには、さまざまな歴史的・地理的条件によって、西洋史のばあいとは逆に、一般に「共同体内分業」の展開をいちじるしく抑止しながら、さまざまな独自な方向への発展をとげた。その場合、日本がアジア的な特性を色濃く残しながらも、ともかく西洋的な意味での「封建制」を自生的に発展させ、したがって、西洋からの資本主義経済の受容のために有利な条件をつくりだしていた。（『マックス・ヴェーバーのアジア社会観』、大塚久雄著作集第七巻、一九六～一九七頁、岩波書店、一九六九年）

このように大塚はオリエント、アジアのみならず日本や西欧の一部にもアジア的共同体もしくはアジア的共同体的なものを、その濃淡はべつにして見出されるとしている。世界史を多様なものとしてみる史観や、今日の中国やインド社会でのIT産業をはじめとする資本制生産様式の目をみはるばかりの発達ぶりを考察すれば、日本では特例的に西洋的な「封建制」が存在したという日本史観も今少し考察がいるのではないかと推察する。

ところで日本に密教を通じて浄穢意識がもたされ、戦国期などから共同体間分業の進展によって日本型カースト制度が部分的に形成されたことは、拙稿「共同体論からみる日本型カースト制度」（『社会理論研究』第一四号、千書房、二〇一三年）でも論じてきた。アジア的共同体的なものでいえば、「ムラ社会」としての精神風土は大塚が指摘するように「色濃く残し」ている。さらに今日、こうしたカースト社会は西アフリカでも存在することが今日明らかになっている。

小川了氏の著作『サヘルに暮らす　西アフリカ・フルベ民族誌』（NHKブックス、七三頁、一九八八年）には、アフリカにおけるカースト社会について調査結果を以下のように概括している。

フルベ社会は西アフリカではしばしばみられるカースト型の社会なのである。カースト、つまり世襲を原則とする専門職の集団、しかもその専門職集団の間に階層構造がみられる社会体制、これはいうまでもなくインドのそれがよく知られるところである。しかし、カースト型の制度・構造をもつ社会はインドに限らない。西アフリカにおいても、階層構造をもった専門集団、世襲、そして各々の集団内での内婚というカースト特有の特徴をもった社会がいくつかみられるのである。

西アフリカは古代国家でいうオリエントオイコス社会であるエジプトの辺境にあたる。やはりオリエントの専制国家ペルシャの辺境たるギリシャで貨幣経済的色彩をおびたデーミウルギーがみられ、世界史上初の共同体内貨幣が現れ、やがてゲルマン的共同体につながっていくとされているが、同じオリエント社会の辺境である西アフリカにカースト社会が現在も残されていることをどう理解すればよいのかである。少なくともこの事実は古典古代共同体からゲルマン共同体へ移行し、社会分業の進展からこうした伝統的な共同体が解体していくという西洋史のみでは解明できないことを証明しているのではないかと推察される。

共同体が急速に解体される一六世紀からのヨーロッパの歴史もけっして一様ではない。共同体の経済外的性格は、言語や習俗などの文化とされる。家族制度もその一分野であろうと考える。ヨーロッパを四八三の地理的単位に区分し、綿密な調査から絶対核家族、平等主義核家族、直系家族、共同体家族に四分類したフランスの歴史学者エマニュエル・トットは、ヨーロッパの現状と、その歴史の多様性を著書の『新ヨーロッパ大全』で証明している。宗教改革、文化的テイクオフと識字化、脱キリスト化、受胎調整などの歴史の荒波の中でも、「16世紀から20世紀にかけてヨーロッパの家族制度が農村世界において安定している」（『新ヨーロッパ大全Ｉ』Ｅ・トット、石崎晴己訳、八七頁、藤原書房、一九九二年）と結論付けている。

以上これまでの研究・業績から世界史が一様でなく、とりわけアジア的共同体もしくはアジア的共同体的なものの現代社会での「残存」もしくはその「残存」の在り様によって、現代社会が大きく影響されているのではないかと推察される。

二　現場の風景

一般社団法人つばめ会の事業展開

一般社団法人つばめ会は幼児から高校までの児童生徒のための療育施設である。この法人には、つばめ会と闘竜舎の二つの事業所があり、幼児を対象にした児童発達支援事業と学齢期の児童生徒が通う二か所の放課後等デイサービスがある。事業所つばめ会の放課後等デイサービスは高学年と低学年の二つのグループにわかれて療育がおこなわれている。闘竜舎は中学生と高校生のための放課後等デイサービスで、ここでは本格的なソーシャルスキルトレーニング（ＳＳＴ）がおこなわれている。

児童発達支援は、「療育の観点から集団療育及び個別療育を行う必要があると認められる未就学の障害児」を対象とし、「日常生活における基本的な動作の指導、知識技能の付与、集団生活への適応訓練、その他必要な支援を行う」（『事業者ハンドブック』中央法規、三四七頁）事業である。放課後等デイサービスは、「学校教育法第一条に規定している学校（幼稚園及び大学を除く）に就学しており、授業の終了後又は休業日に支援が必要と認められた障害児」を対象とし、「授業の終了後又は学校の休業日に、児童発達支援センター等の施設に通わせ、生活能力の向上のために必要な訓練、社会との交流の促進その他必要な支援を行う」（『事業者ハンドブック』中央法規、三八七頁）事業である。

一般社団法人つばめ会は二〇一六年九月に兵庫県のほぼ中央部にある加東市に開所した。当初は午前中に児童発達支援事業「つばめっこ」、午後に放課後等デイサービスを展開するだけであったが、利用者増に応じて翌年の二〇一七年四月には放課後等デイサービスを高学年と低学年の二つのグループに分離した。その後も利用者増が続いたため、本年四月に同じ加東市内にもう一つの放課後等デイサービス「闘竜舎」を立ち上げることになった。

現在利用者（子どもたち）は五十人程、職員はパート職員も入れて三十人になる。

概略は以上のようになるが、闘竜舎の立ち上げについては少しふれておきたいことがある。二〇一六年の文部科学省調査では高卒者の大学・短大進学率は五四・八％であり、専門学校への進学は十六・三％である。合わせると七一・一％にのぼりじつに高卒者の七割強が社会人あるいは働く人になる為の学びの期間を与えられている。しかし療育の中で育ち特別支援学校を卒業した子どもたちは、そうしたいわば社会人となるための訓練期間がなく、それが福祉的就労であろうが一般就労であろうがいきなり社会人になる。そのような意味で障がい児には二重の意味でハンデが存在すると言わざるを得ない。これは制度的な欠陥といえる。どの子もそうだとは言わないが、支援学校卒業後総じて三〜四年のSSTの期間が必要ではないかと思われる。そこで学齢期の生徒が通う放課後等デイサービス「闘竜舎」で本格的なSSTを導入した。開所以来多くの人に支えられて順調に事業が推移しているが、現在、発達評価の良い指標にもなり、子どもたちの励みになると思い「作業検定」の導入を準備しているところである。

不登校事例1　Nの場合

本稿のテーマは現代福祉現場における有効な社会分業である。私はそれを関係機関の連携（ケース会議など）にもとめている。それをわかりやすくするために不登校の問題に絞って事例を紹介する。

Nのプロフィール（通所開始時）
十四歳　女子
近隣市の公立中学校二年生
家族　母親　祖母　姉　妹
療育手帳取得（軽度の発達障害　睡眠障害）
小学四〜五年時のいじめによって長期不登校の状態に
懇談や行事のときはたまに登校
昼夜逆転の状態にあり、肌荒れを気にして外では常にマスクを着用
適応教室やフリースクールを体験するが二日目には継続不可に

Nが最初につばめ会に現れたのは、二〇一六年八月の夕方である。九月開所にむけ準備に追われていた時期であった。つばめ会への通所を希望する母親との面談についてきた。彼女は「（つばめ会で）国語と絵の勉強をしたい」としっかりとした口調で自分の希望を話してくれた。広い施設が気に入ったのか歩いてみて回り、「調理室がある」と指をさして母親に喜んで話しかけていたのが印象的だった。

通所が決定し九月から毎日通うことになった。二時には自宅に迎えに行き、六時まで施設で過ごし、その後自宅まで送迎車で送っていた。学校はこれまでの適応教室やフリースクールでの経験から療育施設のつばめ会でも早い時期に頓挫するであろうとあまり期待していなかったらしい。初日に六時までいたことに「すごい」と驚きの声をだしていた。Nはおそらくつばめ会の施設環境とそのゆっくりとしたプログラムが気に入ったのだろうと思う。毎日通ってくるようになり担任の先生たちをさらに驚かせた。やがて校長先生や担任の先生がつばめ会を訪れ施設見学するようになった。Nが起こした第一の「奇跡」である。

通所から一週間後に学校、つばめ会、保護者の三者でケース会議を開き、子どもの様子や療育の方針を確認した。つばめ会がNを迎えるにあたって打ち出した方針は、以下の四点である。

①小さな成功体験を積み重ね、自己肯定感や達成感を高めていく。
②とりくみの中でお手伝いなど何らかの補助的役割を与え自己有用感をたかめる。
③グループワークを促進し仲間意識を育てながら居場所づくりをすすめる。
④無理に通所しなくてよいし、通所後帰りたくなればいつでも家に送っていくことを約束し、施設に通うことやいることへの束縛感や圧迫感をなくしていく。

事前のケース会議では、つばめ会から派遣した職員が自身の子どもの不登校

体験も語り、仮に不登校の状態が続いても今後の進路について様々な道があることも積極的に提案している。公教育ではあくまでも学校に通わせることが大前提なので、学校の先生たちはNを復学するためにあらゆる努力を積み重ねてきた経過がある。教育関係者の意識の中では、不登校自体があってはならないことであり、したがっておそらく仮の話とはいえ不登校の状態が続いた場合のその後の進路の可能性について会議で出されること自体が意外なことであったかもしれない。福祉的アプローチの大きな特長の一つは社会的自立をめざした支援をしていることである。つばめ会から不登校が続いた場合でその後の進路について様々語られたことは、福祉的には至極当然のことであっても中学校側では業務の外の話だったかもしれない。それでもつばめ会からの療育方針は好意をもって受け止められ、その後の施設と学校、家庭との連携がスムーズにすすむ大きな要因となった。

　Nは得意の塗り絵で他の子どもたちの見本となったばかりかその指導もしている。地域や保護者を招いての夏祭りやコンサートではイラストの才能をいかしてポスターを制作してくれたりもした。またつばめ会の講座も積極的に参加し、仲間の輪を徐々に広げていき、閉鎖的な気持ちが次第に外へ向き出してきた。これまで家から外へ出る事もできなかったNが母親と一緒にレストランにいき、そこではほとんどマスクをはずすこともできるようにもなってきたことも通所一ヶ月後のこの時期のことである。これも中学校の先生たちの驚くところであった。施設内での表情も生き生きとしたものになってきだした。Nはパソコンでイラストを描くことを得意とし日常活動の中心にしているが、絵画をつばめ会のアートクラスで指導しているスタッフは、通所数か月の間の彼女の描く絵の線が力強くなっていると指摘している。Nに対する支援の上記の方針は、いわば動機論や役割論に基づくアプローチであるが、その効果が徐々にみえてくるようになってきたということと考えている。Nはこの頃の状態を「なんかつばめ会にいくと安心するし、楽しい」という言葉で表現している。まだまだ教科の勉強をやりだすと「理解できない」とすぐ泣きそうになってしまう不安定なところが多かったが、それでも彼女の心の中で少しずつ自信や自尊感情が高まってきていたのではないかと思っている。

　しかし一般的に言って、動機論や役割論に基づくこのようなアプローチは、不登校生徒を対象にした適応教室やフリースクールでは同様のことが実践されている。そうした機関のアプローチをNが拒否してきたのは、たまたまNが外に向かう時期ではなく、不登校の心理学でいう「さなぎ」の状態を脱しようとするレディネスが不十分であったのかもしれない。しかし私にはそのN個人のそのような精神状態を勘案しても、個別のアプローチを包含したつばめ会の適合論（環境の調整）がNをエンパワメントし、連続した通所を可能にし、その成長を促したのではないかと推察している。

　通所開始から一か月後、つばめ会での学びの内容を踏まえてつばめ会への通所を学校の登校日にカウントしてはどうかという提案を中学校にしてみた。日常的にもつばめ会との連携を深めていた中学校は、Nのつばめ会でのとりくみをよく理解していたので申し出を快く受け止めてくれ、学校長が率先して市の教育委員会に働きかけくれた。教育委員会の入念な調査を経てつばめ会での療育を適応教室と同等と認め、翌一一月からつばめ会への通所日を登校日と認める事となった。この時点でNは形の上では長期不登校から脱却することになった。またその後に本人が決断することになった高校受験への第一のステップを結果的に踏み出したことになったわけである。本人はつばめ会への通所を登校とするという「不登校克服」の取り組みに積極的に関わっていたわけではないが、Nに関する画期的な出来事という面ではNの第二の「奇跡」と考えている。この「奇跡」をおこした大きな要因はつばめ会と当該学校が深い信頼関係を保って日常的に緊密な連携をしてきたことである。福祉関係者と教育関係者はそれぞれの部門で専門性を有し、今日個々の領域として社会分業化している。それゆえ我が国の場合は教育、福祉のそれぞれの部門がともすれば閉鎖的になる傾向がある。しかしNに関しての取り組みでは福祉的アプローチと教育的アプローチの有機的な連携が上手く行われ、その成果が如実にあらわれた事例といえるのではないかと考える。

　順調に推移してきたNへの療育であるが、二〇一七年四月に入り急速に失速する。Nが休みがちになってきたのだ。すでに通所メンバーのなかではリーダー的存在となっていたNの欠席に対し子どもたちのなかに少なからず動揺がみられるようになった。この原因はつばめ会側にある。「環境の調整」に失敗したのだ。新学期に入り利用者が急速に増えることになるため、つばめ会では使えるスペースを増やす改築をしたのだが、「消防法」等の関係で改築が遅れ、スペースが手狭になり使用開始まで「環境の調整」ができにくくなったことである。工期が遅れたのは半月ほどのことであったが、それをきっかけに三か月間ほどNは通所がとぎれがちになった。つばめ会では強い危機感をもち、夏休みを控えた六月の末、万が一長い休みの間家に閉じこもる状態になれば、以前の長期不登校の状態になってしまうことを学校に相談した。学校も危機感をもち、担任が本人と懇談、進路を踏まえた真剣な話しあいをもっていただいた。その懇談の資料の中からNはある私立高校のデザイン科をみつける。学校から合否についてどのような判断が示されたかは不明だが、本人はどうしてもこの高校に入学したくなりつばめ会への相談となる。真剣な表情で「この高校に行きたい」と訴えるNに応え、受験合格までの道筋と同時にそれが可能であることを具体的に明らかにして励ました。つばめ会は受験指導の体制をつくり、本人には昼夜逆転をなくすことと朝食をしっかり食べることの二つを約束させた。それから半年、つばめ会でのNの受験勉強が始まる。小学五年生から止まったままの教科学習だったが、ものの見事に力をつけ一二月頃にはすでに合格ラインに届くようになった。目標が定まりそこまでの道筋が明らかになれば、人は前に進もうとする。こうしてNは典型的なナラティブアプローチの成功例となった。Nの三番目の「奇跡」である。後日談だが、どうしてこのようなことが可能になったのか兵庫県教育委員会（東播磨教育事務所）からも視察があった。

三　つばめ会の理念

一般社団法人つばめ会は、理念として三つの柱を立てている。それは以下の言葉で施設内外に示されている。

つばめ会は、こどもたちが、

一、いきいき暮らすこと
二、のびのび育つこと
三、きらきら輝くこと
　　　　をめざします。

この理念は、開所九か月後の二〇一七年六月に示したもので、同時に以下の簡単な説明書きを明示した。

（1）つばめ会は、こどもたちが人生のどのステージにおいても、その個性に応じて地域の一員として包摂され、生きがいをもって生活できるソーシャル・インクルージョンの社会をめざします。
（2）療育は、生き難さを抱えるこどもとその家族を援助しようとする努力のすべてをさします。施設を中心にしたつばめ会は、そのこどもたちの主体的な成長を促す環境の調整と個別支援を基調にし、時間・空間・人の構造化、家庭・地域との連携の強化、自他への信頼感、所属感を培う「療育共同体」をめざすなど包括的な療育をめざします。
（3）つばめ会は、個別の支援にあたりストレングスの視点を重視します。療育にあたり課題の解決をめざすとともに、主体としてのこどもの内的なもの、こどもをめぐる外的な資源のなかにある「強さ」、「能力」、「良さ」に着目し、あらたなこども像や視点の獲得につとめ、その成長を促します。

（1）（2）（3）の説明書きは、理念の三つの柱の一、二、三、に対応するものとなっている。この理念と説明書きは、開所以来九か月の実践で有効と思われるアプローチを主に拙著「共同体論からみる日本型カースト制度」（『社会理論研究』第一四号掲載、千書房、二〇一三年）で明らかにした共同体論を基礎に組み立てたものである。

一般社団法人つばめ会は、大きく分けて三つの部門がある。幼児を対象にした児童発達支援（つばめっこ）、放課後等デイサービスであるつばめ会（低学年と高学年の二つのグループ）、中学生や高校生を対象にした放課後等デイサービスである闘竜舎の三部門である。それぞれ「お知らせ」を参考にしてもらい、普段の療育現場を頭にうかべていただきたい。

理念一は、商店街の真ん中にあるロケーションをも考慮し、施設自体のソーシャル・インクルージョンをめざしている。たとえば年に二回は施設の中でピアノやバイオリンのコンサートを開き、商店街の人を招待し交流をもっている。子どもたちが地域社会のなかでいきいき暮らせるように願いを込めた「場」の包摂を意図している。時間軸によるソーシャル・インクルージョンでは、幼児から学齢期のこどもたちを預かる療育施設であるが、その後の人生を考えてこの子に何が必要なのかという社会的自立をめざしたアプローチをしていくことを理念の中で謳ったものである。

理念二は、この法人の療育が環境の調整を主軸にした適合論を基礎にして子どもの主体的な成長を促していることを示している。スローガンでいえば「のびのび育つこと」を支援している。なにゆえこのような結論になるかという理論的な背景は後段で展開することになるが、ともあれ時間、空間、人の構造化や、「療育共同体」をめざすという目的を明確化している。つばめ会の適合論は、個別のアプローチをも包含したいわば統合的な「環境療法」をめざしているものである。

発達障がいの子どもたちの課題をどうとらえるか、またどのようにアプローチするかについては、一般的に個人の特性に応じた特性論、環境の調整に重きを置く適合論、個人や環境そのものにたいするとらえ方を原点から見直す構築論の3層としてとらえられる場合がある。この論で言えば、つばめ会の療育は環境の調整を中心とした適合論を主要に採用している。この点について岡田有司氏は、構築論を基点としたアプローチを唱え、「特性論に基づくアプローチも適合論にもとづくアプローチも、構築論を基点とすることで初めて効果的なものになると考えられよう」と著書で述べている。（『思春期における不登校支

2018．6．18

つばめ会おしらせ

梅雨の季節を迎えました。学校でもご家庭でも、戸外で発散できない分ストレスが溜まっているかもしれません。つばめ会ではそんな子供たちの様子を見極めながら、また、暑くなる季節の体調も考慮しながら支援をしていきたいと思います。

7月の講座

	つばめっこ	低学年	高学年
月	運動遊び	パクパク講座（食育）＜小林先生＞	おとあそび（ミュージックケア）＜田中・東野先生＞
火	戸外遊び	こばと講座（言葉遊び）＜小林先生＞	習字 OR 英会話＜大西先生・池田先生＞
水	音遊び	お話しの時間＜田中先生＞	アートクラス（隔週）＜湯浅先生＞
木	制作	からだを使った遊び（集団遊び OR 制作）＜植上先生＞	着物 OR お茶＜酒井先生＞ 手作り講座＜・大林先生＞
金	室内遊び	書き方（集[illegible]）＜大西先生＞ おとあそび（ミュージックケア）＜東野先生＞	そろばん教室＜門脇先生＞
土	外出支援	外出支援	外出支援

7月の予定

日	曜	行事	日	曜	行事
1	日		17	火	お習字（高学年）
2	月		18	水	
3	火	お習字（高学年）	19	木	着物教室（高学年）
4	水		20	金	一学期終了式
5	木	手作り講座（高学年）	21	土	
6	金	書き方（お習字）教室（低学年）	22	日	
7	土	七夕会	23	月	夏季給食開始
8	日		24	火	英会話（高学年）
9	月		25	水	アートクラス（避難訓練）
10	火	英会話（高学年）	26	木	抹茶教室（高学年） 7月生まれのお誕生日会
11	水	アートクラス	27	金	
12	木	手作り講座（高学年）	28	土	陶芸教室
13	金		29	日	
14	土		30	月	
15	日		31	火	お習字（高学年）
16	月	祝　海の日			

◎警報発令時の対応について◎

原則として、警報発令時は休所となりますが、天気状況や道路状況に危険を伴わないと判断される時は、開所しますので利用希望される時はご相談ください。

◎お盆休みについて◎

8月13日（月）14日（火）15日（水）はお盆休みになります。

◎お知らせとお願い◎

※夏休みを迎えますので7月、8月の利用予定のご記入をお願いします。
送迎の希望、時間等必要事項を必ず、ご記入ください。
※夏休み期間の平日に給食を提供いたします。メニューが決まり次第お知らせいたします。
また、食物アレルギーの調査をいたしますのでご協力をお願いいたします。
※連絡帳をご覧いただいたら、サインと何かありましたらコメントを記入ください。

援の理論と実践』、思春期の発達障がいと不適応、六七頁、ナカニシヤ出版、二〇一六年）

つばめ会での経験で言うと、前述した不登校事例1にあたる。Nに対する個別のアプローチや「環境の調整」は当初大きな成功をおさめた。しかし通所児童生徒が急増した四月当初完成を予定していた施設の増築が間に合わず、それをきっかけにNは欠席が次第に多くなり、ついには家に閉じこもり状態に戻ってしまう。しかし二か月後、その期間自分の進路を考え、行きたい学校を決め、つばめ会の職員に相談し通所を再開させる。Nはそれまでの昼夜逆転を見事に克服し高校受験に成功している。自分が目指すべき方向と具体的な道筋が見えてきたことが不登校から見事に立ち直り、再び前へ歩き出した原因である。ポストモダニズムでいうナラティブアプローチの成功例といえる。もっともNが自分の目指すべき方向を見出すことが出来たことや、目指すべき方向を見出そうという心理状態になったのは、つばめ会でのそれまでのアプローチの成果であると考えている。この一度は挫折しかかったNの事例で言えば、そもその原点からの見直す構築論を基点にすべきという岡田氏の理論は正鵠を射ているし、私も間違ってはいないと思っている。

しかし、それでもつばめ会は「療育共同体」を掲げあえて適合論を基礎にした療育をめざしている。これはアジア的共同体の意識を強く残している日本社会の精神構造をふまえ、そうした精神土壌の上で有効な療育を創造していくことをつばめ会がめざしているからだ。

理念三は、子どものストレングスに注目した支援をめざすことを掲げている。理念二でいう子どもの主体的な成長を促していく環境療法に関連していて、ありがちな子どもの課題の克服にのみに着目するのではなく、多くの場合その課題（ウィークネス）と背中合わせにあるストレングスを伸ばしていくことを支援の柱としている。「のびのび育てる」ことで、「きらきら輝く」ことを支援しているということだ。現場では子どもたちを些細なことでもよくほめる事を職員が心掛けている。

例えば、つばめ会に毎日通所するA。小学二年生で学習障害に苦しんでいる彼は、宿題の国語や算数の文章題がたびたび理解できない時や、グループ遊びでうまくコミュニケーションがとれないとき、人一倍プライドの高いこともあり、しょっちゅうパニックになり泣き出したり指導員に八つ当たりしたりして困らせてきた。そんなとき指導員は少し離れて本人がクールダウンするのを待つ。やがて冷静さを取り戻した彼は、指導員に呼びかけ素直に「教えてください」と頼み、宿題を前へすすめようとする。指導員は「すごいね。こんなに早く元に戻ったね」と彼が自力で平静さを取り戻したことをほめるようにしている。通所以来のAへの療育はこのアプローチが中心であった。ねばりづよくこのとりくみを繰り返していると、やがてAのクールダウンの時間が短くなっていき、パニックの回数も目に見えて少なくなってきた。最近ではパニック自体をほとんどみられなくなっている。

困難な状況にあうとパニックになりがちなことは確かにAのウィークネスであるが、そのパニックから自力で立ち直ろうとすることはAのストレングスといえる。つばめ会の指導員は「よくがんばって元気になれたね。早かったね」と言葉がけし、そのストレングスに着目して伸ばすことに心掛けてきた。ストレングスに注目し利用者をエンパワメントしていくこうしたアプローチはやはりポストモダニズムではないかと考えている。

生き難さをかかえた子どもの自己肯定感は一般的に低く、それゆえ能力があってもうまく表現することができず行動が制限されることが多い。したがってセルフエスティームを高めていくことは、子どもをエンパワメントしていくことに直結するだけでなく新たなアプローチの可能性を高めていくと思われる。説明書きの「あらたなこども像や視点の獲得」はこのような望みがこめられている。

こうして理念を概括すると、つばめ会が環境の調整をこそ最重要視していることが理解いただけると思う。多くのアプローチや療育理論は個人主義が前提の欧米から「輸入」されてきたが、つばめ会はそれらをそのまま実施しているということではない。つばめ会理念で示されている「環境療法」は、時間・人・空間などの環境の調整をしていくことをベースに、運動療法などの感覚統合、構造化、行動療法などの個別もしくはグループでのアプローチを組み入れた包括的なものとなっている。これらのアプローチも含めて「環境の調整」としている。これはアジア的共同体若しくはアジア的共同体的なものが現代においても大きな影響を残している日本社会と、個人主義的傾向の強い欧米の社会とは異なっていることを踏まえ、療育実施にあたっては我が国では「環境の調整」をより重視しなければ効果が上がらないと考えているからである。

つばめ会は太田ステージを療育の評価に取り入れようとしている。発達段階に対応した総合的な自閉症療育を目指す太田ステージの考えは、つばめの会理念と重なるところが多い。これを開発した太田昌孝氏は自閉症（ASD）療育における「環境の調整」の位置づけについて以下のように述べている。

> ASDの治療の基本は、子どもに積極的に働きかける治療教育と環境調整および薬物療法へと変化してきている。さらに治療教育は、異常行動の改善や適応行動の獲得はもとより、認知と情緒の発達を促す方向に進んできている。そして、認知発達的な見方から、子どもを共感的に受け入れ、行動の意味を理解し、行動の変容を図ろうとする方向に歩みだしている。（自閉症治療の到達点、第二版、太田昌孝・永井洋子・武藤直子編、三四頁、日本文化科学社）

太田ステージでは「治療教育」と同様に環境の調整が需要視されていることがわかる。太田ステージでいう「治療教育」は認知の発達などを促す療育の中心的存在だが、たとえば家庭での役割などの詳細なアプローチ論にはいるほど「環境の調整」と密接不可分になっていると推察している。

もう一つ、シェルボーン運動療法はイギリスのベロニカ・シェルボーン氏が開発し、シンディ・ヒルなどによって世界中に紹介されている運動療法がある。つばめ会でもシェルボーン的運動療法を感覚統合のひとつとしてとりいれている。イギリスから渡ってきたこの療育でもセッション実施時の「環境の調整」には随分配慮されている。個々に応じた環境設定はもちろん指導されているが、講習などではセッション時に音楽を使うことは禁止されているし、素足でマット等のない床でのムーブメントであることも強調される。個人主義の強いイギリスから伝えられたシェルボーン運動療法ですらこうした「環境の調整」が必要だということである。

四　ケース会議にみる有機的連携

つばめ会の「環境の調整」は施設内にとどまらず、家庭、地域、学校園などとの調整もその範囲になっている。前述した不登校事例1では、その克服過程でつばめ会と中学校との連携が当初から有効に働いたケースであった。何故ならば、Nの通所前後からのケース会議を始めとして、福祉施設のつばめ会と教育現場の学校が密接に連携していたからである。しかし、アジア的共同体もしくはアジア的共同体的なものが色濃く「残存する」日本社会では、産業や分野別の閉鎖性が強く、それぞれが「排他的な世界」を形成している場合が多い。縦割り行政などはその典型であろうと思われる。

不登校事例2　Yの場合

Yのプロフィール
十三歳　男子（現在）
市内公立中学一年生
家族　祖母　父　母　妹
療育手帳取得（自閉症スペクトラム　反抗挑戦性障害など）
小学校時代から同学年のなかでのトラブルが起こりがちでその都度家庭で保護者ともめていた

前述の事例1とは違うが、教師の言動によりつばめ会に通所する中学生が二週間登校拒否する事例があった。アジア的共同体もしくはアジア的共同体的なものが色濃く反映される日本社会では、それ故に教育と福祉の有機的な連携が強く求められると考えられる。二番目の事例は教育と福祉の連携が不可欠であることを証明するような不登校事例なので、未だに未解決な事案ながらあえて紹介する。

当該生徒Yは情緒不安定に課題をもっており、学校でのトラブルを心のなかで十分に処理できず、家庭でその都度「大荒れ」する状態が続いていた。この生徒は小学校高学年になってつばめ会に通所しだす。不安がる母親から相談があり、その要望に応じてつばめ会への通所を受け入れ、母親へのペアトレを実施しながら「環境療法」を通してその生徒を精神的に安定した状態で過ごさせることにつとめていた。

しかし中学校に入学してから新たに学校教育の一環でスポーツの部活動がはいり、療育施設であるつばめ会に通所出来にくい状況が生じてしまう。学校の頑なな姿勢がその原因である。母親からの訴えがあり、市の教育委員会や学校長に小学校に引き続きつばめ会に通えるよう部活動の弾力的な対応を求めた。教育委員会や学校長は言葉では理解を示したが、現場の姿勢が頑なで「原則全員が部活動に入部する」という市の方針があるが、現実にはその「原則」の例外を認めない方向で指導していた。その間部活動での体操服が紛失するなど心配な出来事も発生して家での「荒れ」が続いていた。つばめ会は、あらためて部活動の弾力的対応と家庭を含めたケース会議を求めたが、学校にその真意が伝わることはなかった。学校長は福祉部門を交えたケース会議を即座に拒否し、「するなら学校内部でする」と高圧的に述べるなど理解のない態度に終始した。しぶしぶ部活動の弾力的対応を支援学級の担任に伝えたものの、その教師は弾力的対応を保護者に伝える際に、「お母さんの方からつばめ会にいくようにすすめることのないように」とわざわざ釘をさすなど、つばめ会からの学校長へのメッセージとは反対の、あたかも「つばめ会にいってはいけない」ということを示すような言葉を母親に伝えている。

その後、不幸にも生徒間の「なんでもない会話」を支援学級教師二人が必要以上にYに問い詰める事象が発生し、当該生徒がそれ以後学校を二週間も登校拒否する事態となった。その間つばめ会では保護者からの要請があり朝からの通所を認め、午後からの通常の放課後等デイサービスのプログラムに加え、午前午後の二回の教科学習、児童発達のアシスタントの役割を与える支援（自己有用感の培養）、制作活動などを実施し復学への気持ちをたかめる心理的調整（クールダウン）の期間をつくってきた。学校現場で教師が引き起こした登校拒否事象であったが、それでもつばめ会から報告連絡することがあっても、学校からつばめ会に報告や問い合わせがされることは一切されなかった。つばめ会と連絡を取ることを学校長が止めていたようだ。つばめ会にサービス終了間際の時間に何の連絡もなく訪れ、Yを無断で玄関口に呼び出し「お詫びと言い訳」をしながら登校を促すことを毎日繰り返していた。あまりに一方的なことなので、つばめ会から施設の中できちっとした話し合いでなく玄関口での立ち話は他の生徒への影響もあると注意を促すと、今度は夜に家庭を訪問しだす。しかし教師の家庭訪問の後、子どもがいつも「荒れる」のでついに親から「家に来てくれるな」と告げられるという事態となった。

なんとか登校を再開した後、つばめ会では登校拒否の再発防止と再発時の対応を確認するためにあらためてケース会議の開催を市の教育委員会に申し入れたが、回答のないままになっている。余計な憶測かもしれないが、この事象が発生した放課後は「NO部活デー」で、久しぶりにYがつばめ会に通所する日であったこともあながち偶然ではないように思える。

この事例でもっとも注目し改善しなければならないのは、教育現場が福祉施設との連携を拒否する閉鎖的な姿勢といえる。この学校の閉鎖性こそが事象を発生させ、登校拒否を長引かせた最大の原因だと推察している。

当該中学校の姿勢は文部科学省の指導にも違反している。二〇一三年一〇月にだされた『教育支援資料』では福祉分野における障がい児支援との連帯についても加筆されている。念の為以下に紹介する。

情報収集については、「子供が通園・通学する認定こども園・幼稚園・保育園・小学校・児童発達支援センター等の就学前支援機関・放課後等デイサービス等の放課後支援機関等からの保育・教育の内容や方法、特別な支援の内容や方法等について情報収集する。上記の機関で、既に個別の教育支援計画や、障害児相談支援事業所で作成されている障害児支援利用計画や障害児通所支援事業所等で作成されている個別支援計画等が作成されている場合には、その活用方法について機関と協議する」としている。

行動場面の観察については、「行動場面の観察方法としては、巡回教育相談や検査時などに併せて行う方法や、子供が通園・通学する認定こども園・幼稚園・保育所・小学校・児童発達支援センター等の就学前支援機関・放課後等デイサービス等の放課後支援機関等に観察担当者が出向く方法などを積極的に検討することが望まれる」としている。

不登校問題では二〇一六年の文科省局長通知「不登校児童生徒への支援の在り方について」と題し以下のように述べられている。

支援の視点では、「不登校児童生徒への支援は、「学校に登校する」という結果のみを目標にするのではなく、児童生徒が自らの進路を主体的に捉えて、社会的に自立することを目指す必要があること。また、児童生徒が自らの進路を主体的に捉えて、社会的に自立することを目指す必要が有ること。また、児童生徒によっては、不登校の時期が休養や自分を見つめ直す等の積極的な意味を持つことがある一方で、学業の遅れや進路選択上の不利益や社会的自立へのリスクが存在することに留意すること」としている。

他機関との連携に関する学校教育の意義・役割については、「児童生徒の才能や能力に応じて、それぞれの可能性を伸ばせるよう、本人の希望を尊重した上で、場合によっては、教育支援センターや不登校特例校、ICTを活用した学習支援、フリースクール、夜間中学での受け入れなど、様々な関係機関等を活用し社会的自立への支援を行うこと。その際、フリースクールなどの民間施設やNPO等と積極的に連携し、相互に協力・補完することの意義は大きいこと」としている。

事例2のYの通学する中学校の対応がいかに論外の対応であるかは文科省の通知に照らしても明らかである。

流通科学大学サービス産業学部の岩崎久志氏は、不登校問題における教育と福祉の連携を論ずる論文のなかで「従来から指摘されている教育と福祉の縦割り行政の弊害や、我が国特有の学校文化の問題とも関わる事柄であり、今後の教育臨床全体のあり方にとっても重要な課題として顕在化してくる」（「教育臨床における学際的な支援アプローチの有効性」、岩崎久志、二〇〇八年発表）と予想している。岩崎は教育臨床への福祉的アプローチの導入は一九九五年からのスクールカウンセラーは一事業の進展にともない少しずつすすんでいるようにもみえ、「学校心理学の体系は、従来の教育現場へのカウンセリングの導入における問題点の多くを克服し、学校現場に適合した方法論としての心理教育的援助サービスを築きつつある」（前出）とする。それでも学校現場とその周辺に限定されたサービスとなっているとし、「今日の複雑多様化した児童生徒問題に対応するには、学校の質に焦点を合わせるだけでなく、やはり子どもの生活全般を視野に入れた生活の質の向上を目指すことが必要であろう」と持論を展開する。その上で、教育学・心理学・福祉学の三つの領域での連携を提唱し、支援の実践面では、「心理教育的援助サービスが推進されることによって、学校文化や学校組織と適合したチーム体制や学校外部との窓口が整備され」（前出）るとし、家庭の問題をはじめ子どもを取り巻く環境要因への対応には、ソーシャルワークの専門性によるアウトリーチやケースマネジメント等を駆使しながら社会資源を活用した支援がなされることが期待される。」（前出）と結論づける。

岩崎は主要にはスクールソーシャルワークの現実を分析し、「教育現場でのスクールカウンセリングが学校およびその周辺に限定されたサービスとなっていること、その一方でスクールソーシャルワークが福祉の分野として確立しておらず、制度化されたからといって学校現場のことを熟知している即戦力たるソーシャルワーカーは皆無に等しいといわざると得ない」（前出）という厳しい現実があるという。その上で教育と福祉が有効な連携をするためには、それぞれ閉鎖的な二つの分野のなかでお互いに共通のソーシャルワークの基盤を積み上げていくことの重要さを指摘している。

この指摘はデュルケムの有効な社会分業論にも通じている。デュルケムは著書の『社会分業論』で社会分業の歴史的経緯を詳細に分析し、本来の社会分業は有機的な社会的連帯を生むことを以下のように述べている。

分業が、連帯を引き起こすのは、経済学者たちが述べているように、分業が各個人を交換者にするからばかりではない。分業が、人間たちの間に、彼ら相互を恒久的に結合する権利と義務との間欠的一体系を創るからでもある。社会的諸類似が、これらの諸類似を擁護する法と道徳とを産みだすのと同様に、分業も分割された諸機能の平和的なそして規則的な協和を確保する諸規則を産みだすのである。（『社会分業論　下』、E・デュルケム、伊井玄太郎訳、講談社学術文庫、二七四頁、一九八九年）

そしてこうした進歩を拒否する個人や考え方を「精神主義」と批判する。社会分業は個人や思想をより解放するとその解放された個人や社会機能が社会連帯をより強化するとする。この状態を以下のように述べている。

進歩は、とにかく、機能を器官から引き離すことなく、機能を器官から、生命を物質から、よりいっそう解放し、したがって、機能をよりいっそう複雑にすることによって、それに精神を吹き込み、より順応的な、より自由な、ものとすることになるであろう。（前出、一七〇頁）

しかしアジア的共同体もしくはアジア的共同体的なものを色濃く残す日本社会の諸分野では、それぞれの分野が閉鎖的となり、いきおいデュルケムのいう社会的連帯を促進する「諸規則」が欠如しがちになる。そしてその結果として社会分業による有機的連帯を不可能もしくは不完全なものとすることになる。例えばケース会議、教育と福祉との連携を有効にするこの大切なツールをかたくなに拒否する事例2の中学校の姿勢である。双方の分野に所属する個人や組織が、今後「より順応的でより自由な精神」を培い、ソーシャルワークの特徴である「状況にある人」にたいする環境の調整や、社会的自立をめざしていくアプローチなど思想的な共通基盤を形成していく必要があると考える。

五　おわりに（教育の二層構造と福祉的アプローチについて）

一九七〇年代から実施された日米母子研究の結果分析により東洋氏は、著書『日本人のしつけと教育——発達の日米比較にもとづいて——』で、教育や育児に関する親や教師が子どもたちにもとめる目的や姿勢について、アメリカでは自主的選好性が求められるが、日本では受動的勤勉性が求められると述べている。日本の教育で受動的勤勉性が求められるのは、日本社会が封建的なムラ社会をその典型としている役割社会であるからとしている。東は日本人の役割志向について、以下のように述べている。

役割の体系を離れて単なる個人であるというのには、アイデンティティの一部が欠落したような不安定さを感じる。何かの役割に自分を位置づけないと落ち着かない。しかし役割の自由度の高い、生まれなどで役割が定まらない時代になってきたので、積極的な選択で役割を取得し、その役割をよく果そうすることになる。役割に自分を合わせるという意味では受容的だが、それは必ずしも受け身的、被強制的だということではない。役割の取得とそれへの適応が、積極的な達成目標になる。

日本人のこの役割への執着と忠実さは、現在でも、心理学者、社会学者、文化人類学者などがひとつの文化的伝統として注目している。

私が指摘しているアジア的共同体もしくはアジア的共同体的なものを色濃く残す日本社会について、東はそれを「役割社会」の社会構造とし、今日の教育やしつけの分野に大きな影響を与えていると論じている。欧米ではユダヤ教・中世キリスト教的人間観を基底にした「教え込み型」の教育・しつけとなるという。それは基本形として言語提示、言語反応、そしてフィードバックがひとつのサイクルだという。そしてそれに対し日本では模倣および環境の持つ教育作用に依存する「滲み込み型」の教育になっているという。これはつばめ会理念が掲げる「環境療法」とかなりの部分が重なっている。東はその事についても著書で以下のように述べている。

環境が整っていてよいモデルがあれば、子どもは「自然に」学ぶという前提に立つ。ここでいう環境は、物の環境も含むけれども、より重要なのは人の環境である。人と一緒にいろいろな行動をしているうちに、人について、また人の持っている知識や技能や考えについて、自然に学習してしまう。「門前の小僧習わぬ経を読む」の類である。（東洋『日本人のしつけと教育――発達の日米比較にもとづいて、東大出版会、一一四頁、一九九四年）

東は、このような「滲みこみ型」モデルのしつけや教育は、「おそらく組織的な教え込みよりも発生的に先の形で、ある程度まではどこでもいつの時代でも、行われたに違いない。欧米でも中世には、今よりその傾向が強かったことだろう。」（前出、一一七頁）という。この指摘は、私が指摘しているアジア的共同体もしくはアジア的共同体的なものの現代社会での混在と、けっしてして一様でない世界史観を物語るものといえる。

東は日本では家庭教育は「滲みこみ型」に傾くが、本来「教え込み型」の学校教育で教師が集団指導する場面では「滲みこみ型」が入っているとし、むしろ「教え込み型と滲み込み型の微妙な、見方によっては奇妙なバランスの上に成り立つ学校教育の方法がつくりだされてきたといえる。」（前出、一二七頁）と述べている。・

辻本雅史氏は、著書の『「学び」の復権――模倣と習熟』で東洋らの研究・業績を踏襲しながらも、日本の近代学校教育は、「画一主義」「管理主義」として、唱えられている「個性尊重教育は「まやかし」として厳しく批判している。「いまの学校教育は、教える側の都合で組み立てられている。それは近代の学校教育の宿命であった。だから画一主義とならざるをえない。一斉授業の形態がそれを象徴している。」（辻本雅史『「学び」の復権――模倣と主熟』、東洋思想、二三九頁、一九九九年）とする。辻本は、日本の学校教育は明治以降一五〇年の歴史をもつが、東のいう「滲み込み型」ともいえる手習い塾や徒弟教育などの「学び」はさらに長い歴史を持つという。その通りである。

東や辻本の主張を統合すると、わが国の教育はいわば「教え込み型」と「滲み事型」、教育と学びの二層構造になっているといえるのではないだろうか。さらに、東が「滲み込み型教育」では模倣や環境の持つ教育作用に依存していると指摘していることや、辻本が手習い塾や徒弟教育などの「学び」の特長を、個別学習中心、学ぶ者の主体性・能動性の尊重、「志」の重視としていることは、福祉の分野で言えば「環境の調整」、「個別化の原則」、「自己決定の尊重」、「社会的自立を見据えた支援」などとほぼ同義語となり、それらの「滲み込み型教育」や「学び」とされるしつけ・教育の内実がこれまで論じてきた福祉的アプローチそのものであるように思える。

こう考えると、とりわけても長い間、教育の埒外におかれてきた障がい児への療育や、学校教育から「疎外された」不登校の児童・生徒への取り組みでは、「滲み込み型教育」や伝統的「学び」を福祉的アプローチと読み替えてもいいのではないだろうかと考える。

共同体間分業を特徴とするアジア的共同体もしくはアジア的共同体的なものを色濃く残すわが国では、共同体自身つまりはそれぞれの産業、この場合は教育や福祉の分野が閉鎖的であるだけではなく、すでに制度化されているスクルソーシャルワークやケース会議などの有効な社会分業のツール「諸規則」ですら、共同体を強化するために変質されることがある。例えて言うならば事例2の学校長の言動。福祉施設であるつばめ会からのケース会議の申し入れに対し「ケース会議なら学校の内部でする」と言い放ち、それ以降不登校状態になっても他機関との連携を拒否しつづけている。制度化されたケース会議は、こうなると学校の閉鎖性を逆に強化させるツールとなる。明治以降一五〇年間にわたる日本の学校教育が、伝統的な「滲みこみ型」を取り込みながら時代に合わせていびつな変容をとげてきたのもアジア的共同体もしくはアジア的共同体的なものの「残存」の影響といえる。

以上のように福祉と教育の連携は我が国では大変厳しい状況であるといえる。しかしそれでも変革への努力を続けていかねばならないと考える。同時にそれは福祉施設としてのつばめ会に与えられた重要なミッションでもある。

（一般社団法人　つばめ会　代表理事　社会福祉士）

書評●『グローバル資本主義と新興経済』（SGCIME編、日本経済評論社）
土肥誠、佐藤公俊、NGUYEN Hai, DOAN Tien Due「第9章　ベトナムの経済発展と情報技術政策——ベトナムにおけるＩＴ化の意味——」

「ベトナムの経済発展と情報技術政策」を評す

菅原陽心
Yoshin SUGAHARA

この書評を書くにあたって、まず、一言お詫びを記しておかなければならないだろう。第一点は、この書評は『グローバル資本主義と新興経済』全体を対象とするのではなく、土肥誠、佐藤公俊、NGUYEN Hai, DOAN Tien Dueの四氏執筆の第9章だけを対象とするということである。本書は新興経済全般を対象に分析しているが筆者にはそれらすべてを評する力量はないからである。第二に、筆者の専門は原論であり、中国経済について研究論文を発表したことはあるが、現状分析についてはいわば素人であるということである。的外れな評になる恐れが大きいが寛恕願いたい。

ベトナム経済の本格的な研究論文は少なく、現状の把握も広く共有されてはいないということに鑑み、本章の内容をやや詳しく紹介しよう。

1　本章の内容

第9章の構成は、「1　グローバリゼーションとベトナム——経済、政策、対日関係を中心に——」、「2　ベトナムの情報通信技術産業——その市場の発展——」、「3　ベトナムのハイテクパーク政策とソフトウェア産業の集積——Hoa Lac-Tech Park と My Dinh Valley」、「4　ベトナムの E-commerce Market ——特徴と課題——」、「5　情報と日越関係——「e-Japan 戦略」の視点から——」という五節構成である。

第1節では、まず、グローバリゼーションの進展の中で先進国ではグローバルシティが成立したが、発展途上国にもこれをモデルとしたグローバルシティ形成を目的とした政策がとられるようになったことを指摘する。次いでベトナムの経済発展とそれに関わる日越の経済交流を分析し、「日本政府のＯＤＡはベトナムの経済近代化や社会資本形成とハイテクパーク政策支援や「草の根支援」を通して、経済成長とＩＴ化、更には社会開発促進、これらによるベトナム社会の発展にとって大きな意義を持つ」(p. 275) とする。

第2節では、ベトナムの情報通信技術産業の発展を、政策的背景、情報技術産業、ＩＴ市場、ＩＴインフラ、ＩＴの利用という各側面から分析した後に、ＩＴ発展の可能性を論じている。

政策的背景においては、ベトナム政府は二〇〇〇年に二〇〇〇年—二〇一〇年にＩＴを軸とした産業化を促進する方針を打ち出し、情報インフラストラクチャーの拡大、人材能力の形成、海外投資の誘発、ＩＴ成長のための法整備を行うとしたことが紹介されている。

情報技術産業においては、ハードウェア産業が生産額の主力をなし、輸出が一〇億ドルを超える七大産業に成長したが、輸出の大半は海外からの投資で設立された会社によるものであること、ソフトウェア産業は国内向けの生産が六〇％以上を占めているが成長率は海外からのアウトソーシングの伸びが高いことが明らかにされている。

ＩＴ市場においては、国内のＩＴ市場の伸びは二〇〇〇年から二〇〇六年まで一一～二五％と高い伸びを示していること、ハードウェア市場とソフトウェア市場の割合は二〇〇〇年前者の五倍から二〇〇六年の二・六倍とソフトウェア市場が大きくなってきたがハードウェア市場の方が大きいこと、また、ハードウェア市場の大半は日本から輸入された製品が占めており、国内企業は需要の一五%を供給しているに過ぎないことなどが明らかにされている。

ＩＴインフラにおいては、まずインターネットの加入率、ウェブサイト数、電話回線の加入率の顕著な伸びが紹介され、二〇一〇年までに人口の二五%がインターネットを利用し、家計の六〇%以上が電話機を有するという目標がたてられたが、これは〇八年に達成できるとする。次いで民間部門のＩＴインフラについては一九九九年の三九五の国営企業の調査に基づき、八四%の企業が利用していること、しかし、一社当たりのコンピュータ数は少ないことなどが紹介される。公的部門については、ネットワークの形成状況が紹介されている。

ＩＴの利用においては、企業のＩＴアプリケーションの利用状況はまだまだ十分でない点が紹介され、ウェブサイトを持つ企業も急増しているがｅコマースを行うための情報インフラが未整備なためオンライン取引などはほとんど存在してないということが紹介される。公的部門では自前のウェブサイトをもつ機関が多くなったが双方向のコミュニケーションを実現している都市、省はほとんどないことが紹介されている。

ＩＴ発展の制約においては、ベトナムのＩＴ部門は低い発展水準であることが紹介され、二つの研究論文を紹介する形でその原因を指摘する。一つは経済活動へのＩＴの応用が制限されていること、高度な熟練を要する専門家の欠如に求める研究論文で、もう一つは、適切な競争の欠如と電信部門への海外投資の制約という統制的規制、ＩＴ利用政策における戦略目標の欠如、政府の優遇政策と企業ニーズの乖離等々の七項目を指摘する別の論文である。

ＩＴ発展の可能性においては、ベトナムの状況を踏まえた上で、ハードウェアとソフトウェアに焦点を当ててその可能性が検討され、ソフトウェア市場の発展にあわせたソフトウェア産業自身の競争力の形成の必要性、国家のＩＴ利用の活用の促進が主張される。

第3節ではベトナムのハイテク政策について詳しい紹介を行った後、まず、それに則って開発された Hoa Lac-Tech Park の紹介を行う。これはハノイ市西方ハイテク回廊の中核として計画されたもので、研究開発から人材育成まで大規模な総合的開発計画であるが、二〇一一年段階ではその利用はまだ地区の二〇%に留まっているという状況である。これに対して、ソフトウェア企業はハノイ市西部の新都心ミリ（My Dinh）地区に集積し、ミリバレー（My Dinh Valley）が形成されている。ハノイ中心地と近く、都市のインフラも整備されており企業にとってはミリバレーの方が魅力的だという。まとめの箇所では、ホアラハイテクパークでは市民社会的ネットワークの欠如が課題であること、こうした開発が進む反面辺境の少数民族や低開発地域の人々に対する政策が貧困なこと、知識経済化が進み中産市民階級が育ち社会的責任を果たすことができるような体制の構築が臨まれることが論じられている。

第4節では e-commerce の分析が試みられる。まず、インターネット市場の状況について、ユーザー数はまずまず増大したが、その利用は電子新聞サイトのアクセスが多いことが紹介される。次いで、ＥＣ市場の状況について、オンラインショップに対する国民の注目度は高くないが、五〇サイト以上が誕生し、二〇〇八年は一〇〇億円を下回る規模ではあるが、決済のインフラが整備されるにつれ大幅に拡大することが期待されることが紹介されている。

第5節では日本が二〇〇二年に打ち出した e-Japan 構想においてアジア共通の戦略として掲げた e-Asia 構想とベトナムの支援について分析される。e-Japan 構想とは国内及び国家間の情報格差の解消を目的とし、アジアの情報インフラ等の整備を進める構想である。ベトナムについてもこうした構想のもとに、二〇〇一年から様々な円借款が組まれ、同時に民間直接投資も伸びたことが紹介される。受け入れ国ベトナムの実態としては、全米情報基盤（ＮＩＩ）にならったベトナム版ＮＩＩの導入が計画されることが紹介される。日本版ＮＩＩは民間が主導的役割を担うことが原則とされているのに対し、ベトナムでは民間資本を育成することから始める必要があり、そのような政策が展開されたことが指摘される。公的部門でも電子政府の推進が図られているが、いわゆる腐敗が常態化している中で順調に進展していないことが指摘される。また海外からの投資では二〇〇七年までの累計で韓国からの投資額が日本の約二倍とずば抜けていることが示される。

この章の「むすび」ではベトナムでのＩＴ化の進展を確認した後、官の非効率や公務員の汚職が外国からの投資を見合わせる要因になっているので、早急な対策が必要なこと、日本はベトナム政府の情報化の構築を強力に支援する必要があること、韓国との競合を意識し、人材育成を柱とすべきことが論じられている。

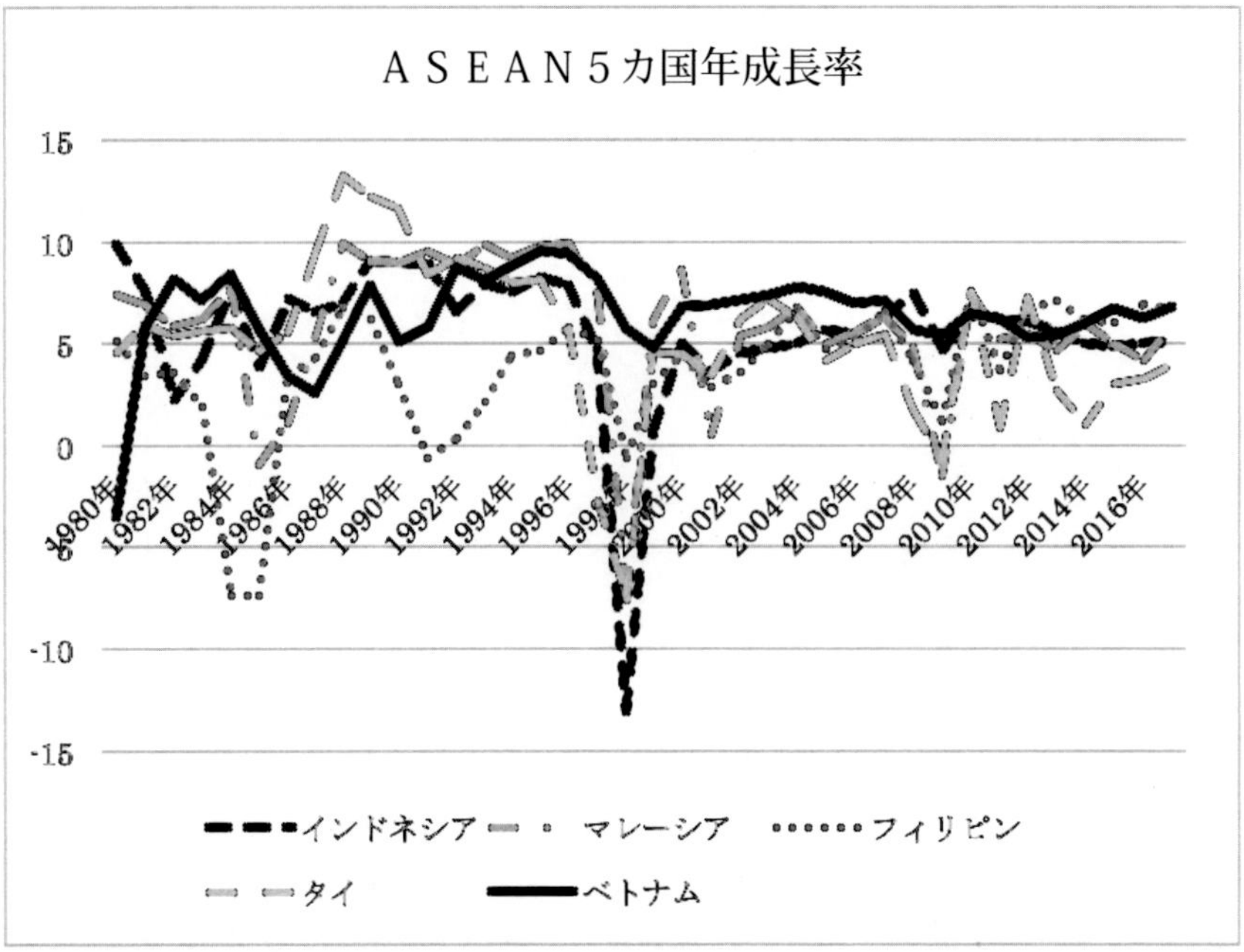

2　本研究の意義と問題点

ベトナムの研究自体が少ない中で、本研究のように本格的かつ多面的にベトナムを分析することには大きな意義があるといえよう。四人の執筆陣による論文であるが、全体としてまとまった構成になっているところも評価できる。本研究がきっかけとなりベトナム研究が進む可能性が大きいと考えられる。

この論文の意義の大きさを踏まえ、以下、やや厳しくなるがいくつか問題点を指摘したい。

第一にベトナムの経済発展の状況をどのように見ているかという点についてである。第1節でベトナム経済の発展を日本との比較で論じ、ベトナム経済が急速に伸びている点が強調されている。これは重要な事実として踏まえなければならないが、ベトナム経済を論じるときにＡＳＥＡＮ諸国の中での位置を踏まえることも重要であろう。上図は International Monetary Fund. World Economic Outlook Database, April 2018 から作成したものだが、見られるように、ベトナムの年成長率は他のＡＳＥＡＮ諸国と遜色はないものの、一人当たりＧＤＰの伸びではベトナムはインドネシア、フィリピンに立ち後れている。このことも同時に示した上で議論を展開すべきではなかったか。ＡＳＥＡＮ諸国の中でベトナムの発展が立ち後れているという観点から、情報化の様々な問題を見ることが発展の課題を論じるときにより説得的な展開を可能にさせることになったのではないだろうか。

この問題点を記したのは、ベトナムはチャイナ＋1という企業の投資行動からすると魅力的な国であると思われているにもかかわらず、ＡＳＥＡＮの他の国と比べるとパフォーマンスがさほど際立っていないことの原因を是非知りたいと常々疑問に思っていたからである。こうした疑問は多くの人々が持っていると思われる。これが明らかになるように是非研究を進めていただきたい。

第二に扱われているデータの時期の問題である。特に第2節では二〇〇〇年から二〇一〇年までの計画について論じられている。本書の出版は二〇一五年末であり、執筆時間を考えても一〇年までの計画の達成状況をふまえ、一〇カ年計画の分析をすることは可能であったと思われるし、そうする必要があったのではないだろうか。特に情報化は近年急速に進展しており、この数年の状況を踏まえて論じる必要があるであろう。たとえばｅコマースでは今や中国が世界のトップになったがそうした変化はここ数年に起きてきたことである。ベトナムの状況がどうなってきているのか一読者として興味津々のところである。なお、ｅコマースの分析ではBtoCだけが取り上げられているようだが、一般的にBtoB市場の規模の方が大きいので、ベトナムでそれがどのようになっているのかを分析する必要があったと思われる。

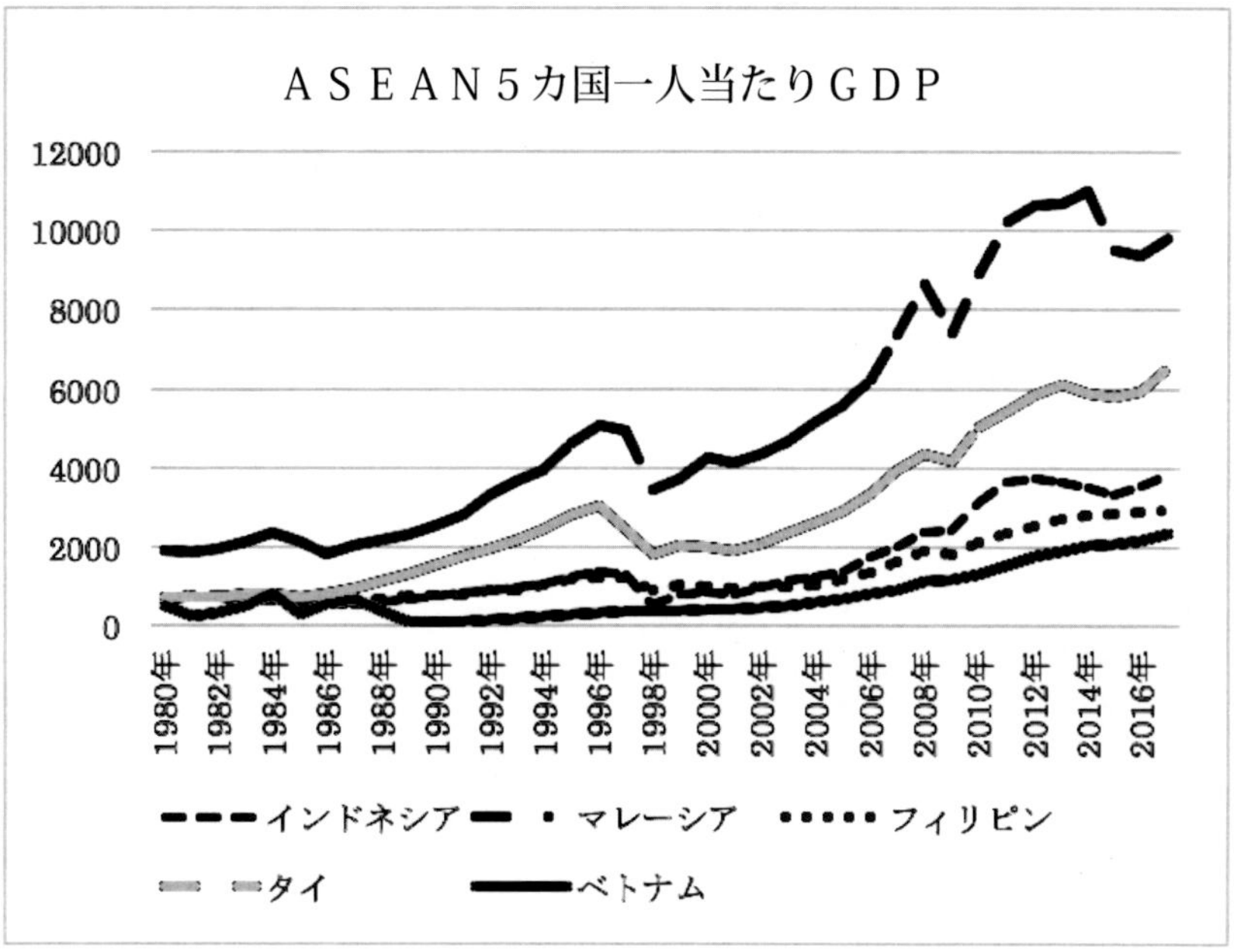

　発展途上国のデータ入手には様々な困難があると思われる。その中で、現地調査を重ねるなどして本研究論文を完成させた営為はたたえたい。しかし、問題の性格からするとさらに一層の努力をして最新のデータを集めまとめてもらいたかったということである。本論文を出発としてさらなるバージョンアップを重ねて行くことを期待する。

（新潟大学名誉教授）

カント的理性批判の心理化と精神分析の哲学化

――相川翼『自閉症の哲学』を読む――

Ryusuke SEIKE　清家竜介

はじめに　自閉症を契機としたカント的理性批判の現代的更新

この書は、表題のとおり自閉症の哲学的考察である。けれどもその理論的な射程は、極めて野心的なものである。自閉症を契機にして、カント哲学と精神分析を相互浸透させ、カント哲学を精神分析化すると同時に、精神分析のカント哲学化を果たす重要な試みとなっている。

相川が、自閉症を哲学的な主題とすることになったのは、「あとがき」にもあるように彼自身が六年ものあいだ特別支援教育に携わり、自閉症を含む精神障害者と交わったその経験を背景にしている。この書を読めば、優れた哲学者が、虚心坦懐に彼らと接することによって、カント的理性批判を現代的なかたちで更新するための理論的契機をつかみ取ったことが分かる。

本書は三章立ての構成である。まず第一章では、現代の精神医学のなかでの自閉症の位置づけを論じる。次の第二章は、カント哲学における「構想力(Einbildungskraft)」の概念に依拠し、自閉症とダウン症という症例を通じて構想力の在り方を腑分けしてゆく。それは、カントの理性批判の現代的な心理学化ともいうべき「定型発達の解剖学」を展開するものとなる。最終章の第三章では、第二章で残された最大の謎である「〈私〉と〈自己意識〉の発生」という問題を、ジークムント・フロイトとジャック・ラカンの精神分析の知見を援用することによって解き明かそうとする。

本稿では、三つの章の順番にしたがって、その論旨を追いながら、本書の理論的意義を確かめていきたい。

一　自閉症について

一-1　自閉症スペクトラム

自閉症は、現在の米国精神医学会の『精神疾患の診断・統計マニュアル』で「自閉症スペクトラム症／自閉症スペクトラム障害」として記述されている。その症状は、三つの基本的な特徴を持つ。「持続する相互的な社会的コミュニケーションや対人関係の障害（基準A）」、「限定された反復的行動、興味、または活動の様式（基準B）」、「これらの症状は幼児期早期から認められ、日々の活動を制限するか障害する（基準CとD）」というものである。

相川は、基準Aを「コミュニケーションや社会性の障害」と簡潔に表現し、そうした障害ゆえにその症状が「自閉的（autistic, autistisch）」と呼ばれるという。また相川は、基準Bを「反復性・常同性」と簡潔に表現している。自閉症の人々は、手をぱちぱち叩く単純な動作の繰り返し、決まったフレーズを口ずさんだり、特定の事柄に対する強い関心や執着がみられる。

先の『精神疾患の診断・統計マニュアル』で記述されているように、自閉症の症状は「スペクトラム」をなしている。実際の自閉症という状態は、明確にカテゴリーによって捉えられるものではない。相川がいうように「コミュニケーションや社会性の障害」と「反復性・常同性」は誰もが持ちうる可変的な特徴を持つがゆえに、自閉症はスペクトラム（連続体）として把握されている。定型発達として捉えられる健常者もまた、その連続体の中に位置づけうる。また自閉症は、思春期以降に発症する傾向にある統合失調症と頃なり、先天性のものであるという。

一－2　共感化とシステム化

相川は、第一章で、現代の自閉症論として、サイモン・バロン＝コーエンの『共感する女性脳、システム化する男脳』(2003) に着目する。バロン＝コーエンは、他者の心を読み取りそれに反応して自らの感情が変化する能力である「共感 (empathizing)」を女性的な脳の働きとみなす。この共感の能力は、現代心理学において、「心の理論」と呼ばれるものである。

次に男性的な脳の働きとして、規則や論理を見いだし、それを予測したり構築する能力である「システム化 (systemizing)」を男性的な脳の働きに割り当てる。バロン＝コーエンによれば、過度にシステム化の能力が発達したアスペルガー症候群にみられるように、自閉症は、極端な男性型の脳であるとする。

自閉症は、システム化の能力が発達しているが、他方の共感の能力（心の理論）が未発達であり、それが十分に機能していない。バロン＝コーエンの説に従えば、定型発達とは、共感とシステム化の能力の双方がバランスよく発達し、機能していることになる。

一－3　空白の自己

現代の着目すべき、もう一つの自閉症研究として、相川は、ウタ・フリス『自閉症の謎を解き明かす』(2003) をとりあげる。フリスは、誤解を与えかねない「心の理論」という呼称を「心理化 (metalizing)」と言い換える。フリスもまた、自閉症のある人は、この他者の心の状態をイメージする能力に困難を抱えているという。

フリスは、自閉症の特徴として、「心理化の困難」だけでなく、全体ではなく状況に依存し、細部を志向する認知スタイルである「弱い全体的統合」と、自分の行為や注意力を、俯瞰的に制御する心の働きの不全である「実行機能不全」をつけ加える。この「実行性機能」が十全に働くならば、自閉症の特徴である「反復性・常同性」は止まるはずである。

フリスによれば、この自閉症を特徴づける「心理化の困難」「弱い全体的統合」「実行機能不全」という三つの事柄は、一つの共通の原理となる「空白の自己」と結びついている。フリスによれば、「空白の自己」とは、自分の心の中の出来事を察知する、もう一つの「最終の可視的自己」が不在であるということである。

二　自閉症を梃子にしたカント的理性批判の更新

二－1　人間性の原基的場としての構想力」

相川の「自閉症の哲学」は、第二章から本格化する。相川は、自閉症や定型発達を可能にする原基的次元を明らかにすべく、実際に自閉症をカント哲学の枠組みから捉えていこうとする。その際、相川が着目するのが、カントが論じたイメージを作る能力である「構想力 (Einbildungskraft)」である。

自閉症の人の共感や心理化の能力の獲得の遅れは、自分の目の前にある現実から、「表象（イメージ）」を切り離すことが出来ないことに起因していると相川は指摘する。多くの場合、自閉症のある子供は、ママごとなどの「ごっこ」遊びをしない。その理由は、自閉症の人は、目の前に存在する現実と異なる、想像力が生み出す世界が未発達であるということだ。

相川は、構想力の働きの違いが、自閉症と定型発達を分ける分岐点となることを見極める。

相川が指摘するように、カントの「構想力」は、『純粋理性批判』の第一版では、感性と悟性の共通の根とされた根源的能力である。相川は、この構想力こそが、人間性を可能とすると同時に、自閉症と定型発達の症例の違いを生み出す原基的「場」であると見定める。

相川がカントを引用するように構想力とは「対象をその対象が現存していない場合にも直観において表象する能力」であり、「直観の多様を一つの継承へともたらしているはず」のものである。しかも構想力は、人間の認識を可能にする「感性」と「悟性」の共通の根とされる。感性とは外界から触発された感覚や知覚を受け入れる、受容性の能力である。悟性とは、感性を通じて得た直観を概念へと関係づけて対象を認識する能力である。

カントは構想力の働きを、第一段階の「直観における把捉の総合」、第二段階の「構想における再生の総合」、第三段階を「概念における再認の総合」として論じている。

第一段階の「直観における把捉の総合」では、ばらばらな無秩序な感覚をまとめることで、時間の前後の区分を可能にするものであるという。人間の認識は、時間の前後がなければ混沌なものとなる。この多様な感覚をまとめ上げるのが構想力であるとされる。

第二段階の「構想における再生の総合」は、人間が対象を認識する際、必ずかつて表象したものを再生しながら認識している。この過去の認識を想起する構想力の働きがなければ、人間の経験は可能とはならない。この「構想における再生の総合」によって「一つの像」へと対象がまとめ上げられる。

第三段階の「概念における再認の総合」は、対象をかかわる概念の働きを一つにまとめ上げる働きであり、これもカントは構想力の働きとしている。この「概念における再認の総合」では、私自身という意識である「統覚」の働きも随伴している。構想力は、第一段階と第二段階で形成された「一つの像」を統覚の働きによって「私の像」としてまとめ上げるのである。この統覚の統一の作用もまた、先に述べた第二段階までの構想力の働きがなければ可能とならない。

二‐2　自閉症と「直接性に依存する構想力」

相川は、自閉症を梃子にすることで「構想力」というカント哲学の概念をいわば心理学化する。

まず相川は、自閉症にみられる「反復性・常同性」に着目する。自閉症の人は、自らの「反復性・常同性」を制御することが不得手である。また彼らは、自らの愛着の対象や決まったパターンの行動に執着する傾向にある。相川は、自閉症の人は、愛着のある対象や決まったパターンの行動で、快の感情を得ることで充足しているという。自閉症の人では、快を制御するはずの確固とした自我が成立していないので、主客未分の状態で充足を得ているのである。そのため自己と対象とを容易に分離させることをせず、しきりに快を得ようとする結果「反復性・常同性」という特徴を帯びることになる。

自我が未成立である状態でも、実のところ構想力が働いていると相川はいう。というのも自閉症のある人は、周囲の状況の変化にかかわらず、唐突に笑い出したり、泣き出したりする。これは、快と不快をもたらすイメージを産出する構想力が働いていることの証であるという。この場合、過去の記憶を保持する第一段階、それを想起する第二段階の構想力は働いているが、第三段階の「統覚」を伴った「概念における再認の総合」が機能していないのである。

相川は、私という統覚の働きを伴わない構想力を「直接性に依存する構想力」と名付ける。それは、私という主観が客観から分離する以前のカオスで働いている構想力である。

二‐3　「システム化する構想力」と「共感する構想力」

相川は、この「反復性・常同性」から導きだされた主客未分の次元で働いている「直接性に依存する構想力」を構想力の第一階とし、その原基的場から第二階の三つの構想力が生起してくるという。この構想力の二階部分とは、相川によれば、主体と客体が分離し、「像（イメージ）」が認識のために用いられる段階であるという。

第一章で述べられたバロン＝コーエンの「共感」と「システム化」を参考にして、相川は、二階部分の知的能力と結びついた「システム化する構想力」と、社会性と結びついた「共感する構想力」を導き出す。

まず知的能力と結びついた「システム化する構想力」であるが、これもまたしばしば自閉症の人で、過度にシステム化した能力がみられるサヴァン症候群やアスペルガー症候群が証左となる。

他方の社会性と結びついた「共感する構想力」を、相川は、バロン＝コーエンの「共感」やフリスの「心理化」から導きだす。「共感する構想力」の働きは、他者の感情や意図などの心の状態をイメージする像を結ぶことで、共感や心理化を可能とするものである。自らの教育や福祉の現場での経験を踏まえたうえで相川は、この能力が特化して発現する人として、ダウン症候群の人々をとり上げる。相川は、ダウン症が、システム化が苦手であるが共感能力が高いので「共感する構想力」のモデルとなるという。

「コミュニケーションや社会性の障害」を特徴とする自閉症の人々は、この社会性を支える「共感する構想力」の働きが未発達であると考えることができる。

二-4　「定型発達的構想力」と「最終的可視的自己」

相川は、アスペルガー症候群をモデルとし「システム化する構想力」を、ダウン症候群をモデルとし「共感する構想力」を導きだした。相川によれば、この二つの構想力をバランス良く発揮できるのが「定型発達型構想力」である。このバランスの良さは、「システム化」と「共感」の片方の働きが極端に強くないという意味である。

また相川は、フリスの「最終の可視的自己」とカントの「統覚」についても検討し、〈私〉というイメージを構想力がいかにして構成するかを探求しようとする。相川は、フリスの「最終の可視的自己」とあらゆるイメージの器となりイメージの統一をコントロールする「統覚」を〈私〉と呼ぶ。また「鳥の目で俯瞰する唯一の自己」を〈自己意識〉と呼ぶ。

この〈私〉という原理は、共感されたイメージや分析的なイメージを、自己の内に収まるように統制する。またこの〈私〉が、それらのイメージを対象化し把握している自身を把握するというかたちで〈自己意識〉が発生する。この自己意識の段階で、自分自身の心の状態をイメージとして対象化し、私自身の言動や行為を統制することが可能となる。

フリスが「空白の自己」というかたちで、自閉症の三つの特徴である「心理化の困難」「弱い全体的統合」「実行機能の不全」を指摘していたが、相川は、それが〈私〉や〈自己意識〉が上手く働いていないからだと推定する。

カントの『純粋理性批判』の第一版では、構想力は、統覚の働きに先立つものとされていた。それ故いかにして〈私（統覚）〉を構想力がイメージするかという課題が生じるわけだが、カント自身がその主題を追求することはなかった。相川は、「自己意識」の問題系をヘーゲルではなく、フロイトとラカンの精神分析を通じて解き明かそうとする。

三　定型発達の動態論

相川によれば、フロイトの理論とラカンの理論は、定型発達がいかにして可能であるかという知見を残している。

相川は、フロイトの「一次過程」とラカンの「現実界」は、「直接性の傍ら」という場所と同じ領域を指し示しているという。またフロイトの「超自我」が、〈自己意識〉に対応しているという。またラカンの鏡像段階は、他者の認知が可能であるが、自己の鏡像の認知ができていない段階を表現するものであり、ここに〈自己意識〉への跳躍の鍵があるという。

三-1　フロイトにおける〈私〉と〈自己意識〉の発生

フロイトの『快原理の彼岸』（1920）では、人間の意識は、「一次過程」と「二次過程」との二層として把握されている。「一次過程」は、「快原理」の支配のもとに心的なエネルギーが表象から表象へと自由に移動する心的過程である。「第二次過程」は、自己保存欲動と「現実原理」の支配する心的領域である。現実原理とは、最終的な自己保存と快を達成すべく、外界との関係で快楽を得ることを一次的に延期したり、断念する原理である。この「第二次過程」では、自己保存と快の追求を確実にするために、心的エネルギーの流れが、現実原則に拘束され、安定した表象にエネルギーが向けられる。

この第二次過程は、抑圧によって形成される。この抑圧によって、一次過程の欲動が否定され、かつ第一次過程へと保存される。この第一次過程は、無意識の領域を形成することになる。

第一次過程は、フロイトにより、理論的に仮構されたものであるが、相川はその実例となるのが自閉症であるという。快を生み出す行為やイメージを、反復的・常同的に追い求める自閉症の在り方は、快を追い求める一次過程の在り方が現実にあらわれたものである。相川によれば、フロイトの一次過程は、自閉症における「直接性に依存する構想力」の働く領野なのである。

現実原則に従う二次過程が一次過程を制御するということは、カントのいう統覚によって「像（イメージ）」を制御することほぼ同じ事態である。また相川は、第二次過程では〈私（＝統覚）〉が意識過程の主導権を握るとともに、知性によってイメージをコントロールする第二階の構想力である「システム化する構想力」が働いていると推定する。

一次過程から二次過程に飛躍する契機を、相川は、「不快なイメージ」を反復する「反復強迫」という症例にみる。

フロイトは『自我とエス』（1923）で、快原理の担い手を「エス」（Es）、現実原則の担い手を「自我」（Ich）とした。当然、エスは、先の一次過程の担い手、自我は二次過程の担い手として考えることができるだろう。またこの自我は、「超自我」という自らを監視するもう一つの自我を生み出す。相川は、この超自我こそが〈自己意識〉であるという。

この超自我＝自己意識は、異性の親に対する性欲を表現するエディプスコンプレックスを媒介にした子供の父親への同一化によって発生する。子供の自我が快原理の追求に対する禁止と当為をうながす規範の象徴である父へと同一化することによって、エディプスコンプレックスは抑圧され無意識へと保存される。その結果、禁止と当為をうながすもう一つの超自我が、抑圧の痕跡として現れることになる。

フロイトの「否定」（1925）という論文で記述された、不在や否定を表現する「否定の象徴」の形成は、イメージの世界が現実から離れて存立することによってはじめて可能になる。母親などの充足する対象の不在が、この「否定の象徴」の形成にかかわっている。母親の乳房などは子供にとって充足を与える対象であるが、そのような充足を与える対象のイメージが、心的なイメージであるか現実のものであるかが重要となる。そこで、自我が自我のうちにあるイメージを現実の知覚において再発見できるかどうかを確かめる「現実吟味」がおこなわれる。ここにおいて主観（内的イメージ）と客観的なイメージの分離が生じることになる。

この超自我は、第二次過程における自我の対象化や客体化、そして自我に対して強い統制力を持っている。この超自我の形成が、第一次過程から第二次過程への移行を条件づけているのである。相川は、フロイトの記述に基づいて、超自我はエスという欲動の代弁者であり、自己の内奥にあると同時に、自己を対象化・客体化するものとして自己の外側に存在するという。これは前章でのべられた〈私〉と〈自己意識〉の関係に対応していると考えられる。

三-2　ラカンにみる「定型発達的構想力」の形成

また相川は、フロイトだけでなく、ジャック・ラカンの理論によって、さらに自閉症の哲学を確かなものにしようとする。その際、相川は、ラカンの鏡像段階論と象徴化論に注目する。

ラカンの鏡像段階論は、無意識を構成する言語活動であるラカン的な「主体」（sujet）によって、いかにしてイメージとしての「自我」（moi）が成立するかを説明するものである。相川は、このイメージとしての「自我」の引き受けを、フロイトの同一化と原理としては同じであるという。

この鏡像段階は、生後六ヶ月から十八ヶ月くらいの幼児にみられるものとされる。主体は自己のイメージである「鏡像」へと自らを同一化するわけであるが、その「鏡像」とは、「他者（大文字の他者）」からみられた自分であるという知に媒介されたものである。大文字の他者の視線を、いわば内面化することによって、永続的な自己イメージの形成が可能となる。

この永続的な自己イメージの形成は、実のところ言語活動を介した象徴化作用によって可能となっている。それはフロイトでのべられた「否定の象徴」の形成と同じ事態を表現するものでもある。ただし、ラカンでは、異なった理論的な枠組みで考察されている。すなわち象徴界、想像界、現実界という三界論である。

象徴界は、不在と現前によって織りなされる言語活動の世界である。次の想像界は、鏡像という他者との関係に囚われたイメージの世界である。現実界とは、象徴界の外部であり、象徴化しえないものである。

相川によれば、象徴界と想像界がドッキングすることによって、永続的な自我のイメージが成立するのが鏡像段階である。相川が第二章で展開した、カントの構想力の論理からすれば、この鏡像段階は、一階の「直接性の傍らにある構想力」が二階の「システム化する構想力」と「共感する構想力」へと飛躍する瞬間を表現するものである。ただしラカンの鏡像段階についての記述は、相川によれば他者との関係性の基礎となる「共感する構想力」の領域に照準を合わせている。想像力とイメージの領域である想像界と、言語活動の領域である象徴界のドッキングは、同時に「共感する構想力」と「システム化する構想力」の双方がバランスよく発現する「定型発達的構想力」の形成でもある。

相川が、多数者である定型発達を「症例」とみなすことは、極めて重要である。この「症例」という視点がなければ、自明とみなされかねない多数者の定型発達を批判的吟味にかけることはできまい。

本書の次の課題を扱った「構想力からみた自閉症と資本主義」（『社会理論研究第』第一六号に掲載）において、相川は資本主義の細胞である商品に対するフェティッシュな錯認の在り方を問うている。その際、マルクスの類的存在の次元と反省性（再帰性）をより強調した「人間的構想力」という概念が提示されている。その野心的な試みについては、実際に「構想力からみた自閉症と資本主義」という論文を読んでもらいたい。

相川によって腑分けされた本書の「定型発達的構想力」とマルクスの類的存在の次元を通過した「人間的構想力」は、資本主義だけでなく、諸個人の並存を超えた国民国家や貨幣などの共同幻想の成り立ちを批判的に問うための準拠点となるはずである。

（龍谷大学講師）

書評●石河康国『向坂逸郎評伝』上下、社会評論社、二〇一八年

負の側面も描き切った向坂逸郎伝

Ichiro OKADA 岡田一郎

向坂逸郎《さきさかいつろう》は『資本論』をはじめとする、カール・マルクス、フリードリヒ・エンゲルスの著作の翻訳で知られる日本有数のマルクス経済学者であり、また一時は日本社会党（社会党）の動向を左右した社会主義協会（協会派）の代表としても注目を集めた人物である。

本書はこれまで労農派マルクス主義の歴史や山川均の伝記に取り組んでいた著者による向坂の伝記である。しかし、向坂個人のエピソードに関しては、これまでの著作で十分触れてきたためか、本書では向坂が参加した論争や向坂が執筆した著作の内容や意義の解説に重点が置かれ、「向坂逸郎論」とも言うべき内容となっている。

実在の向坂については、評者である私よりも著者の石河のほうがはるかに詳しいと思われるので、本稿では本書から得られた向坂のイメージをもとに向坂という人物がどういう人物であったのか、論じてみたいと思う。

まず、本書を一読した読者が感じる向坂のイメージはその論理一貫性であり、自分が信じた論理に対する頑なまでのこだわりである。欧米ではどんな迫害にあっても、自分が信じる論理に殉じる人物が少なくない。それゆえに、異なる論理を信じる者同士の和解は難しく、時には論理の正当性をめぐって戦争まで引き起こされてしまう。一方、日本では状況が変化すると、自分が信じる論理をあっさりと捨て去り、状況に順応してしまう者が少なくない。戦時中、多くのマルクス主義者が転向したのは、その良い例である。しかし、向坂は次第に執筆の機会が狭められても決して体制に迎合した言動をおこなうことなく、最後まで精神的な抵抗を続けた。この精神の強靭さは賞賛されるべきものである。

しかし、その精神的強靭さが、戦後、自分が信じる論理の絶対性を確信し、他者を排除しようとする頑固さに転じてはいなかったか。著者が書くように、高度成長期の中間層の増大は一時的なものであり、一貫して、資本家が労働者を搾取する資本主義の構造は変わっておらず、昨今では資本主義の本質に先祖返りしていると考えれば、向坂の論理一貫性は意味のあるものであろう。

だが、労働者の多くが肉体労働者で、労働者としての意識を持ち、同一の職場で働き、職場の近くに集住して、労働者の共同体を形成していた高度経済成長期以前の社会と、労働者の多くが頭脳労働者で、労働者としての意識が薄く、職場では少人数ごとに部署に分かれて働き、職場から離れたところにバラバラに居住している今日の社会とでは大きく異なるのではないかだろうか。今日の社会における労働者を導くには、高度成長期以前の社会に通用した論理とは異なる論理が必要なのではないだろうか。

向坂はこの社会の変化を見落としていたように思えてならない。向坂は確かに、日本全国をまわり、多くの労働者を教育し、協会派の発展と社会党の組織化に尽くしたが、その対象の多くは三池をはじめとする炭坑労働者や現業部門の公務員といった、従来型の肉体労働者たちであり、ホワイトカラーの存在を視野の外に置いていたように思われる。

また、旧ソ連や旧東ドイツといった既存の共産主義国を無条件に礼賛した向坂の言動も、今日からみると違和感が残るものである。この点に関しては、著者は、既存の共産主義体制に対して懐疑的で『外部からの反革命工作』よ

りも、内部の矛盾の方を重視した」（本書下巻二四九頁）山川均というバランサーを失ったためと、批判的に記述している。単なる礼賛にとどまらない、客観的な記述と言えよう。

ところで、向坂の言動には今日では批判の対象とされているものもいくつか存在する。著者はその点に関して、出来るだけ詳しく解説を試みているので紹介したい。その一つは、岡崎次郎が岩波文庫の『資本論』の翻訳は岡崎がほとんどおこなっており、向坂は翻訳にほとんどタッチしていない。にもかかわらず、訳者として岡崎の名前は挙げられず、さらに岩波文庫の翻訳の著作権料の半分は岡崎に支給されていたにもかかわらず、向坂は岡崎をだまして、後に自分一人のものにしてしまったという批判である。これに関して著者は、岡崎は『資本論』の下訳をおこない、その際に向坂と岡崎とで「向坂訳とし、著作権料は両者で折半とする」という取り決めをおこなっていたこと・向坂は岩波書店に岡崎の名前を訳者として追加するよう申し出でたが、向坂のネームバリューを重視する岩波書店に断られたこと・『資本論』の著作権料を社会主義運動につぎこんでいた向坂は、岡崎が国民文庫から『資本論』の翻訳を刊行し、著作権収入を得られたのを機に、岡崎分も運動につぎこむために、岡崎と話し合いを持ったと説明している。どちらの言い分が正しいのか、評者にはわからないが、公平を期すため、両者の言い分を明記しておく。

向坂が同性愛者の東郷健と対談した際、東郷に対して、「ソヴェト共産主義になったら、お前の病気は治ってしまう」などと暴言を吐き、家から追い出したことが、今日でも向坂の同性愛者差別として批判されている。これに対して、著者は次のように明記している。

　政治的に反対の立場にあった者も含め、誰に対してもわけへだてしなかったが、さすがに東郷健にだけは、八〇歳になろうとしていた明治男にはがまんできなかったらしく、いったん座敷に上げたものの一五分でお引き取りを願った。この件は、後々まで向坂の「差別視」の問題として取りあげられたが、これはかしはいたしかたなかろう。相手が三輪明宏のような人物だったら意気投合したかもしれないが（本書下巻三一九頁）。

評者はあいにく東郷健という人物がどのような人となりであったのかわからないので、なぜ「これはかしはいたしかたなかろう」という評価になるのか、さっぱりわからない。ある年代にとっては、東郷という人物は態度が悪い人物であることが自明だったのかもしれないが、そこは詳しく説明しないと、著者もまた、同性愛者に対して偏見を持っている思われるのではないだろうか。

最後に、本書の記述の間違いを一つ指摘して、本稿を終わりにしたい。構造改革論争の際、江田三郎を書記長に担いだのは、「くれない会」（社会党中央本部書記局の佐々木派主流の書記によって構成されていた派閥）としているが（本書下巻一六五頁）、江田を書記長に担いだ貴島正道・加藤宣幸らは佐々木派の前身である鈴木派の傍流の書記たちで、「くれない会」とは一線を画していた。「くれない会」は貴島・加藤らとは別に構造改革論を研究していたが、後に佐々木の指示で構造改革論の研究を中止している。

（日本大学）

負の体系、その解放

川元祥一

日米戦争敗戦の原因を論ずる『失敗の本質』（ダイヤモンド社、一九八四年）、丸山真男の『日本の思想』（岩波新書、一九六一年）、最近各地で行う『人権に関する世論調査』（東京都生活文化局、二〇一四年など）の三冊はまったく別の目的をもった調査、論述であるが、ほとんど同質の社会的体質が指摘される。

『失敗の本質』は日本人の組織、軍隊にある「二重性＝二面性」「科学より主観」「同質性」「空気」「無責任」など。『日本の思想』は「内面的同質化」「曖昧」「無責任」「社会的二重構造」「むら意識」など。『人権に関する世論調査』の中で部落差別を見ると「曖昧・二面性」「イエ意識」「ムラ意識」「同質性」「空気」「無責任」など。

ここにみられる同質性は大きな驚きであるが、反面〝やはりそうだったのか〟ともいえる潜在意識のようなものを想定させる。そして、その潜在意識を現代も日本人の深層意識のようにみることができると思うのである。私はその体質を「負の体系」とし、歴史的背景をたどりながら、その超克を模索する試みとして『社会理論研究』第一八号に「負の体系、その解放」を書いた。本研究会はそれを基にしている。

☆

「負の体系」の歴史的背景をいえば、丸山は日本近代の国家的イデオロギーとしての国体、神国を指摘（『日本の思想』）。『失敗の本質』は神風特攻隊を典型としながら戦後の日本で経済の高度成長を成し遂げるエネルギーを「『天皇戦士』から『産業戦士』への自己否定的転身の過程で日本的経営システムをつくり上げた」と指摘。「人権意識調査」にみる部落差別はムラ意識、空気などに転化された集団心理があると私は思うが、それは歴史的に日本人を拘束・支配した神仏習合政治による二重の価値体系と、そこにある「宗教的タブー」が原点といえる。そしてこの「神仏の二重の価値体系」は『日本の思想』『失敗の本質』の背景でもあると考える。

☆

こうした「負の体系」が発生する精神的土壌を考えると、そこに日本人的な組織、あるいは共同体があるのに気づく。そして、その超克を考えるにあたって、様々な課題があるのは当然として、ともあれ当面その共同体をどう捉えるか課題があると思われる。

現代、我々の生活の中で共同体といえばうんざりする人が多いと思われるし、歴史的な背景をもった共同体など消えてなくなったかのように思う人が多い。とはいえ、そこに大きな問題がある。なくなったかに見えるのは表面だけだ。「負の体系」の主要な要素が共同体的であるのも注意する必要がある。

しかし、そこにある共同体がいつも負性をもつと思ってはいけない。地域にある日本の共同体がいつも個人の主体を否定して国家的であったとするのも誤差がある。そこに多様な要素があるのを認識すべきだ。古代末期から中世末期までの地域の共同体は荘園制の影響で国家と争い、自立的だった場合が多い。その典型が村落共同体が自主的に連合した「惣村」だ。その多くは成員全体が集まる寄合いを持ち、そこで「掟」を作り「自検断」（自治的裁判・警察機能）を持つ自治があった。

そうした惣村と、それを構成した村落共同体は、当時一般的にいわれた「百姓村」として「侍・農人・商人・職人（後に穢多非人と呼ばれる皮多を含む）」などの分業者が共存することで自立したが、戦国時代を経て、豊臣秀吉が「天下」統一することで、それら自立的な「惣村」または百姓村・村落共同体を分離分断――自立不可能な孤立した職業集団――にして天下国家の支配とした。これを「兵農分離」だけですます傾向があるが、現実は「兵・農・商・職人」の分断支配だった。そうした歴史を考えると兵・農・商・職人が分業者として共存、自立的に協労した地域社会、その共同体、または分業共同体を取り戻す構想を持つのは決して無意味ではない。

（作家・評論家・「部落学」提唱）

カントの魂論

高橋一行

カント（一七二四―一八〇四）を次のふたつの立場から読み解いて行く。ひとつはカント哲学を形而上学であるとみなすものである。例えば、『活力測定考』（一七四七）など前批判期の著作において、形而上学立場は明らかであるが、『純粋理性批判』（一七八一―七）と『実践理性批判』（一七八八）のどちらもそれぞれ予備学として規定されていて、それらに対応する主著は、『自然科学の形而上学的原理』（一七八五）と『人倫の形而上学の基礎付け』（一七八五）であって、どちらも「形而上学」という言葉が冠せられている。

さらにカント晩年と言って良い時期に書かれた「魂の器官について」（一七九六）とカントが数十年に亘って継続した講義の記録「形而上学講義」（一七七〇年代後半と推定）によれば、「魂論」として形而上学の原理が説明されていて、それは、魂は①空間的な場所を持たず、潜勢的に現前し、②そのあり方は動力学的であるということである。このふたつが魂の原理であり、菊地健三によれば、カントは生涯、この魂の原理である動力学という概念を形而上学の原理として持ち続けたのである。

さてカントのこの動力学概念は、元々はホッブズやスピノザのコナトゥス概念に由来し、ライプニッツが、それをとりわけホッブズから受け継いで、動力学論に変容させ、カントはそれに影響を受け、終生こだわったのである。その歴史的な経緯もきちんと追ってみたい。

さらにカントには、上述の哲学者としての立場と同時に、観察者の立場と言うべきものがあり、それは上述の著作と並行して、「脳病試論」（一七六四）を書き、また終生「人間学」の講義を受け持っていたことに示されている。前者では、「頭の病気」が取り挙げられ、それらを網羅的に並べている。それはカントの観察の結果得られたものであって、形而上学的な必然性のもとに整理されているのではない。また、「人間学」の講義録（一七九八）の中でも、この「頭の病気」について言及されている。それはカントが結構気ままに、様々な観察記録を集めて並べたものなのである。

またこの観察の諸著作の中には、しばしばルソーが引用される。まず、カントはヒュームによって、根本的な反省を迫られて、ライプニッツ流の形而上学から脱したのではなく、却って形而上学を深く追求したのだと考える。これが先の結論であった。またルソーについては、むしろ彼によって、根本的に脅かされたのではないか。そしてルソーからは、理性をはみ出すものに対しての視点を獲得し（これが観察者の視点）、そこからさらにカントは人間の理性の限界の学という形而上学を確立しようとしたのだと思う。

またカントにおいて、長く、形而上学の探求と観察者としての著述が並行して進んで来たのだが、これが『判断力批判』からさらに『オプス・ポストゥム』において、両者が調停されて行く。『人間学』までは、哲学の中に観察結果が入り切れず、はみ出してしまい、カントはそれをそのまま残したのだが、第三批判において、目的は最初から哲学を超えているものだから、むしろ逆に哲学を、それをはみ出すものの方に広げて行こうという志向性が出て来る。こうしてふたつの傾向が調停される。

補足的にふたつのことを書く。ひとつは今、英米でカントを「Embodiment論」として読もうという傾向が見られる。英米では、元々カントを、ロック、ヒューム、バークリの伝統の中に押し込めて理解するという伝統があり、それはその中から出て来たものである。そこにおいては、まず物自体の概念が捨て去られ、アプリオリな総合判断だとか、カテゴリー（純粋形式）も否定され、カントを感覚論として読み、またその心の理論や心理学が扱われる。その際に、先に私が形而上学論だとした「魂論」が、形而上学批判として評価される。

この「魂論」としての「Embodiment 論」は、精神は身体を離れては存在し得ないとする立場である。カントが言うように、精神と身体は相互作用し、そのことによって存在し得る。つまり、どちらも実体ではない。彼らはそこを強調する。しかしこれはあまりにカントを英米哲学に引き寄せ過ぎていないだろうか。

もうひとつは、カントに主体の逸脱を見ようとするフーコーの『カントの人間学』についてコメントする。フーコーは、その博士論文で、カントの『人間学』を分析した。そしてカントの主体は、時間の中で、常に逸脱や倒錯や失調にさらされているとした。『人間学』は『純粋理性批判』を反転＝反復する。主体の本源的な自己への関係は、常に散逸する。これがフーコーのカント読解である。しかし私は、それはあまりにもフーコー的視点であり過ぎると思う。カントが『人間学』や「脳病試論」で試みているのは、形而上学からの逸脱に過ぎない。つまりそれは観察の理論なのである。

フーコーは、『言葉と物』の中で、三批判書の問題意識に続けて、人間とは何かという第四の問いこそ、カント『人間学』の課題であるとして、哲学は、かつては独断論の眠りにあり、それはカントがヒュームによって覚まされたのであるが、今度は新しい人間学の眠りに入って行ったとしている。そして十九世紀以降、この人間への把握が盛んに行われたのである。さて、この『言葉と物』と若きフーコーの『カントの人間学』との差異もまた興味深いテーマである。

（明治大学）

福島からの避難とチェルノブイリ法の避難の権利に学ぶ避難計画

——原発事故、避難の教訓、チェルノブイリ法と統合的な避難計画

佐藤公俊

1　報告概要

原子力システムの危険性を実際に示したのは、二〇一一年三月一一日の東日本大震災による福島第一原発事故により、広範囲で、数百兆円を越える膨大な放射性物質の汚染の被害がもたらされたことである。今でも故郷に帰ることができずにいる三万人以上の避難者への人道的対応が急務である。また、これよりさらに大きな被害をもたらしうる原子力システムの潜在的危険性があり、それは使用済み核燃料管理システムや、使用済み核燃料の再処理の核燃料（不ないし非）サイクル及びプルサーマルシステムに存在するのである。原子力システムがある限り、その潜在的危険性と実際の被害に社会的に対応する制度として、原発事故被害者の損害を賠償し、帰還者と避難者の生存権を保障し、来るべき原子力過酷事故に対応しうる制度が必要である。その制度は、現状の原発事故避難者の生命と生活権を保障し、チェルノブイリ法制度に対応する法律を備え、来るべき原子力災害に対応する避難計画と体制、避難の都市などのインフラを備えるものである。原子力社会に対する対策が市民的立場からも検討されなければならない。

今回の研究会では、以下の目次の項目から何点か報告した。特に、福島第一原発事故の被害者・避難者から避難の経験と避難生活の現状を学んで、現状の避難計画と避難体制の問題点と課題を検討することを強調して報告した。

政府の現状の避難者や帰還者の切り捨ての棄民政策を転換させる課題の背景には、原子力システムが存在する限り原子力事故リスクがあり社会的対応制度の形成が必要で、そこでは避難者の生存権を保障する政策や制度が必須なことがある。研究会においては、こうした課題に沿って以下の概要を報告したが、本研究は、政府と福島県にこれらの棄民政策を転換させて、原発事故被害者の損害を十分に賠償させ、避難者の生存権を保障する政策や制度を実現するための方法の把握を第一の実践的課題とする。

1. はじめに
○震災・原発災害後の社会問題
○原発再稼働と避難計画
○住宅支援打ち切り：自主避難者切り捨て問題
○20mSV/年 未満の高線量地域の避難指示解除と「棄民的」帰還政策の問題
○政策転換の方向性
2. 震災・原発災害後の社会問題と社会的課題
3. 原発再稼働問題
4. 避難計画の検討：市民の要望と事前と短期の議論
4-補. 原子力規制庁による被ばく前提の避難の決定
5. 住宅支援打ち切りによる自主避難者切り捨て問題
6. 自主避難者切り捨て問題と帰還政策の背景の検討
7. 20mSV/y 未満の高線量地域の避難指示指定解除と復興・帰還促進政策の問題
8. 政策転換の方向性

2　今後の研究課題

原子力システムは日本国民にとって有害であり、その意義と役割が終わっていて、解体・廃棄されなければならないことは、原発事故前からかなりの範囲

で明らかにされてきた。それにもかかわらず、原子力システムは、原発関係者と軍事目的でプルトニウム保持を意図する一部の勢力の利益のために存在し続けている。そのために、原子力システムの解体の方法を研究し、脱原発社会への過程を実現することが必要である。日本国民にとって、再生可能エネルギーへのシフトに基づく日本社会の人権と生命と生活を保障する体制の構築と転換が必要であり、そのために、原子力システムの解体の方法を研究し、脱原発の過程を実現することが必要である。今後、原子力システム解体の必然性を経済面から論じて行きたい。

しかし、現実には、政府と福島県による避難者切り捨て政策：汚染地外棄民政策や、復興の名の下に年間被曝量20mSV以下の地域への帰還誘導という汚染地内棄民政策が取られ、一般の意識が無視するうちに原発事故被害者の棄民化が進んでいる。まず、一般市民にこうした状況を周知し、政府と福島県にこれらの棄民政策を転換させて、原発事故被害者の損害を十分に賠償させ、避難者の生存権を保障する政策や制度を実現しなければならない。この実現の過程についての以下の課題を、市民的、学問的、政治的立場から解明しなければならない。

*課題

・経済的でクリーンな再生可能エネルギーシフトの必要性と成長可能性の検討
・発送電網分離の必要性の強調
・原発の費用の他の方法に比べての不経済問題の検討
・原子力システムにつぎこまれる税金浪費問題の分析
・プルトニウム備蓄の危険性と不経済と核燃料（不・非）サイクルによる潜在的核武装能力保有の軍事的問題の分析
・使用済み核燃料累積・処理不能問題の解明
・東電事故関係経費の国民と電力使用者の全面負担による、東電関係者の利益確保の問題の分析
・東電の事故責任確認と解体の必要性、及び、東電存続による政府の人権保障責任放棄問題の分析

（長岡工業高等専門学校名誉教授）

未曾有の福島

渡辺初雄

夢のようなエネルギーの謳い文句で始まった原子力政策、本当に夢のようなエネルギーなのか。あの福島原発事故は夢であってほしい、辛い避難生活も夢であってほしい。頬を抓っても夢ではない、現実である。将来の夢を見て頑張って来た人たち、何の因果で夢を奪われなければならないのか。資本家の犠牲であろうか、もしくは、政治家の犠牲でなかろうか？

ひとたび原発の過酷事故が起きれば、被害や影響は立地地域を超えて広い範囲に及ぶ。福島事故が突き付けた重い教訓である。

国策で進めてきた原子力発電で世界最悪レベルの事故、福島第一原発事故で安全神話は完全に崩れた。だが国は責任を認めない。国策であるなら、国は責任を自覚し、被害者や避難者を救わなければならないはずだ。

平成二九年一〇月時点で、全国に約五万三千人が避難生活を余儀なくされている現状です。すでに同年三月末で住宅支援も打切りに。それでも避難者は、その後の福島県の住宅支援策の該当条件が厳しくクリアできないが、わが子を守るため避難継続を決断する。

過去を振り返っても元には戻らない。自分達避難者は、車のギヤであれば、前進ギヤあるのみ、「前進ギヤであれば」低速、中速、高速どれでも良い。

今の福島県の現状、避難者の現状を広く知って頂くことが重要だと思う。

福島事故は、原発の過酷事故が広域的な混乱を生み、風評被害などで立地地域や立地県以外にも大きな影響を及ぼすことを明らかにした。

今春、未曾有の原発事故から七年になる。「福島」を風化させない。その大切さを、もう一度胸に刻みたい。

住民の命や暮らしを守るためには、どのような「想定外」も許されない。そ

れが、東京電力福島第一原発事故が突き付けた教訓である。

福島事故の風化が懸念される中、伊方原発差し止め判決は原発の安全確保の徹底を求め、安易な再稼働を戒める重みのある司法の判断といえよう。国や電力会社は真摯に受け止めなければならない。

福島第一原発事故は、起こるべくして起きた。事故の九年前、原発について、東京電力が津波シミュレーションを拒んでいたことがわかった。その「抵抗」を記録したメールが出てきた。実施していれば貴重なコトバが聞けていたのではないか。科学をよりどころとする企業なら津波シミュレーションを惜しむべきではないだろう。現在悔やんでも遅い。

広島高裁は、愛媛県伊方町にある四国電力伊方原発3号機について運転を差し止める仮処分を決定した。注目したいのは、福島事故以降、高裁段階で原発の再稼働や運転を禁じる初めての司法判断が示されたことである。

私自身は、事故を起こした福島原子力発電所で二〇〇八年の八月末まで仕事をしていました。東京電力の社員ではないです。社員だったらこのような話をしていられません。

事故を起こした福島第一発電所の中で、発電所の重要な部分を手掛ける会社に勤めていました。その当時、国は原子力発電を国策で進めてゆく為に、国民には原子力発電がクリーンで、何かあっても多重防護で運転しているので、「安心安全だよ」という宣伝をしていた。又、そこで働いている人達を安全神話で洗脳してきたと思う。

そういう話を自分は聞き、そこで仕事をするようになった時、これは「ちょっと違うよね」、言っている事とやっている内容が違う事に気づいてから、自分の日常生活が一変してしまいました。その事が分かっても、生活もある為会社は辞められませんでした。

日常生活で、万が一の時にはこういう物を準備する必要があると思い、一つ一つ準備しました。友人にも、「もしもの時にこういう事が必要だよ」という話。

原子力災害は、原子力発電所に一般人の立ち入りが制限されている為、被曝なしの避難には事業者側からの情報が最大限重要になる。

3・11の川内村の状況は以下のようだった。

・地震と津波被害に関心が向いて、原発にはメディアも取材していない。
・発電所勤務の作業員や勤務経験者からの情報が富岡町などの爆発前の避難に繋がった。
・福島事故時は、固定電話や携帯電話も、インターネットも使用出来なかった。幸い、テレビだけは唯一見ることが出来た。
・防災関係機関で原発事故の情報の共有がなく各々指示が違い混乱をきたした。
・停電が起きると、対策本部に自分たちの状況を伝えることができず、外部から何も情報が入ってこなくなる。

この様なことから原子力災害は情報の共有が最大限の課題となる。

（福島から長岡市への自主避難者・長岡市民防災研究所所長）

社会理論学会理事会名簿　二〇一八年度（敬称略）

顧問　日山紀彦・廣橋隆・吉田憲夫
会長　伊藤述史
事務局長　岡田一郎
会計　木下真志
理事　志子田悦郎・高橋一行
会計監査　堀内健司・山本大
編集委員会
　委員長　伊藤述史
　副委員長　志子田悦郎
　委員　岡田一郎・木下真志・高橋一行・山本大

社会理論学会会則

（名称）
第一条　本会は社会理論学会（International Society of Social Theory; ISST）と称する。
（目的）
第二条　本会は諸社会現象を既存の狭い専門性にとらわれることなく広く深く理論的に研究することを目的とする。
（事業）
第三条　本会はその目的を達成するため、つぎの事業をおこなう。
（一）研究会、講演会、調査研究報告会等の開催
（二）機関誌その他の出版物の発行
（三）その他本会の目的を達成するために必要な事業
（会員）
第四条　本会はその目的に賛同する会員によって構成される。
二　会員は所定の手続きをし、会費を納入しなければならない。
三　引き続き三年間会費を滞納した者は退会したものとみなされる。
四　前項の規定にもとづいて、退会したものとみなされた者が学会への復帰を希望する場合は、理事会に入会届けを提出し、理事会の承認を経た上で、復帰が認められる。その際、滞納した三年分の会費は全額納入しなければならない。
五　学会に多大な貢献があったと理事会が認定した会員を名誉会員とすることができる。名誉会員の会費は免除される。
（総会）
第五条　総会は本会の最高決定機関であり、すくなくとも年一回開催される。
（役員）
第六条　本会は会務を処理するための役員として、会長一名、事務局長一名、会計一名、理事若干名、会計監査二名をおく。必要に応じて副会長、顧問をおくことができる。
二　役員は総会によって選任される。役員の任期は二年とし、その再任は妨げない。ただし、会長の再々任はおこなわない。
（理事会）
第七条　理事会は、会長、事務局長、会計、理事によって構成される。
二　理事会に編集委員会、その他の委員会を置くことができる。各委員会の

委員長は理事として理事会に参加する。

三　理事会は、何らかの経済的事情により会費の納入が困難と思われる会員の会費額を減額することが出来る。

四　理事に欠員が生じたときは、理事会は会員の中から代理の人物を指名することが出来る。代理に指名された人物の任期は直近の総会までとする。

（所在地）

第八条　本会の所在地は、事務局の住所とする。

（研究組織）

第九条　本会はその目的を具体的に達成するため、各地に「地域センター」と分野別に研究プロジェクトを設ける。

（会計）

第一〇条　本会の経費は、会費、外部研究費、寄付金その他の収入でまかなう。会費額は総会において決定する。（注）

（改正）

第一一条　本会則を変更するには総会出席全員の三分の二以上の同意を必要とする。

（研究奨励賞）

第一二条　本会の目的を達するために、顕著な業績を上げた会員に「社会理論学会研究奨励賞」を贈る。研究奨励賞の詳細については表彰規程においてこれを定める。

（付則）

一　本会則は一九九七年一一月二九日より施行される。

二　本会則は二〇〇〇年五月二七日に一部改正。

三　本会則は二〇〇五年一一月二六日に一部改正。

四　本会則は二〇〇六年一二月二日に一部改正。

五　本会則は二〇〇七年一二月八日に一部改正。

六　本会則は二〇一〇年一一月二七日に一部改正。

七　本会則は二〇一三年六月一五日に一部改正。

八　本会則は二〇一四年六月一四日に一部改正。

（注）

現在の会費の金額は、年一〇〇〇〇円（大学院生を含む学生は年五〇〇〇円・学部生は年三〇〇〇円）です。

第二二回総会（二〇一四年六月一四日）決定事項より。

『社会理論研究』編集規定

一　本誌は、社会理論学会の学術研究雑誌である。

二　本誌は、原則として、年一回の刊行とする。

三　本誌の判型はB５判とする。

四　本誌の編集は、編集委員会の権限と責任において行う。

五　本誌は、原則として、本学会員の学術研究の発表に充てる。

六　本誌は、必要に応じて、本学会員以外の研究者にも、学術研究の発表の場を設ける。

七　本誌は、論文、研究ノート、調査報告、講演、対談・座談、定例研究会報告、会員動向、学術研究動向、翻訳、外国語文献の紹介、書評、評論、特集、その他の欄を設ける。

八　本誌は、投稿原稿と依頼原稿から成る。

九　原稿の依頼は編集委員会で行なう。

一〇　原稿の作成は「執筆要綱」および「投稿規定」に従う。一一　原稿の掲載の可否は、編集委員会の決定による。

『社会理論研究』投稿規定

一　投稿は、本学会員に限る。
二　投稿原稿は、論文、研究ノート、書評その他とする。書評については、編集委員会が依頼した場合は依頼原稿となる。依頼原稿は、記念講演、研究奨励賞受賞記念講演、定例研究会報告、会員動向その他とする。
三　原稿の締切については、投稿原稿については毎年五月末、依頼原稿については毎年六月末とする。
四　論文、研究ノートは、審査（レフリー）制を採用する。
五　投稿者は、投稿時に希望の種別を指定する。
六　投稿者は、翻訳を投稿する場合は、あらかじめ、投稿者の責任において版権を取得しておく。
七　投稿原稿は未発表のものに限る。
八　投稿原稿は、審査用原稿のテキスト・ファイル形式の電子媒体一部および原稿一部（Ａ４判にプリントアウトしたもの）を学会事務局に提出する。
九　投稿原稿が外国語の場合は、ネイティブ・チェックを行いその証明書を添付したものを提出する。
一〇　原稿は返却しない。投稿者は投稿者の責任で、原稿の副本コピーを保存しておく。
一一　編集委員会は投稿原稿の修正を投稿者に依頼する場合がある。
一二　投稿原稿の掲載可否に関する最終的な決定は編集委員会が行う。
一三　原稿の著者校正は、初校の一回とする。原稿校正の責了は、編集委員会が行う。
一四　原稿の執筆要綱および提出方法は、「執筆要綱」に基づく。
一五　本学会誌に掲載された論文等の抜刷の制作費用は、著作者の負担とする。
一六　本学会誌に掲載された論文等の著作物の著作権は、著作者個人に帰属する。
一七　本学会誌の掲載された論文等の著作物の一部または全部を翻訳・転載する場合は、著作者の許諾があれば、原則として、これを認める。

『社会理論研究』執筆要綱

一　原稿の分量は、原則として次の通りとする。
（１）論文は、四〇〇字原稿用紙に換算して五〇～八〇枚とする。
（２）研究ノートは、四〇〇字原稿用紙に換算して二五～三〇枚とする。
（３）書評・その他は、四〇〇字原稿用紙に換算して五～一五枚とする。
（４）定例研究会報告は、約一六〇〇字以内とする。
（５）会員動向は、四〇〇字原稿用紙に換算して二〇～三〇枚とする。
（６）記念講演（原稿として提出する場合）は、四〇〇字原稿用紙に換算して五〇～八〇枚とする。
（７）研究奨励賞受賞記念講演（原稿として提出する場合）は、四〇〇字原稿用紙に換算して二五～三〇枚とする。
二　論文および研究ノートには、本文に表紙を添付する。
（１）表紙には、論文あるいは研究ノートの種別、題名、英文タイトル、著者名、専攻名、所属を明記する。
三　原稿の書式は、次を原則とする。
（１）原稿は縦書きとする。
（２）数字の表記は漢数字とする。
（３）書評原稿には必ず「タイトル」を明記する。書評対象の書誌情報は、

「著者名・書名・出版社名・刊行年」とする。
（4）「注」と「参考文献リスト」は別にし、本文の後に一括する。
（5）「注」は、本文中の該当箇所に番号を付与し、本文の後に番号順にまとめて掲載する。
（6）「引用文献」および「参考文献」は、著者名、書名、出版社名、刊行年を明記する。
（7）「図表」は、本文中に出てくる順に、「注」とは別に番号を付与し、本文中の当該箇所にあらかじめ表示するか、該当箇所を指示する。
四　原稿は、「投稿規定」に従って、社会理論学会事務局へ送付する。

『社会理論研究』投稿原稿審査規定

一　原稿が「投稿規定」による「投稿原稿」（論文、研究ノート）に該当する場合は、審査者が「投稿原稿」の掲載に関して、次の順序で審査する。
（1）編集委員会は、一名の審査者を選択して、査読を依頼する。投稿者および審査者は、相互に匿名とする。
（2）審査者は、「投稿原稿審査要綱」に基づいて、「投稿原稿」を掲載可（A）、修正後再審査（B）、掲載不可（C）の3段階評価で行う。その審査結果を編集委員会へ報告する。
二　上記の（2）で、修正後再審査とされた「投稿原稿」は、次の順序で再審査を一回のみ行う。
（1）「投稿原稿」を、修正箇所を示す意見書を付して、投稿者へ返送する。
（2）投稿者は、修正などの必要な処置を施し、指定の期日までに、あらためて「投稿原稿」を編集委員会へ提出する。
（3）審査者は、再提出の「投稿原稿」を再度チェックし、不備がなければ掲載可とする。ただし、意見書の指示に従った修正がなされず、大きな不備が残存したままであれば、この段階で掲載不可とする。
（4）審査者は、担当した「投稿原稿」に関する評価と理由を編集委員会へ報告する。
三　「投稿原稿」の掲載可否に関する最終的な決定は、編集委員会が行う。
四　編集委員会は、「投稿原稿」の掲載可否に関する決定を投稿者に伝える。

活動報告　二〇一七年度

定例研究会

第一一六回
日時：二〇一七年六月一七日（土）一四：〇〇～一七：〇〇
場所：渋谷区笹塚区民会館和室
報告者：川元祥一（作家）
タイトル：負の体系、その解放

第一一七回
日時：二〇一七年七月二二日（土）一四：〇〇～一七：〇〇
場所：渋谷区笹塚区民会館和室
報告者：高橋一行（明治大学）
タイトル：カントの魂論

第一一八回
日時：二〇一七年一〇月七日（土）一四：〇〇～一七：〇〇
場所：渋谷区笹塚区民会館和室
報告者：佐藤公俊（長岡高専）・渡辺初雄（長岡市民防災研究所）

タイトル：福島からの避難とチェルノブイリ法の避難の権利に学ぶ避難計画
——原発事故、避難の教訓、チェルノブイリ法と統合的な避難計画——

総会

第二五回
日時：二〇一七年七月二二日（土）一三：二〇～一三：五〇
会場：渋谷区笹塚区民会館和室

木畑壽信氏を偲ぶ会
日時：二〇一七年九月八日（金）一八：〇〇～
会場：中野区産業振興センター一階レストラン「けやき」
共催：『流砂』編集委員会・変革のアソシエ

社会理論学会 INTERNATIONAL SOCIETY OF SOCIAL THEORY インヴィテーション

◎現代社会システムにおいて、
資本制的生産の総過程での制度的な限界を克服するオルタナティブ（Alternative）社会の提起は、
差し迫った、急進＝根本的（ラディカル）な課題である。
そのためには、学問研究の知的空間において、
専門分野の細分化、理論での欧米の研究への依存、理論と実証の連携の途切れた分業化、
論争とそれを媒介にした知的な想像＝創造を回避する知性の在り方などの否定的な傾向を克服しなければならない。
◎従って、われわれは、現代社会システムが発生させる諸問題、
および、資本制的生産の総過程が発生させる諸問題の総体的な解明と解決を可能にする新たな理論構築へ向けて、
そして、異なる学術分野での研究者のインターナショナルな交通と協働の空間、
さらに、活発で積極的な論争と知的な想像＝創造の《批判的知性》の場所の生成を目指して学術的な活動＝仕事を行わなければならない。
◎このような趣旨で活動している社会理論学会は、
人文社会科学および自然科学の全ての学問分野に開かれた、
職業を問わず、国籍を問わず、自由に入会参加できる
誰にでも開かれたインターナショナルな学術研究団体です。
◎こうした学会の活動の趣旨に賛同される方のご入会をお待ちしております。

社会理論学会事務局
［〒二二二―〇〇一二］神奈川県横浜市港北区菊名五―一―四三　菊名ＫＳマンション三〇一号室　千書房　気付
TEL.: 045-430-4530 FAX.: 045-430-4533　E-mail:edi@sensyobo.co.jp

【入会の手続きについて】

1「入会申込書」に必要事項を記入し、事務局に郵送ないしはＦＡＸで送付してください。

2「入会申込書」の到着および郵便振替でのご入金の確認がとれた時点で、会員登録を行います。

3　会費は、年会費一〇〇〇〇円です。学部学生と院生は、五〇〇〇円です。

4　会費は前納制です。会計年度は四月から翌年の三月までですので、毎年三月末日までに次年度の年会費をお納めください。ご入金には、郵便振替「１００６０‐８３８１７３１１　シャカイリロンガッカイジムキョク」

（銀行から振り込む場合は「店番００８　普通８３８１７３１　シャカイリロンガッカイジムキョク」）をご利用ください。

■「入会申込書」記入上の注意

1「入会申込書」は、入会の手続き上必要となりますので、すべての項目を楷書で正確にお書きください。

2　郵便番号をお書きください。

3　機関誌・郵便物送付先は、自宅あるいは所属先より選択し、丸印で囲んでください。

入会申込書

年　　月　　日

氏　　名　　　　　　（男・女）

よみがな：

自宅住所　〒

TEL：

FAX：

Mobile Phone:

E-mail :

所 属 先　名称（専攻まで）

住　　所　〒

TEL：　　　　　FAX：

E-mail :

専門分野（関心事項）

機関誌・郵便物送付先　　自　宅　・　所属先

編集後記

２０１８年の気候は、12月になっても20度を超える日があるほどに温暖化がいっそう顕著になった年となりました。６月末以来の猛暑は7月以降９月まで猛威をふるい、37度を越える日々が続き、エアコンを24時間つけっぱなしにすることが推奨される事態となりました。

そんな中、熱中症で高齢者や子どもが犠牲になりました。痛ましいのは、体育の授業や部活、校外学習等において熱中症となった子どもが緊急搬送されるケースが相次いだことです。愛知県豊田市では7月17日、校外学習から学校に戻った1年生の男の子が倒れ、搬送された病院で死亡しました。

驚くのは、死亡事例が出たにもかかわらず、翌日宮城県の小学校で38人が、そのまた翌日には熊本県の高校で部活活動中の４人が、熱中症で搬送され、都内の高校でも体育館で講演を聞いていた25人が頭痛や吐き気などの症状を訴えたのです。

危険な状況を顧みず、子どもたちの生命と人権を尊重しない学校とは何なのでしょうか。当該の教師たちはどうして自ら判断し子どもたちを危険から守ろうとはしないのでしょうか。これは学校だけでなく、日本社会全体のあり方を示しているように思えます。原発問題もそうです。

本誌『社会理論研究』第19号は、２０１２年の第13号の特集「原発事故と地域社会—脱原発を求めて—」に続き、特集「脱原発を考える」を組みました。破局的事故にもかかわらず、日本はますます原発を推進する政策に突き進んでいるようです。

各地の住民による原発再稼働差し止め訴訟では、次々に原発の再稼働を認める判決が下されています。「帰還困難区域」の縮小が進められ避難指示が解除され、避難住民の帰還が強制されています。放射性物質は封じ込め、拡散させないことが大原則なのに、なんと環境省は8千ベクレル／kg以下の放射性廃棄物を道路や防波堤の盛り土などの公共事業で再利用できると２０１６年の３月に決定しました。また今年の６月には5千ベクレル以下であれば農業用に全国で再利用すると決定しています。

なおかつ安倍政権は、7月に中長期のエネルギー政策の方向性を示す「第5次エネルギー基本計画」を閣議決定しました。原発を「重要なベースロード電源」として再稼働させ、核燃料サイクルを維持し、原発輸出も成長戦略と位置づけて進めるというものです。

しかし現在、東芝も日立も三菱重工も、総事業費が安全対策費などで膨らみ採算確保が難しく、既に相手国から撤退しあるいは撤退を迫られ、日本の原発輸出はお先真っ暗になっています。核燃料サイクルも破綻しています。何よりも各地の再稼働差し止め訴訟に見られるように原発に反対する人々の運動が広範に広がっていることは見逃せません。しかも、特集の半田論文で指摘されているように、それは福島の事故以前から全国の多くの地域で自立した地域運動として原発建設計画を阻止してきた実績があります。

希望はあるのです。人々はいつもされるがままではないのです。実は本誌を編集している際に嬉しい出来事がありました。「批評」の池田論文に紹介されている中学生の不登校事例2では、8月末にケース会議が開かれ、当該生徒も登校を再開しました。この批評が本誌に掲載されることになったことが、市の教育委員会を動かした大きな原因となったとお聞きしました。編集委員会一同この仕事をやっていて本当に良かったと思った瞬間でした。

（S）

『社会理論研究』第一九号　［定価］一二〇〇円十税
二〇一八年一二月二一日　発行
［編集］社会理論学会
［編集実務］『社会理論研究』編集委員会
伊藤述史（編集長）・志子田悦郎（副編集長）
岡田一郎・木下真志・高橋一行・山本大
〒二二二-〇〇一一　神奈川県横浜市港北区菊名五—一—四三
菊名KSマンション三〇一号室　千書房　気付
社会理論学会事務局
TEL．〇四五（四三〇）四五三〇
FAX．〇四五（四三〇）四五三三
E-mail：edi@sensyobo.co.jp
http://www.sensyobo.co.jp/ISST/index.html
［発行所］（株）千書房